●収録内容一覧

■2025年度中学受験用

東京家政学院中学校

4年間スーパー過去問

入試問題と解説・解答の収録内容

2024年度　２月１日午前	算数・社会・理科・英語・国語 （英語は解答のみ）	実物解答用紙DL
2024年度　２月１日午後	算数・国語 （解答のみ）	実物解答用紙DL
2023年度　２月１日午前	算数・社会・理科・英語・国語 （英語は解答のみ）	実物解答用紙DL
2023年度　２月１日午後	算数・国語 （解答のみ）	実物解答用紙DL
2022年度　２月１日午前	算数・社会・理科・英語・国語 （英語は解答のみ）	実物解答用紙DL
2022年度　２月１日午後	算数・国語 （解答のみ）	実物解答用紙DL
2021年度　２月１日午前	算数・社会・理科・英語・国語 （英語は解答のみ）	

〜本書ご利用上の注意〜　以下の点について，あらかじめご了承ください。

★別冊解答用紙は巻末にございます。実物解答用紙は，弊社サイトの各校商品情報ページより，一部または全部をダウンロードできます。

★編集の都合上，学校実施のすべての試験を掲載していない場合がございます。

★当問題集のバックナンバーは，弊社には在庫がございません（ネット書店などに一部在庫あり）。

合格を勝ち取るための
『スーパー過去問』の使い方

本書に掲載されている過去問をご覧になって，「難しそう」と感じたかもしれません。でも，多くの受験生が同じように感じているはずです。なぜなら，中学入試で出題される問題は，小学校で習う内容よりも高度なものが多く，たくさんの知識や解き方のコツを身につけることも必要だからです。ですから，初めて本書に取り組むさいには，点数を気にしすぎないようにしましょう。本番でしっかり点数を取れることが大事なのです。

過去問で重要なのは「まちがえること」です。自分の弱点を知るために，過去問に取り組むのです。当然，まちがえた問題をそのままにしておいては意味がありません。

本書には，長年にわたって中学入試にたずさわっているスタッフによるていねいな解説がついています。まちがえた問題はしっかりと解説を読み，できるようになるまで何度も解き直しをしてください。理解できていないと感じた分野については，参考書や資料集などを活用し，改めて整理しておきましょう。

このページも参考にしてみましょう！

◆どの年度から解こうかな　「入試問題と解説・解答の収録内容一覧」

本書のはじめには収録内容が掲載されていますので，収録年度や収録されている入試回などを確認できます。

※著作権上の都合によって掲載できない問題が収録されている場合は，最新年度の問題の前に，ピンク色の紙を差しこんでご案内しています。

◆学校の情報を知ろう!!「学校紹介ページ」

このページのあとに，各学校の基本情報などを掲載しています。問題を解くのに疲れたら息ぬきに読んで，志望校合格への気持ちを新たにし，再び過去問に挑戦してみるのもよいでしょう。なお，最新の情報につきましては，学校のホームページなどでご確認ください。

◆入試に向けてどんな対策をしよう？「出題傾向＆対策」

「学校紹介ページ」に続いて，「出題傾向＆対策」ページがあります。過去にどのような分野の問題が出題され，どのように対策すればよいかをアドバイスしていますので，参考にしてください。

◇別冊「入試問題解答用紙編」

本書の巻末には，ぬき取って使える別冊の解答用紙が収録してあります。解答用紙が非公表の場合などを除き，（注）が記載されたページの指定倍率にしたがって拡大コピーをとれば，実際の入試問題とほぼ同じ解答欄の大きさで，何度でも過去問に取り組むことができます。このように，入試本番に近い条件で練習できるのも，本書の強みです。また，データが公表されている学校は別冊の１ページ目に過去の「入試結果表」を掲載しています。合格に必要な得点の目安として活用してください。

本書がみなさんの志望校合格の助けとなることを，心より願っています。

株式会社　声の教育社　編集部

東京家政学院中学校

所在地	〒102-8341 東京都千代田区三番町22
電　話	03-3262-2559
ホームページ	https://www.kasei-gakuin.ed.jp
交通案内	JR中央線・都営新宿線・東京メトロ南北線・有楽町線「市ケ谷駅」より徒歩8分，東京メトロ半蔵門線「半蔵門駅」より徒歩8分，東西線・半蔵門線・都営新宿線「九段下駅」より徒歩10分

くわしい情報はホームページへ

トピックス

★説明会でしか知りえない情報も。参加申し込みはホームページで。
★ホームページには，生徒作成による学校紹介ページがあります。

創立年 大正12年　　女子校　　高校募集 あり

2024年度応募状況

募集数		応募数	受験数	合格数	倍率
1日AM	40名	2･4科　31名	28名	24名	1.2倍
		プレゼン　3名	3名	3名	1.0倍
		適性　75名	74名	72名	1.0倍
1日PM	20名	2科　30名	14名	11名	1.3倍
		英語　16名	8名	8名	1.0倍
		フード　5名	2名	2名	1.0倍
2日AM	15名	2科･英語 38名	16名	14名	1.1倍
2日PM	15名	1科･英語 43名	5名	4名	1.3倍
5日AM	若干	1科･英語 47名	5名	5名	1.0倍
10日AM	若干	1科･SDGs 43名	2名	2名	1.0倍

過去３年の大学合格実績

上智大，明治大，青山学院大，中央大，法政大，学習院大，成城大，成蹊大，明治学院大，東京女子大，日本女子大，順天堂大，杏林大，獨協医科大，國學院大，駒澤大，専修大，東京農業大，亜細亜大，帝京大，国士館大，東京経済大，桜美林大，立正大，立命館大，学習院女子大，聖心女子大，東洋英和女学院大，白百合女子大，清泉女子大，大妻女子大，共立女子大，昭和女子大

教育目標

本学の建学の精神は「広く社会の動きを捉えることのできる知識(knowledge)，その知識を実生活に活かすことのできる技術(Art)を身につけると共に，それらを周囲の人々の幸せのために活用したいと願う心，徳性(Virtue)を身につけ，社会に貢献できる自立した女性を育てる」KVA spiritです。

東京家政学院は，自立の一歩を育て，社会で自らの道を選択できるしなやかな強さを持った女性を育てます。

教育の特色

少人数制による多彩なコースを設置。

生徒一人ひとりに合わせた「学びの場」を提供します。

1．最初の２年は教科の特色に合わせて共通授業と習熟度別授業を取り入れています。習熟度別授業で定着させた基礎学力をもとに，中学３年では５教科のコース別学習を行います。

2．日々の授業で行われるグループワークで仲間との関わりを通じて他者を理解し，尊重する姿勢や相手を思いやる心を養います。

3．社会で役立つ実践的なスキルの向上に取り組んでいます。キャリア教育・SDGsプログラムで表現力やプレゼンテーション能力を磨きます。

編集部注─本書の内容は2024年4月現在のものであり，変更されている場合があります。正確な情報は，学校のホームページ等で必ずご確認ください。

算数 出題傾向＆対策

◆基本データ（2024年度２月１日午前）

試験時間／満点	45分／100点
問題構成	・大問数…４題 計算・応用小問１題（13問）／応用小問２題（７問）／応用問題１題 ・小問数…23問
解答形式	解答のみを記入する形式となっており，必要な単位などは解答用紙にあらかじめ印刷されている。作図問題も見られる。
実際の問題用紙	Ａ４サイズ，小冊子形式
実際の解答用紙	Ａ４サイズ

◆出題傾向と内容

▶過去３年の出題率トップ３
１位：四則計算・逆算19％　２位：角度・面積・長さ９％　３位：割合と比など５％
▶今年の出題率トップ３
１位：四則計算・逆算17％　２位：角度・面積・長さ13％　３位：割合と比９％

計算問題は四則計算のほか，逆算，比の計算などが見られます。応用小問では，数列，相当算，過不足算，倍数算，消去算，つるかめ算，仕事算，平均算などがはば広く出題されています。図形分野からの出題は多く，角度，面積，体積，作図などが出題されています。グラフを用いる応用問題（速さ，水の量の変化など）がよく出されていますので，グラフの読み取りや，グラフをかく練習をしておきましょう。

◆対策～合格点を取るには？～

本校の算数は，基本的な問題が中心ではありますが，はば広い分野から，数多くの問題が出題されています。

短時間で解くためには，計算力を高めることが大切です。標準的な計算問題集を１冊用意して，毎日欠かさず取り組みましょう。

図形からの出題も多いので，学習計画から外すことのないようにしましょう。基本的な解き方を確認し，公式や解き方をノートにまとめ，問題集で類題にあたると効果的です。

特殊算については，つるかめ算，年齢算，相当算，旅人算，仕事算を重点的に学習しておきましょう。

分野＼年度		2024		2023		2022	
		1前	1後	1前	1後	1前	1後
計算	四則計算・逆算	●	●	●	●	●	●
	計算のくふう		○				
	単位の計算			○		○	
和と差	和差算・分配算		○				
	消去算				○		
	つるかめ算	○		○	○	○	○
	平均とのべ		○	○		○	○
	過不足算・差集め算			○		○	○
	集まり	○					
	年齢算	○		○			○
割合と比	割合と比	◎	◎	◎	○	○	○
	正比例と反比例				○		
	還元算・相当算		○	○	○	○	○
	比の性質						
	倍数算			○			
	売買損益					○	○
	濃度	○	○	○		○	○
	仕事算			○	○	○	
	ニュートン算						
速さ	速さ				○		○
	旅人算	○	○	○		○	
	通過算	○				○	
	流水算						
	時計算				○		●
	速さと比		○				
図形	角度・面積・長さ	●	●	◎	◎	◎	◎
	辺の比と面積の比・相似	○					
	体積・表面積	○	◎		○	○	○
	水の深さと体積	○			◎		
	展開図		○	○			
	構成・分割		◎				
	図形・点の移動	○				◎	
表とグラフ		○	○	●	◎	○	
数の性質	約数と倍数				○	○	
	N進数						
	約束記号・文字式	○					
	整数・小数・分数の性質		○		○		
規則性	植木算						
	周期算						
	数列			○	○		○
	方陣算						
	図形と規則						
場合の数		○	○				○
調べ・推理・条件の整理							
その他				○			○

※　○印はその分野の問題が１題，◎印は２題，●印は３題以上出題されたことをしめします。

社会　出題傾向＆対策

◆基本データ（2024年度２月１日午前）

試験時間／満点	理科と合わせて45分／100点
問題構成	・大問数…４題 ・小問数…25問
解答形式	記号選択が大半をしめる。また，適語の記入（漢字指定もある）が数問出題される。
実際の問題用紙	Ａ４サイズ，小冊子形式
実際の解答用紙	Ａ４サイズ

◆出題傾向と内容

●地理…例年，一つの地方や一つの地形などをテーマにした略地図を用いて，地形や都道府県と地方区分などの自然地理に重点をおいた総合問題が出題されます。統計問題もよく見られるので，注意が必要です。また，世界地理が出題されるのも特色の一つです。

●歴史…いくつかの短文について，それぞれがどの時代のできごとかを選ばせるもの，また，文中の語句に関する歴史用語や歴史上の人物を選ぶ問題なども出題されています。語句を記入する問題は数問程度ですが，歴史分野で出されることが多く，漢字指定がかかることから，歴史用語は人物名を中心に漢字で書けるようにしておきましょう。

●政治…憲法について基本原則の内容や前文，条文を問う問題が出されることが多いといえます。このほか，基本的人権や国会・内閣・裁判所について，その内容やしくみの理解を問う総合的な問題が出題されています。また，時事問題をテーマにした出題もよく見られます。

分野＼年度			2024	2023	2022	2021
日本の地理		地図の見方				
		国土・自然・気候	○	○	○	○
		資源		○		
		農林水産業		○	○	
		工業				
		交通・通信・貿易				
		人口・生活・文化	○			○
		各地方の特色	★	★	★	★
		地理総合				
世界の地理			★	★	○	★
日本の歴史	時代	原始～古代	○	○	○	○
		中世～近世	○	○	○	○
		近代～現代	○	○	○	○
	テーマ	政治・法律史				
		産業・経済史				
		文化・宗教史	○	○		
		外交・戦争史				
		歴史総合	★		★	★
世界の歴史						
政治		憲法		○	○	○
		国会・内閣・裁判所	○		○	
		地方自治	○			
		経済				
		生活と福祉				
		国際関係・国際政治		○	○	○
		政治総合				
環境問題						
時事問題			○	★	★	★
世界遺産						
複数分野総合					★	

※　原始～古代…平安時代以前，中世～近世…鎌倉時代～江戸時代，近代～現代…明治時代以降

※　★印は大問の中心となる分野をしめします。

◆対策～合格点を取るには？～

まず，基礎を固めることを心がけてください。教科書のほか，説明がやさしくていねいで標準的な参考書を選び，基本事項をしっかりと身につけましょう。また，問題数が少ないだけに，不得意分野をつくらないようにするのも大切です。問題集を解いていて自分の弱い分野が見つかったら，すぐに教科書や参考書に立ち返り，理解できるまで復習することです。

地理分野では，白地図作業帳を利用して地形に重点を置きつつ，各都道府県の位置や特産物，産業に関する知識を確認しましょう。世界地理は，問題数は少ないものの毎年出題されます。ニュースにとりあげられた国や，日本とかかわりの深い国について，位置や特色を確認しておきましょう。

歴史分野では，各時代ごとの重要事項をまとめるのが大切です。本校の歴史の問題にはさまざまな時代や分野が取り上げられていますから，この作業はおおいに威力を発揮するはずです。

政治分野では，日本国憲法の基本的な内容や三権分立のしくみを中心に勉強してください。なお，時事問題をテーマとして出題されることが多いので，中学受験用の時事問題集にはひと通り目を通しておきましょう。

理科　出題傾向＆対策

◆基本データ（2024年度２月１日午前）

試験時間／満点	社会と合わせて45分／100点
問題構成	・大問数…５題 ・小問数…21問
解答形式	記号選択と用語・数値の記入で構成されている。簡単な作図問題も出される。
実際の問題用紙	Ａ４サイズ，小冊子形式
実際の解答用紙	Ａ４サイズ

◆出題傾向と内容

●生命…アブラナやアサガオなどの植物のしくみとはたらきが中心に出題されています。特に，花のつくりとはたらき，受粉と受精，植物の発芽のようす，光合成や呼吸に関する問題などが取り上げられています。

●物質…気体の性質についての出題が多く見られます。このほか，ものの溶け方，ものの燃え方，実験操作などについても出題されています。

●エネルギー…小球の運動とエネルギー，ふり子などの物体の運動に関する問題や，磁石や電磁石の性質に関する問題，ものの温まり方についての問題などが取り上げられています。電磁石などでは，計算問題（複雑なものではない）も見られます。

●地球…月の動きと満ち欠けについての出題が多く見られます。このほか，太陽高度と気温・地温，金星の見え方，季節と太陽の動き，季節の星座や星の動きなどについての問題が出されています。

分野	年度	2024	2023	2022	2021
生命	植物	★	★	★	★
	動物				
	人体				
	生物と環境				
	季節と生物				
	生命総合				
物質	物質のすがた				
	気体の性質	★			★
	水溶液の性質				
	ものの溶け方			★	
	金属の性質				
	ものの燃え方		★		
	物質総合				
エネルギー	てこ・滑車・輪軸				
	ばねののび方				
	ふりこ・物体の運動	★	★	★	★
	浮力と密度・圧力				
	光の進み方				
	ものの温まり方		★	★	
	音の伝わり方				
	電気回路				
	磁石・電磁石				★
	エネルギー総合				
地球	地球・月・太陽系				
	星と星座	★		★	★
	風・雲と天候				
	気温・地温・湿度		★		
	流水のはたらき・地層と岩石				
	火山・地震				
	地球総合				
実験器具		○		○	
観察					
環境問題					
時事問題					
複数分野総合					

※　★印は大問の中心となる分野をしめします。

◆対策～合格点を取るには？～

基礎力を問う標準的なものが大半です。したがって，まずは基本的な知識をしっかり身につけることが大切です。このとき，ただ丸暗記するのではなく，なぜそうなるのか，理由までしっかり考えるようにしましょう。また，ふだんから身近なものに関心をよせて観察したり，調べたりしておくことも重要です。観察力と筋道を立てて考える力が理科の学習の基本です。

「生命」は，身につけなければならない基本知識の多い分野ですが，一歩一歩確実に学習する心がけが大切です。ヒトや動物のからだのしくみ，植物のつくりと成長などを中心に知識を深めましょう。「物質」では，水溶液の性質やものの溶け方，気体の性質などに重点をおいて学習してください。中和反応や濃度など，表やグラフをもとに計算させる問題にも取り組んでおきましょう。「エネルギー」では，ふりこなどの物体の運動とエネルギーや，力のつり合いについて，さまざまなパターンの問題にチャレンジしてください。さらに，電気回路や電流計の使い方，電磁石のしくみもよく出題される内容なので，学習計画から外すことのないようにしておきましょう。「地球」では，太陽・月・地球の動き，星と星座，天気と気温・湿度の変化などが重要なポイントです。

国語 出題傾向＆対策

◆基本データ（2024年度２月１日午前）

試験時間／満点	45分／100点
問題構成	・大問数…３題 文章読解題１題／知識問題２題 ・小問数…31問
解答形式	記号選択，書きぬき，適語の記入のほかに，記述問題も見られる。記述問題では，字数制限のないものが出されている。
実際の問題用紙	Ａ４サイズ，小冊子形式
実際の解答用紙	Ａ３サイズ

◆出題傾向と内容

▶近年の出典情報（著者名）
説明文：苫野一徳　稲垣栄洋　元村有希子

●説明文…指示語・接続語，適語補充，理由を問うもの，具体的な説明をまとめるもの，本文の内容と合うものを選ぶ問題などが出題されており，説明文の読解としてオーソドックスな問いで構成されています。

●知識問題…例年，漢字の読み書きが１題(15問程度)必ず出題されています。もう１つの大問は，対義語や四字熟語，慣用句などの語句の知識のほか，品詞や用法などの文法問題となっています。文の組み立てやことばの呼応の出題もみられます。

◆対策～合格点を取るには？～

読解分野では，指示語や接続語の問題，傍線部を説明する問題に加えて，抜けた文を正しい場所に挿入する問題や，文章を意味が通るように並べ替える問題が出題されています。問題集などで説明文・論説文に取り組む際には，特に意味段落分けをしながら，構成を意識して読むとよいでしょう。答え合わせをした後は，正解した設問でも解説をしっかり読んで解答までの道すじを明らかにし，本番でも自信を持って答えられるようにしておきましょう。

知識問題はもちろん，読解問題の中でも，ことばのきまりや意味を問う問題が出ています。日頃からニュースを見たり新聞を読んだりして気になることばを辞書で確認し，語彙を増やしておくとよいでしょう。

分野		年度	2024		2023		2022	
			1前	1後	1前	1後	1前	1後
読解	文章の種類	説明文・論説文	★	★	★	★	★	★
		小説・物語・伝記						
		随筆・紀行・日記						
		会話・戯曲						
		詩						
		短歌・俳句						
	内容の分類	主題・要旨	○		○	○	○	○
		内容理解	○	○	○	○	○	○
		文脈・段落構成		○	○	○		○
		指示語・接続語	○		○	○	○	○
		その他	○	○	○	○	○	○
知識	漢字	漢字の読み	○	○	○	○	○	○
		漢字の書き取り	○	○	○	○	○	○
		部首・画数・筆順						
	語句	語句の意味					○	○
		かなづかい						
		熟語	○	○	○	○	○	○
		慣用句・ことわざ			○	○		○
	文法	文の組み立て			○	○		
		品詞・用法	○	○				
		敬語	○	○			○	○
	形式・技法							
	文学作品の知識							
	その他							
	知識総合							
表現	作文							
	短文記述					○	○	
	その他							
放送問題								

※　★印は大問の中心となる分野をしめします。

2024年度 東京家政学院中学校

〈編集部注：この試験は，２科目(国語といずれかの科目)または４科目(算数・社会・理科・国語)のいずれかを選択して受験します。〉

【算　数】〈２月１日午前試験〉（45分）〈満点：100点〉

《注意》円周率は3.14として計算しなさい。

1　次の□をうめなさい。

(1)　$121-11\times4=$□

(2)　$0.3\times15+0.25\times22=$□

(3)　$1.4\div\left(2\frac{4}{5}-1\frac{3}{4}\right)=$□

(4)　$(4.5-$□$)\times2.5=9$

(5)　１日：□時間＝３：２

(6)　8％の食塩水300gの中には、水が□g入っています。

(7)　縮尺$\frac{1}{50000}$の地図で5.6cmの長さは、実際には□kmあります。

(8)　100gあたり450円の肉が□kg入っているパックを買ったところ、タイムセールで２割引きだったので代金は4320円でした。

(9)　ある数に$\frac{4}{5}$をかけると□になりますが、まちがえて$\frac{4}{5}$で割ってしまったので、答えが$\frac{7}{8}$になりました。

⑽　1g，3g，5gのおもりをそれぞれ1つ以上使って、18gにする方法は全部で□通りあります。

⑾　ある小学校の6年生45人が、算数と国語の試験を受けたところ、算数の合格者は28人、国語の合格者は19人でした。両方合格したのは5人で、どちらも不合格だったのは、□人でした。

⑿　長さ180mの列車が毎時□kmの速さで、長さ220mの鉄橋を渡り始めてから渡り終わるまでに12秒かかります。

⒀　9年前、母親の年れいは姉と妹の年れいの合計の5倍でした。今、母の年れいは□才で、3人の年れいを合計すると63才になります。

2　次の問いに答えなさい。

(1)　右の図のxを求めなさい。

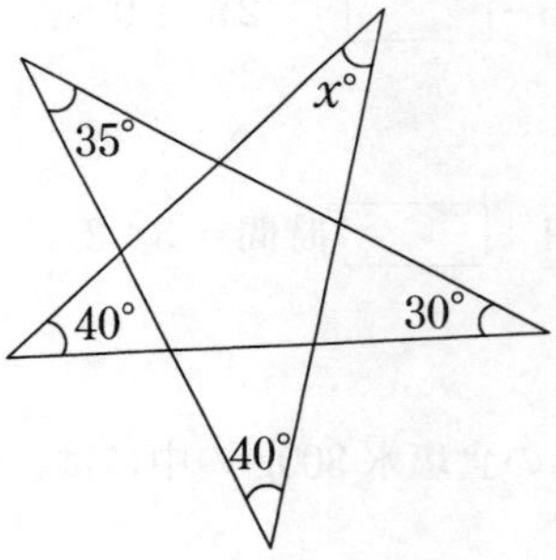

(2)　右の図は、1つのおうぎ形と、2つの半円を組み合わせたものです。
斜線部分の面積を求めなさい。

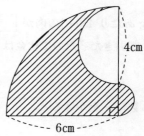

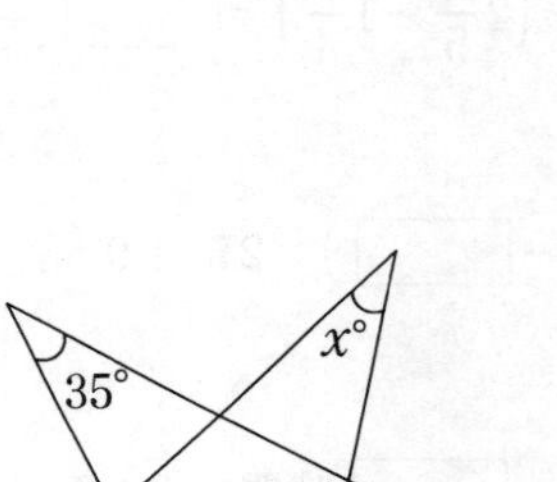

(3) 半径5cmの円を底面とする円柱に、12cmの高さまで水が入っています。その水を右の図の直方体の容器に移しかえると、高さは何cmになりますか。

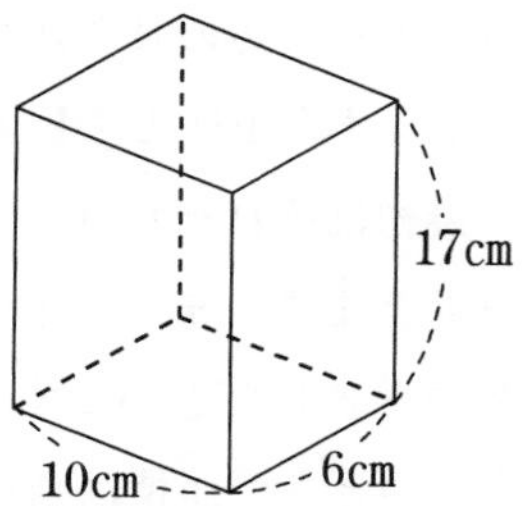

(4) 右の図は直方体から一部を切り取った立体です。この立体の体積を求めなさい。

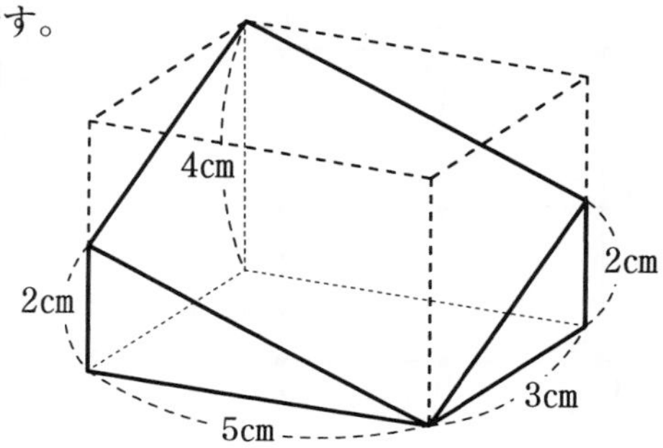

3 次の問いに答えなさい。

(1) 一周1200mの公園の周りを、えりさんは自転車で、まこさんは歩いて同じ地点から同じ向きに出発したところ、えりさんはまこさんを30分後に追い越しました。次の日は、同じ地点からたがいに反対の向きに前の日と同じ速さで出発すると、8分後にすれちがいました。2人の速さはそれぞれ毎分何mですか。

(2) A◎Bは2×A＋3×Bの計算を、また、A○BはA÷Bの余りを表すものとします。

例　4◎5 ＝ 2×4＋3×5 ＝ 23

19÷5 ＝ 3余り4　であるから、19○5 ＝ 4

(3◎6)○(76○13) はどんな数になりますか。ただし、(　) については (　) の中を先に計算するものとします。

(3) A、B、Cの3種類のおかしがあります。100gあたりの値段はAは200円、Bは400円、Cは800円です。AとBの重さの比を2：3になるようにまぜたあと、Cも加えて100gあたり600円で買いました。3種類のおかしの重さの比を、もっとも簡単な整数で答えなさい。

4 下の図のような辺の長さが4cmの正方形AGICがあり、D，H，F，Bは、各辺の真ん中の点です。またBHとDFの交点をEとします。毎秒2cmの速さで動く点P，Q，Rがあり、最初はそれぞれ点A，B，Gにあります。１秒ごとにP→Q→Rの順に一つずつ線上を動きます。また、下のグラフは６秒まで動いたときの、時間と三角形PQRの面積の関係を表したものです。なお、点P，Q，Rが重なったり、一直線になって三角形にならないときの面積は0cm^{2}とします。

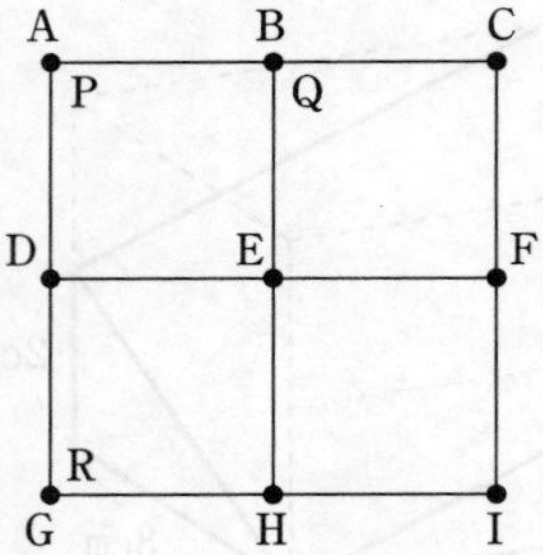

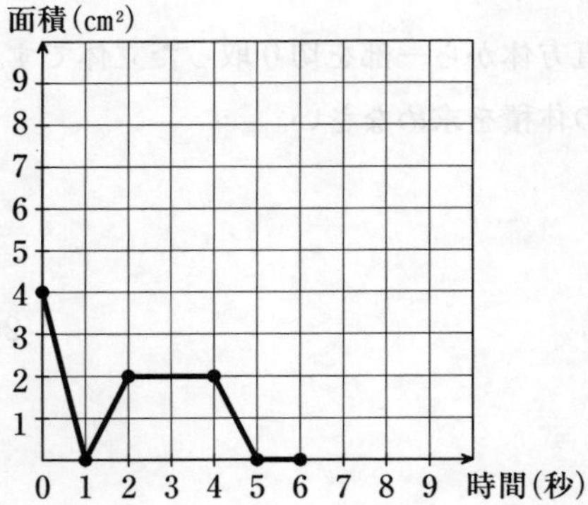

(1)　６秒後に点Qは、点Ａ～点Ｉのどの点の位置にあるのか答えなさい。

(2)　７秒後に三角形PQRができるとき、点Ｐの位置と、そのときの面積を求めなさい。

(3)　下のグラフは、４秒後から上のグラフとは別の動き方をしたときのものです。４秒から６秒の間のグラフを完成させなさい。

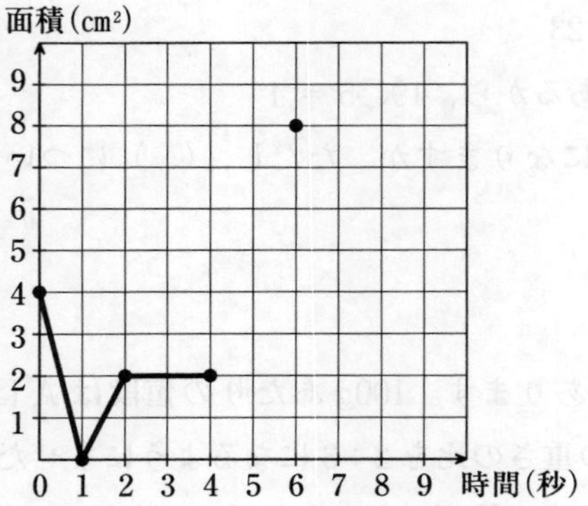

【社　会】〈2月1日午前試験〉（２科は25分，４科は理科と合わせて45分）〈満点：100点〉

1　中部地方について、以下の問いに答えなさい。

問１　Ａさん、Ｂさん、Ｃさん、Ｄさんは旅行した中部地方の県を当てるクイズを考えました。次の文と地図を見て、以下の問いに答えなさい。

Ａさん「私が旅行した県は海に面していない県です。県の南西には火山があって、２０１４年に噴火して、多くの被害が出ました。」

Ｂさん「私が旅行した県は海に面していない県です。１９７６年の台風ではこの県を流れる長良川が決壊し、多くの被害が出ました。」

Ｃさん「私が旅行した県は海に面し、西部は滋賀県と接しています。２００４年の豪雨では洪水や土砂崩れによって多くの被害が出ました。」

Ｄさん「私が旅行した県は海に面し、中部地方４県と接しています。豪雪地帯として知られ、１９４０年の雪崩では多くの被害が出ました。」

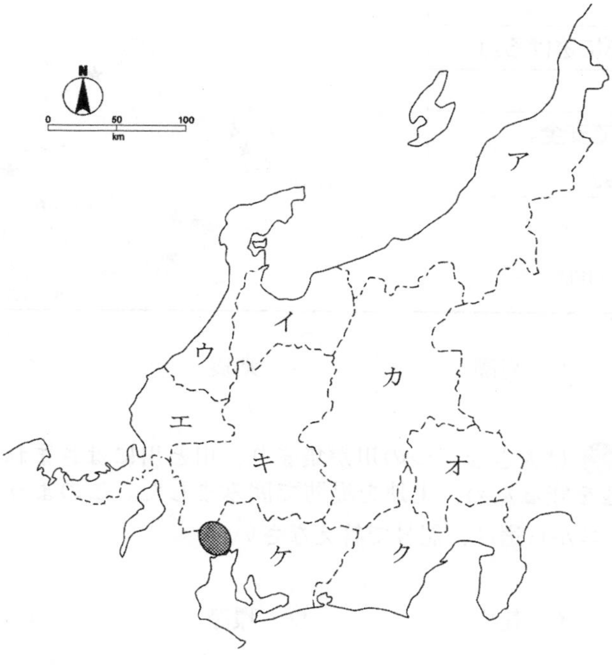

（１）４人が旅行した県を地図中ア～ケからそれぞれ選び、記号で答えなさい。

（2） ４人は各県の自然災害について、訪れた場所に設置してあった「自然災害伝承碑《ひ》」から知りました。「自然災害伝承碑」を示す地形図記号を次のア～エから選び、記号で答えなさい。

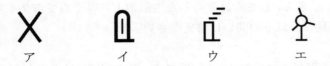

ア　　イ　　ウ　　エ

（3） Ａさんは中部地方の自然災害に関わる「言い伝え」を調べていくうちに、ある「言い伝え」が中部地方各地に分布していることに気づき、図にまとめました。図中の空らん（①）にあてはまる自然災害を次のア～エから選び、記号で答えなさい。

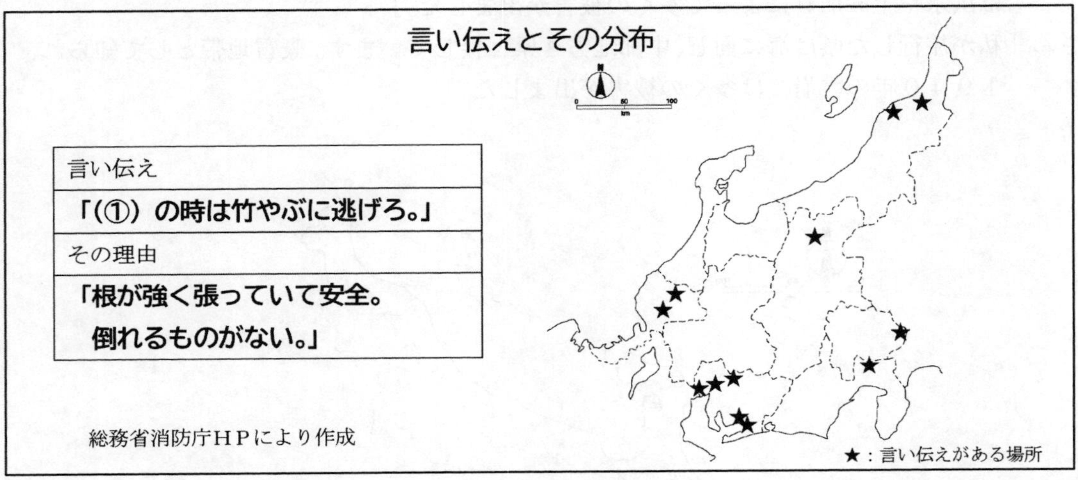

ア　豪雪　　イ　高潮　　ウ　地震　　エ　火山噴火

（4） ５ページの地図中  は大きな三つの川が集まり、川と川にはさまれた土地にくらす人々は水害から土地を守るため、土地を堤防で囲みました。このような土地を何と言いますか。次のア～エから選び、記号で答えなさい。

ア　土蔵　　イ　輪中　　ウ　環濠　　エ　石垣

（5） ４人はくらしを守る取り組みについて話し合いました。くらしを地域で助け合って守る取り組みを「共助」と言います。４人の意見のうち「共助」にあたるものを次のア～エから選び、記号で答えなさい。

ア　あわてずに行動する。
イ　ひなんする場所を家族で確認する。
ウ　ひなんする場所を確保する。
エ　自治会でひなん訓練を行う。

2　２０２３年はサッカー女子ワールドカップがオーストラリアとニュージーランドで開催されました。

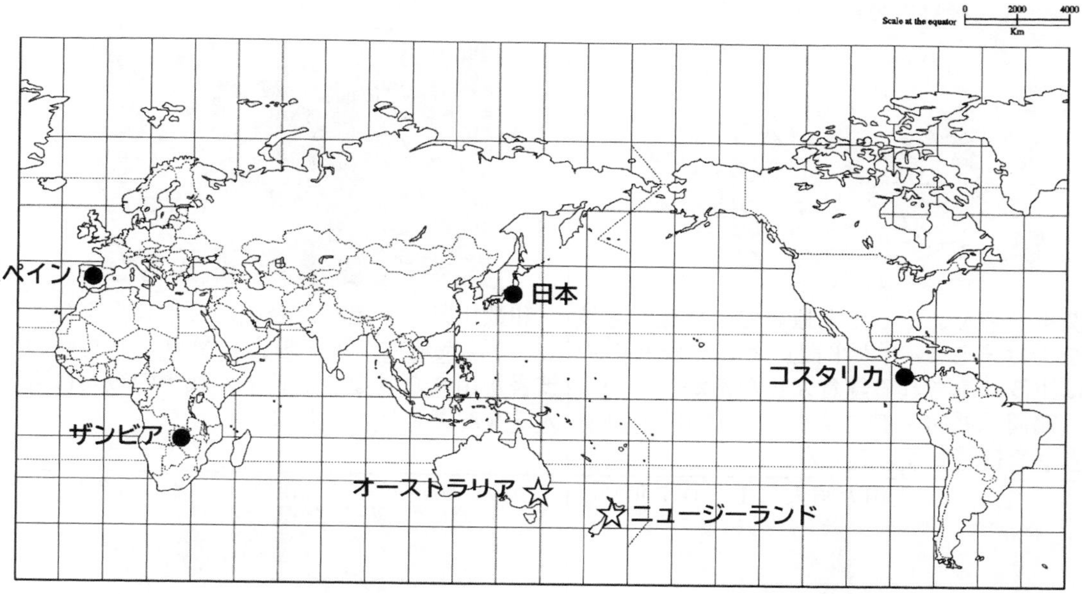

問１　上の地図は日本が予選で対戦したスペイン・ザンビア・コスタリカの位置を示したものです。それぞれの国の位置について述べた文として誤っているものを次のア～エから選び、記号で答えなさい。

ア　日本はユーラシア大陸の東に位置している。
イ　スペインは日本と同緯度に位置している。
ウ　ザンビアは南半球に位置している。
エ　コスタリカは大西洋の東に位置している。

問２　開催国のオーストラリアとニュージーランドが属している州を次のア～エから選び、記号で答えなさい。

ア　アジア州　　イ　アフリカ州　　ウ　オセアニア州　　エ　ヨーロッパ州

3　２０２３年は東京家政学院創立１００周年であったこととともに関東大震災から１００年の節目の年でした。かすみさんは当時の資料を見ながら日本の災害の歴史を次の表のようにまとめました。表のＡ～Ｄを見て、以下の問いに答えなさい。

Ａ　鎌倉大地震（１２９３年）	Ｂ　伊勢湾台風（１９５９年）

関東一帯をおそった大地震では、鎌倉も被害を受けました。『太平記』という資料の中には津波に流される鎌倉大仏が描かれています。鶴岡八幡宮も被害を受け、1当時の幕府に大きな打撃を与えました。	和歌山県に上陸した台風は日本列島を縦断し、2近畿地方、東海地方に暴風雨や高潮の被害が出ただけなく、日本の戦後の復興にも大きな影響を与えました。
Ｃ　宝永の富士山大噴火（１７０７年）	Ｄ　明治元年の大洪水（１８６８年）
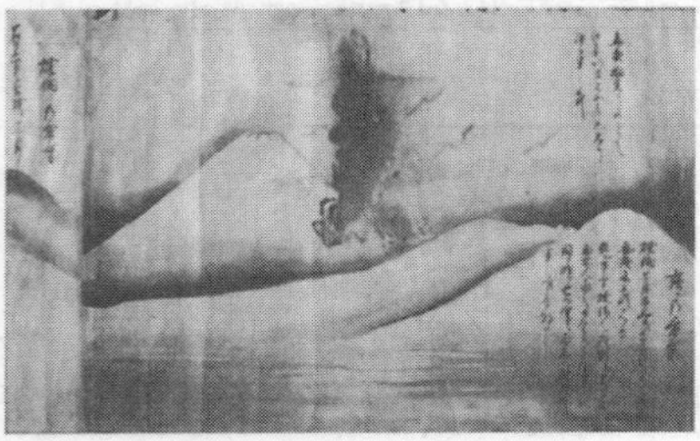	
江戸時代の中期におこった富士山の大噴火は、江戸でも火山灰が降り積もるなど大きな被害が出ました。3『夜ルの景気』という浮世絵からは山頂ではなく中腹から噴火したことがうかがえます。	明治元年におこった大雨によって淀川で洪水が発生し、4大阪で大きな被害が出ました。『聞書大阪諸国大洪水』という資料からも当時の浸水の被害がうかがえます。

問１　Ａについて、この地震によって関東地方は大きな被害を受けたがこれと同じころ九州地方でおこったできごととしてあてはまるものを次のア～エから選び、記号で答えなさい。

ア　中国から進んだ文化を学んだ遣唐使の留学生が多く帰国した。
イ　アジアからヨーロッパを支配したモンゴルの大帝国が日本に攻めてきた。
ウ　多くの宣教師が来日し、キリスト教の布教活動が行われた。
エ　出島には多くの外国船が来港し、さかんに貿易が行われた。

問２　下線部１について、１１９２年に征夷大将軍になりこの幕府を開いた人物を漢字で答えなさい。

問３　下線部２について、次の問いに答えなさい。

（１）この台風で暴風雨の被害を受けたと推測されるものとしてもっとも適切であると考えられるものを次のア～エから選び、記号で答えなさい。

ア　東大寺の大仏殿　　イ　原爆ドーム
ウ　富岡製糸場のレンガづくりの建物　　エ　復元された吉野ケ里遺跡の高床倉庫

（２）このころの日本のようすについて述べたものとしてあてはまるものを次のア～エから選び、記号で答えなさい。

ア　アメリカとの間に不平等な条約を結んで、外国との貿易をはじめた。
イ　ノルマントン号事件をきっかけにイギリスとの間で不平等条約を改正した。
ウ　ドイツやイタリアと軍事同盟を結び、アメリカと対立するようになった。
エ　ソ連との国交を回復したことで、国際連合への加盟が認められた。

問４　下線部３について、かすみさんは噴火のようすを当時の浮世絵をもとにさらに詳しく調べ、メモにまとめた。かすみさんが発見した浮世絵とメモの内容を見て、以下の問いに答えなさい。

＜かすみさんが発見した資料とメモ＞
・宝永の大噴火が大規模であったことが当時の浮世絵に描かれている。
・富士山の斜面が不自然に曲がっており、宝永の大噴火によって富士山に新しい火口が生まれたことが右の資料から分かる。
・宝永の噴火の以前にも平安時代に発生した貞観《じょうがん》の噴火（８６４年）によって被害が出たことが記録に残っている。

（１）かすみさんが発見した浮世絵の作者として適切であると考えられるものを次のア～エから選び、記号で答えなさい。

ア　雪舟　　イ　狩野永徳　　ウ　歌川広重　　エ　伊能忠敬

（２）メモ中の下線部について、貞観の噴火がおこる７０年前に現在の京都に都をうつした天皇を解答らんにあわせて漢字で答えなさい。

問５　Ｄについて、このころに活やくした人物としてあてはまるものを次のア～エから選び、記号で答えなさい。

ア　大久保利通　　イ　田中正造　　ウ　吉田茂　　エ　佐藤栄作

問６　下線部４について、大阪の説明としてあてはまらないものを次のア～エから選び、記号で答えなさい。

ア　古墳時代に大規模な古墳が多くつくられ、日本最大の仁徳天皇陵古墳がある。
イ　安土桃山時代に織田信長が大阪城を建設し、楽市楽座によって栄えた。
ウ　江戸時代には全国の年貢米が集まったことから「天下の台所」とよばれた。
エ　昭和時代に万国博覧会が開かれ、日本が経済大国の仲間入りを果たした。

問７　表のＡからＤをまとめた内容についてかすみさんと先生が話をしています。会話文を読んで、以下の問いに答えなさい。

かすみ「今回の調査では、鎌倉時代以降の災害について調べましたがこれより古い時代の災害は資料が少なく、調べることができませんでした。」
先　生「古い時代の災害を調べる有効な方法として地層（小石・砂・火山灰・動植物の死がいなどが順番にたいせきし、層になったもの）の調査が効果的です。」
かすみ「地層に含まれるものを調べると、その時代にどのようなできごとがあったのかを推測することができるのですね。」
先　生「右の資料は5紀元前４００年前後の地層で弥生時代のものと考えられます。」
かすみ「地層を調査すると、この地域では少なくとも３回の大規模な災害がおこったことが推測されますね。」
先　生「地層を調べることで、当時のできごとをくわしく知ることができます。」

【資料】古い時代の地層

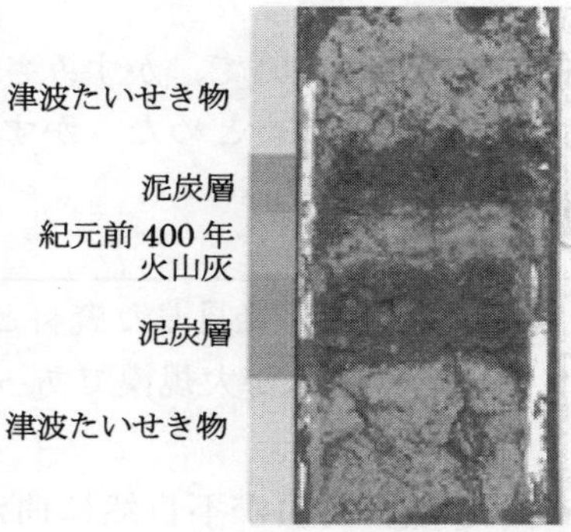

（１）資料の地層が見られる時代におこったと推測される災害は、表のＡからＤで示したどの災害と共通していると考えられるか、次のア～エから選び、記号で答えなさい。

ア　表のＡとＢ　　イ　表のＢとＣ　　ウ　表のＡとＣ　　エ　表のＢとＤ

（２）下線部５について、この地層から発見されると推測されるものとしてあてはまらないものを次のア～エから選び、記号で答えなさい。

ア　米を煮炊きするために使用した土器　　イ　古墳にならべるために作られたはにわ
ウ　豊作を願う祭りに使用された銅たく　　エ　稲穂をかりとるために使用した石包丁

4　２０２３年の出来事について、以下の問いに答えなさい。

A　岸田文雄内閣総理大臣が内閣改造を行った。
B　日本では４月１日に新しく（　　　）庁が発足した。
C　神奈川県真鶴町で町長のリコールの賛否を問う住民投票が行われた。

問１　Aに関連して、以下の問いに答えなさい。
（１）内閣総理大臣の説明として誤っているものを次のア～エから選び、記号で答えなさい。

ア　国会で国会議員の中から指名される。
イ　国務大臣を任命する。
ウ　大臣などと閣議を開いて政治の進め方を相談する。
エ　立法権を行使する内閣の最高責任者である。

（２）内閣に関する説明文①、②の正誤の組み合わせとして正しいものを次のア～エから選び、記号で答えなさい。

①　予算を作って国会に提出する。
②　弾劾裁判所を設置することができる。

ア　①－正　②－正　　イ　①－正　②－誤
ウ　①－誤　②－正　　エ　①－誤　②－誤

問２　Bについて、（　　　）にあてはまることばを次のア～エから選び、記号で答えなさい。

ア　スポーツ　　イ　消費者　　ウ　こども家庭　　エ　文化

問３　Cに関連して、以下の問いに答えなさい。
（１）町長のリコールには住民投票で過半数の賛成が必要です。住民投票の実施に必要な有権者の署名数として正しいものを次のア～エから選び、記号で答えなさい。

ア　有権者の３分の１以上　　イ　有権者の４分の１以上
ウ　有権者の２０分の１以上　　エ　有権者の５０分の１以上

（２）地方には地方公共団体間の収入格差をならすために国から配分されるお金があります。このお金として正しいものを次のア～エから選び、記号で答えなさい。

ア　法人税　　イ　地方交付税　　ウ　固定資産税　　エ　地方税

【理　科】〈２月１日午前試験〉（２科は25分，４科は社会と合わせて45分）〈満点：100点〉

1　小球を色々な坂道で転がしてみました。次の問いに答えなさい。

（１）小球の地面からの高さは変えず、坂道の角度を変えて転がしてみました。小球が地面に着いたとき一番速いのはア～ウのどれですか、またはア～ウのどれも同じですか。

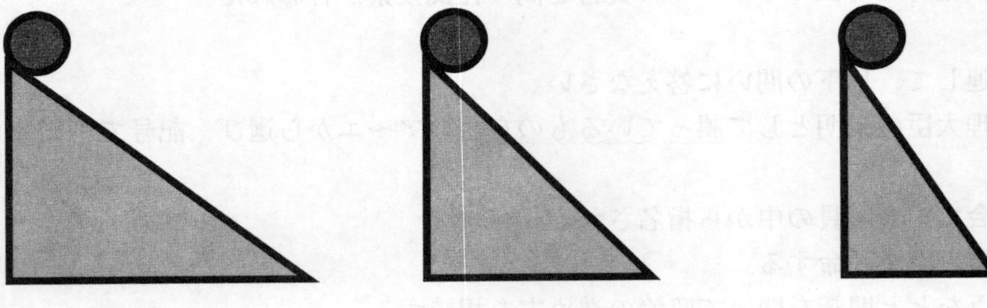

ア　　　イ　　　ウ

（２）坂道の角度は変えず、小球の高さを変えて転がしてみました。小球が地面に着いたときの速度が一番速いのはア～ウのどれですか、またはア～ウのどれも同じですか。

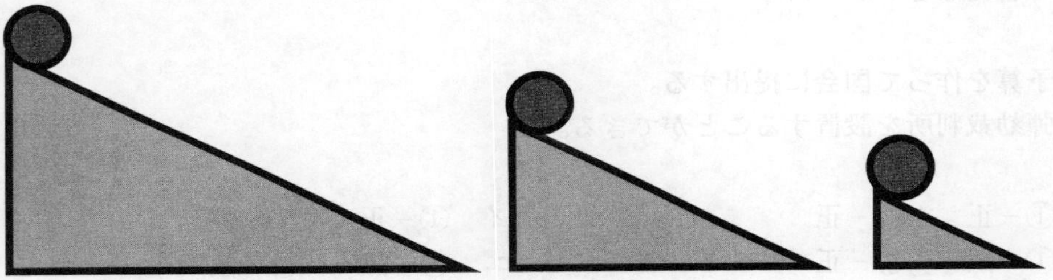

ア　　　イ　　　ウ

（３）小球の地面からの高さは変えず、坂道の角度も変えず、小球の重さを変えて転がしてみました。小球が地面に着いたとき、一番速いのはア～ウのどれですか、またはア～ウのどれも同じですか。

ア　100g　　イ　200g　　ウ　0.500kg

2　下の図のように100gのおもりを天井から糸でつるして、ふり子をつくりました。次の問いに答えなさい。

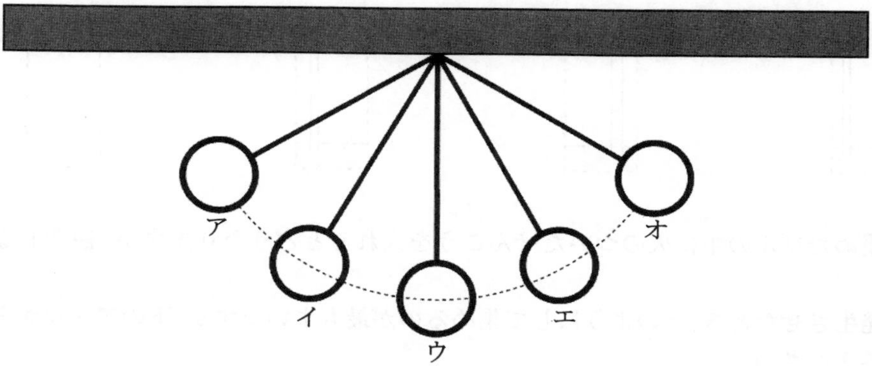

（１）ふり子がちょうど１周期動くとき、おもりをイから手を離した場合はどのような位置を通りますか。続きを図のア～オから選び、記号で答えなさい。

（２）ふり子のおもりをアから手を離したとき、５秒間でオの位置を３回通過しました。このふり子の周期は何秒ですか。

（３）ふり子の周期を長くするためにはどうすればよいですか。次のア～エから選び、記号で答えなさい。

ア　ふり子のおもりを200gにする。
イ　ふり子のおもりを50gにする。
ウ　ふり子の糸の長さを長くする。
エ　ふり子の糸の長さを短くする。

3　右図のようなそう置を使って、酸素を集めようと思います。次の問いに答えなさい。

（１）Ａの液体、Ｂの固体は、それぞれ何ですか。
次のア～カから選び記号で答えなさい。

ア　石灰石	イ　二酸化マンガン
ウ　貝がら	エ　オキシドール
オ　うすい塩酸	カ　食塩水

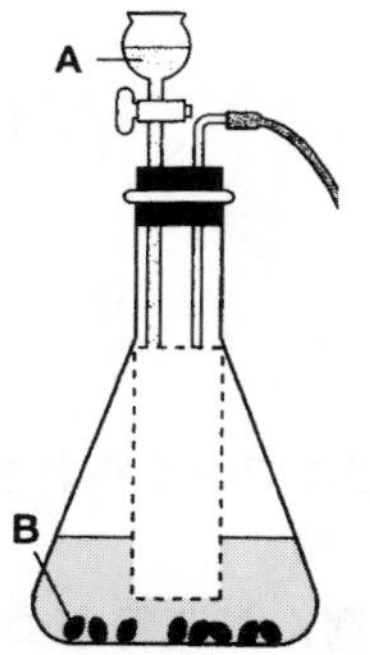

（2）フラスコ内の　　　　の部分は、どのようになっていますか。次のア〜エから選び、記号で答えなさい。

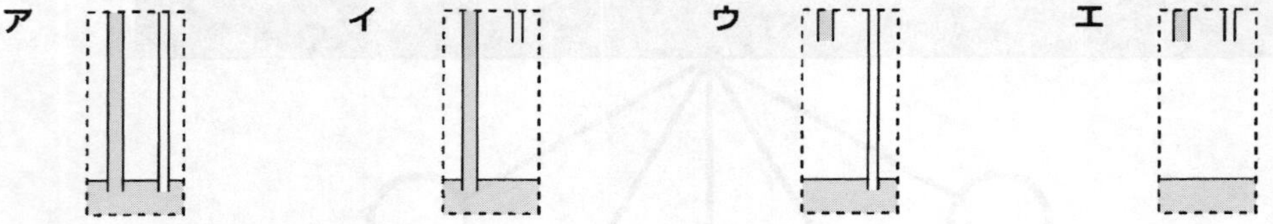

（3）酸素を集めたびんの中に火のついたせんこうを入れるとどうなりますか。説明しなさい。

（4）酸素を発生させたとき、どのようにして集めるのが最もよいですか。下のア〜ウから選び、記号で答えなさい。

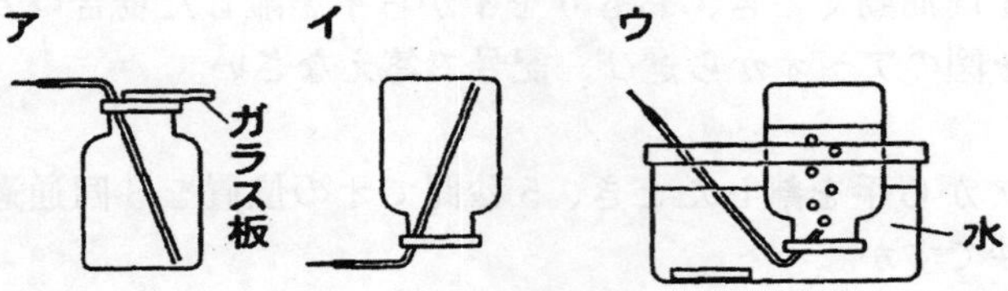

（5）（4）の方法を選んだ理由を答えなさい。

4　下の図は、アブラナの花のつくりを示したものです。次の問いに答えなさい。

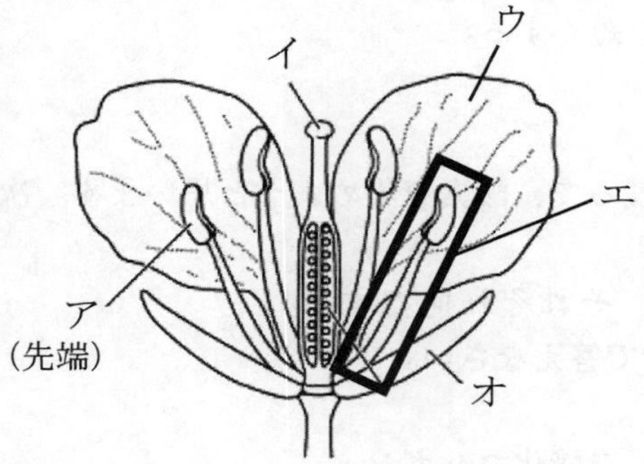

（1）花粉はどこでつくられますか。ア〜オから選び、記号で答えなさい。

（2）（1）で選んだ花粉がつくられるところを何といいますか。名前を答えなさい。

（3）イに花粉がつくことを何といいますか。

（４）おしべはどこですか。ア～オから選び、記号で答えなさい。

（５）さちおくんとまさ子さんは、植物のはたらきについて話しました。次の会話文を読み、空らん①～③にあてはまることばを答えなさい。

さちおくん：植物は日光を浴びて（　①　）をするよね。

まさ子さん：そうそう、それによってデンプンがつくられるよ。

さちおくん：植物も生きているから、呼吸をするよね。

まさ子さん：もちろん。呼吸の気体の出入りは、（　②　）を取り入れて（　③　）を出すよ。

5　下の図はある日の夜空を観察したものです。次の問いに答えなさい。

（１）図の星座を何といいますか。

（２）図のＡの星は赤く光っています。この星を何といいますか。

（３）この星座が見られたことから、図は東西南北のどの方角で、季節をそれぞれ答えなさい。

別の日の同じ時間にこの星を観察すると、西に15°ほどずれていました。

（４）これは最初に観察してから何日後ですか。

（５）地球が１年をかけて太陽のまわりを１周していることが関係しています。どうして同じ時間で15°のずれがでたのか説明しなさい。

【英　語】〈2月1日午前試験〉（筆記25分，面接５分）〈満点：筆記75点，面接25点〉

1 例にならって、次のイラストが表す英単語を下の文字を並べかえて書きなさい。

例	解答欄	(1)	(2)	(3)
	lemon			
mlnoe		hyercr	adber	birtab

2 次のＣとＤの関係が、ＡとＢの関係と同じになるように、Ｄに適する語をア～ウの中から１つ選び、記号で答えなさい。

	A		B	C		D		
(1)	wet	－	dry	expensive	－	【ア rich	イ poor	ウ cheap】
(2)	winter	－	cold	summer	－	【ア hot	イ old	ウ dark】
(3)	pork	－	pig	beef	－	【ア sheep	イ cow	ウ chicken】
(4)	hands	－	gloves	feet	－	【ア foot	イ pants	ウ socks】

3 次の各組の語の中で、１つだけ種類のちがう単語があります。ア～エの中から１つずつ選び、記号で答えなさい。

(1)	ア north	イ south	ウ left	エ east
(2)	ア zoo	イ zebra	ウ elephant	エ gorilla
(3)	ア long	イ strong	ウ easy	エ want
(4)	ア actor	イ cooker	ウ doctor	エ artist

4 次の (1) ～ (10) までの文について、(　　) に入れるのに最も適切なものを、ア～エの中から１つずつ選び、記号で答えなさい。

(1) *A* : You look (　　　). You had better go to bed now.
B : OK. I will.
ア pale　イ happy　ウ shy　エ interested

(2) I always (　　　) my bottle to school with water in it.
ア buy　イ take　ウ find　エ put

(3) Kyoto has a (　　　) of places to visit.
ア many　イ much　ウ lot　エ piece

(4) Emma's grandfather (　　　) care of himself.
ア is　イ makes　ウ likes　エ takes

(5) Your father's sister is your (　　　).
ア aunt　イ uncle　ウ cousin　エ niece

(6) On Mondays, Lucy leaves home (　　　) than usual.
ア early　イ earlier　ウ earliest　エ more early

(7) *A* : It's very noisy here. (　　　) you say that again?
B : Sure.
ア Do　イ Did　ウ Have　エ Could

(8) Thank you for (　　　) me to the party. It's so fun.
ア invite　イ inviting　ウ to invite　エ invited

(9) *A* : How (　　　) do you study math?
B : Three days a week.
ア many　イ much　ウ often　エ old

(10) *A* : Mr. Sato, this math problem is difficult. Please teach me (　　　) to solve it.
B : OK. Wait a minute.
ア what　イ when　ウ where　エ how

5 次の (1) ～ (4) の会話について、（　）に入れるのに最も適切なものを、ア～エの中から１つずつ選び、記号で答えなさい。

(1) *Man*：Would you like another cup of tea?
Woman：(　　　　　　　)
ア Yes, I have an idea.　　イ I'm afraid you can't.
ウ Yes, thanks.　　エ Not at all.

(2) *Son*：Must I finish my homework today?
Mother：(　　　　　　　) But be sure to finish it tomorrow.
Son：I see. I will.
ア Yes, you must.　　イ No, you can't.
ウ Oh, how was it?　　エ No, you don't have to.

(3) *Boy*：This is my new baseball cap. (　　　　　　　)
Girl：It's so cool.
ア What do you think?　　イ How about going there?
ウ When did you get it?　　エ Why do you think so?

(4) *Woman*：It's almost lunchtime. Shall we eat out today?
Man：(　　　　　　　)
ア Yes, that's right.　　イ Sounds good. Let's go.
ウ I think you should go.　　エ No, you may not.

6 次の文の［　　］内の語句を日本語の意味を表すように並べかえて、２番目と４番目に来るものを記号で答えなさい。ただし、文頭に来る語も小文字になっています。

(1) あなたは野球部の部員ですか。
［ ア you　イ the baseball　ウ of　エ a member　オ are ］team?
_____ _____ _____ _____ _____ team?
２番目　４番目

(2) 私たちの学校にはカフェテリアがあります。
［ ア our school　イ is　ウ a cafeteria　エ in　オ there ］.
_____ _____ _____ _____ _____ .
２番目　４番目

(3) あなたの好きなマンガについて私に教えてください。
Please［ ア your　イ favorite manga　ウ about　エ me　オ tell ］.
Please _____ _____ _____ _____ _____ .
２番目　４番目

(4) あなたは何のスポーツがいちばん好きですか。
What［ ア you　イ the best　ウ do　エ sport　オ like ］?
What _____ _____ _____ _____ _____ ?
２番目　４番目

7　次のお知らせを読んで、(1) ～ (2) の質問の答えとして最も適切なもの、また (3) は文を完成させるのに最も適切なものをア～エの中から１つずつ選び、記号で答えなさい。

MEMBERS NEEDED!!

We are the TKG J.H.S. Art Club.
We are looking for new members.
We are open to beginners.
Ms. Spencer teaches you the basics, so don't worry.

WEEKLY ACTIVITIES

Day: Tuesdays, Thursdays, Saturdays
Time: 3:30 p.m. - 5:30 p.m.
Place: Art Room 1
We also have activities on Sundays before the school festival.

SUMMER ACTIVITY

Day: Thursdays, Saturdays
Time: 10:00 a.m. - 4:00 p.m.
Place: Art Room 2
Each member paints a picture for the oil painting contest.

CONTACT

For more information, please ask the following members:
3-C　Bob Weston
2-D　Carol Evans
1-B　Patrick Smith

(1)　Does the club have extra activities for the school festival?

ア Yes, it has.

イ No, it has not.

ウ Yes, it does.

エ No, it does not.

(2)　How long is the summer club activity?

ア It is 10:00 a.m.

イ It is two hours.

ウ It is Thursdays and Saturdays.

エ It is six hours.

(3)　This notice is ＿＿＿＿＿＿＿＿＿＿.

ア to guide students to hand in an oil painting

イ to guide students to join the club

ウ to inform students of the oil painting contest

エ to inform students of the members of the club

問七　――線⑤「それ」とは何か、答えなさい。

問八　空欄（　Ｙ　）（　Ｚ　）に入る語句をそれぞれ次のア～エから選び、記号で答えなさい。

Ｙ　ア　暗記力　　イ　興味　　ウ　きっかけ　　エ　積極性

Ｚ　ア　思考力　　イ　感受性　　ウ　向上心　　エ　問題意識

問九　――線⑥について「ただ『やばい』とか『エモい』とか言うのではなく、何がどう『やばい』のか、『エモい』のか、言葉を尽くして伝えられるようになる必要がある」とありますが、なぜ言葉を尽くして伝える必要があるのか、理由を答えなさい。

問十　本文の内容について、次のア～エが正しければ〇、正しくなければ×を解答欄に記入しなさい。

ア　若者には何事にも自由に挑戦できるという特権があるが、人生経験が少ないために息切れしてしまうことがある。

イ　ドイツ語の「Bildung」には実生活に役立たない知識という意味の他に社会を幸せにするという意味も含まれる。

ウ　知識は問題を解決したり、欲求を満たすためにあるので、知識は単純に多ければよいというわけではない。

エ　より深い人間関係を構築するためには、小学生や中学生のような幼いうちから言葉をためる必要がある。

問十一　この文章のタイトルは『未来のきみを変える読書術』ですが、なぜ読書が言葉をためるのに有効な方法なのか、理由を答えなさい。

問一　――線①「地図のない」とは、若者のどのような状態をたとえたものですか。解答欄《らん》に合わせて文中から四十字以内で抜き出し、最初と最後の五字で示しなさい。

問二　[１]～[４]に入る語を次のア～オからそれぞれ選び、記号で答えなさい。

ア　あるいは　　イ　なぜなら　　ウ　でも　　エ　そうすれば　　オ　つまり

問三　――線②について、読書経験を積むことで、どのようなことが起きると述べていますか。文中から十七字で抜き出して答えなさい。

問四　――線③グーグルマップになるとはどのようなことですか。その説明として正しいものを次から選び、記号で答えなさい。

ア　目的地をすぐに検索できるグーグルマップのように、今後するべきことの最短ルートだけを選べるようになる。

イ　どの道を通れば良いかがわかるグーグルマップのように、生活に役立つ知識を得られるようになる。

ウ　目的地を様々な角度から見られるグーグルマップのように、いろいろな方法で自分の目標を達成できるようになる。

エ　地図の全体像が見えるグーグルマップのように、自分の目標に向かって次に何をするべきかわかるようになる。

問五　――線④「ネットワーク」とは何をどのようにすることか、説明しなさい。

問六　空欄（　X　）に入る四字熟語を次のア～エから選び、記号で答えなさい。

ア　縦横無尽　　イ　一朝一夕　　ウ　右往左往　　エ　暗中模索

たり、社会人になったりすれば、もうそれは通用しないのだ、と。

この社会には、世代も文化も、価値観も感受性も、自分とはまったく異なる人たちがたくさんいます。社会に出れば、多くの人は、そんな多様な人たちとのコミュニケーションの場に否応《いやおう》なく投げ出されます。

それはつまり、⑥ただ「やばい」とか「エモい」とか言うのではなく、何がどう「やばい」のか、「エモい」のか、言葉を尽くして伝えられるようになる必要があるということです。

いや、それは本当は、小中学生の頃から大事なことです。

何か言いたいことがあっても、それがうまく言葉にならないことにイライラした経験は、多くの人が持っているのではないかと思います。だれかとのいざこざや喧嘩《けんか》の際、それは特に大きな問題をもたらしてしまうことがあります。お互いに、言葉を尽くして話し合えば理解し合えたかもしれない、落としどころを見つけられたかもしれないのに、その〝言葉〟が見つからないために、イライラしてつい暴力や安易な暴言などに訴えてしまうことがあるのです。小さな子どもが癇癪《かんしゃく》を起こして暴れ回るのは、多くの場合、イライラを言葉にして言い表すことができないからです。

逆に言えば、もしわたしたちが十分な言葉を持っていたなら、異なる他者との間に、より深い了解《りょうかい》関係を築ける可能性が格段に高まるということです。

そのためにも、わたしたちは〝言葉をためる〟必要があります。自分の考えを、また感情を、もっとも的確な言葉に乗せて伝えられるように、たくさんの言葉を知る必要があるのです。

そのためのもっとも有効な方法が、やはり読書です。

読書がすぐれているのは、試験のために単語カードを1枚1枚暗記するようなこととは違って、言葉を文脈のなかで学んでいくことができる点にあります。なるほど、このような文脈において、こんなことが言いたい時は、この言葉を使えばいいんだな。そんなことを、わたしたちは読書を通して自然と学び取っていくことができるようになるのです。

（苫野一徳『未来のきみを変える読書術』）

なくても、みなさんにもきっと実感があるはずです。　それはまさに、学んだことが、自分にとって意味ある知識としてネットワーク化されていないからです。

20世紀アメリカの哲学者、ジョン・デューイ（１８９５～１９５２）は、知識とは本来〝道具的〟なものだと言いました。つまり、知識とは、わたしたちの現実生活において、何らかの問題を解決したり、欲求を満たしたりするためのものである、と。

言われてみれば（言われなくても）、当たり前の話です。　でもわたしたちは、しばしば、知識はただ多ければ多いほどすごいことだという錯覚《さっかく》を抱いてしまいがちです。

テストのために、教科書を丸暗記できてしまうような人は、それはそれですごいことです。でも、⑤それがテスト以外の実生活でも本当に〝使える〟ものでなければ、何のための知識なのかわかりませんよね。大量のサバイバル道具を、いつもリュックに詰め込んでいながらも、実際に無人島に漂流した時にはそれらを使いこなせずオロオロしてしまう、なんてことでは、やっぱりあまり意味はないのです。

いろんな知識を、自分にとって意味あるものとしてネットワーク化するために重要なのは、わたしたち自身の（　Y　）や（　Z　）です。もちろん、テストへの関心も、知識獲得の一つの有力な動機ではあります。でもそれが長続きしないのは、さっきも言ったとおりです。

ギターがうまくなりたいと思う人は、名ギタリストたちの演奏を聴き込んだり、動画をくり返し見たりするでしょう。ギター雑誌を読んだり、好きなギタリストについての記事を読んだりもするでしょう。

その過程で、みなさんは、知らないうちに、ギターや音楽の知識がたくさんたまっていたことに気がつくはずです。さらには、たとえばロックの歴史を通してアメリカの歴史を知ったり、速く正確に弾けるようになりたくて人間の身体構造についての知識を得たり、ギター好きが高じて、木材についての知識が豊富になったりなんてこともあるかもしれません。ギターや音楽への興味を中心にして、さまざまな知識がネットワーク化されるのです。

わたしたち学者もまた、そのように、自分の興味や「どうしても解かなきゃいけない切実な問題」を中心に知識をネットワーク化しています。わたし自身は、これからのより「自由で幸せな人間社会」をいかに構想するかという問題意識に動かされながら哲学を続けています。言いかえれば、この問題意識を中心にして、さまざまな知識をネットワーク化しています。

（中　略）

大学に入学してきたばかりの大学１年生に、わたしはよくこんな話もしています。

高校時代までは、「やばい」とか「エモい」とか言っていれば、仲間内でコミュニケーションができたかもしれない。　でも、大学生になっ

であっても、(もしかしたら小学生であっても)、きっと興味を持って読んでもらえるだろうと思っています。そして、大いに役立ててもらえるに違いない、と。

「先生、最近、僕、③グーグルマップになってきました!」

そんなことを言ってきてくれる大学生が、年に何人かいます。

読者のみなさんの中からも、そんなことを言ってきてくれる若い仲間が現れることを、わたしはとても楽しみにしています。

第1章では、まず読書の効用、［４］、読書をすればどんないいことがあるのかについて、お話ししたいと思います。グーグルマップやレントゲン写真の比喩《ひゆ》に加えて、わたしはよく「クモの巣電流流し」の比喩についてもお話ししています。

クモの巣電流流し?

聞きなれない言葉だと思いますが、これは文字どおり、頭の中に〝教養〟のウェブ、つまり④クモの巣状の知のネットワークを張り巡《めぐ》らせ、そこに〝閃《ひらめ》き〟の電流を流すことです。

わたしたちの人生は、いつだって試練だらけです。人間関係がうまくいかなかったり、お金がなくなったり、失恋したり、成績が伸び悩んだり、ウツになったり、愛する人が亡くなったり……。

でも、そんな苦悩の中にあっても、もしわたしたちの頭の中に〝教養〟がクモの巣のように張り巡らされていれば、ある時突然、そのネットワークに一筋の電流がほとばしり、あらゆる知恵や知識や思考が一つにまとまり、人生の難題を解決するための最適解が見出されることがあるのです。

そうか、いま、自分はこんなふうに問題を解決すればいいんだ! こんな行動に出ればいいんだ! そんな答えが、突如《とつじょ》として閃くのです。

「どんな壁にぶつかったとしても、自分はちゃんと乗り越えられる」

〝教養のクモの巣〟を手に入れることができたなら、わたしたちはきっと、そんな自信もまた手に入れることができるはずです。

(中　略)

ここで大事なのは、むやみに知識をため込むのではなくて、クモの巣、つまり知のネットワークを編み上げることです。必要な時に電源ボタンを押せば、電流が流れて一本の筋が見えてくる。そんなネットワークを、(　X　)に張り巡らせることなのです。

どれだけ知識を頭につめ込んでも、それらがお互いに結ばれ、ネットワークになっていなければあまり意味はありません。認知科学によれば、テストのため(だけ)に覚えた知識は、テストが終われば90%くらい忘れられてしまうと言われています。認知科学者たちに言われ

三　次の文章を読んで、後の問いに答えなさい。

「読書は僕たちをグーグルマップにする」

大学で、よくそんなことを学生たちに話しています。

特に若いうちは、自分がいったい何者なのか、何者になれるのか、どう生きたいのか、よくわからないものです。いわば、高層ビル群の中で道に迷って、あっちへ行ったりこっちへ行ったりを繰り返しているような状態です。

もちろん、①地図のない旅は、それはそれで楽しいものだし、若い頃の特権でさえあります。

［１］、それがずっと続くと、わたしたちはいつか息切れしてしまうものです。

そんな時だまされたと思って、とにかく②大量の読書経験を積んでみてほしい。そう、大学生たちに伝えています。［２］、ある時突然、自分がグーグルマップになって、摩天楼《まてんろう》群を真上から見下ろし、入り組んだ迷路の全体像が見えてくるから、と。そして、どの道をどう通っていけば、自分の望む地点に到達できるか、おもしろいくらいに見えてくるから、と。それはあたかも、人工衛星から地球を見下ろす、グーグルマップになったかのような光景のはずです。

［３］こんな言い方もしています。

同じレントゲン写真でも、わたしたちの見るレントゲン写真と、医師の見るそれとがまったく違っているように、大量の読書経験を積めば、世界の見え方がまるで変わってしまう、と。

「教養を積む」とは、そういうことです。

日本語で〝教養〟と言うと、実生活には大して役に立たないけれど、知っているとちょっとかっこいいたくさんの知識、というようなイメージがあるかもしれません。

でも、哲学――物事の〝本質〟を深く考え抜き洞察《どうさつ》する学問――の世界では多くの場合、この言葉は、わたしたちがより「自由に生きるための知恵や知識」を意味します。ドイツ語のBildung《ビルドゥング》が、一般に〝教養〟と訳される言葉ですが、この言葉には、わたしたちをより自由にしてくれる、精神的、人格的成長をもたらすもの、という意味が込められています。さらに、そのことを通して、この社会もまた、より自由で幸せなものになるように、という意味も。

本書でわたしは、読書によって世界の見え方がまるで変わってしまうとはどういうことか、どうすればグーグルマップになれるのか、お話ししたいと思います。いつもは大学生に語っていることですが、本書を手に取ってくれたみなさんであれば、中学生であっても、高校生

3　□内のひらがなを漢字に直し、対義語を完成させなさい。

1　強制　↕　（　）発
2　派手　↕　地（　）
3　許可　↕　（　）止
4　質疑　↕　（　）答
5　差別　↕　平（　）

おう　きん　じ　どう　み

4　次の各文について、――線部を適切な敬語に直しなさい。

1　先生、母がよろしくと言っておりました。
2　社長がくれた本は大変興味深かったです。
3　私は先生が教室に入ったのを見ました。

5　次の各文には表現に誤りがあります。正しい文になるように、例にならって――線部以外を直しなさい。

[例]　どうして彼女は約束の時間になっても、来ない。　→　どうして彼女は約束の時間になっても、来ないのか。

1　彼は最近少しも勉強する。
2　たとえ遅刻しなかったら、誰も君を責めないだろう。

２ 矢印の順番に読むと熟語になるように、例にならって□に共通して入る漢字をそれぞれ答えなさい。

[例]

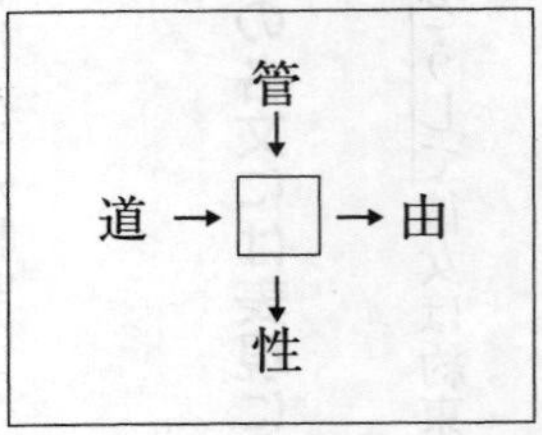

（管理・理性・道理・理由）→ 理

1

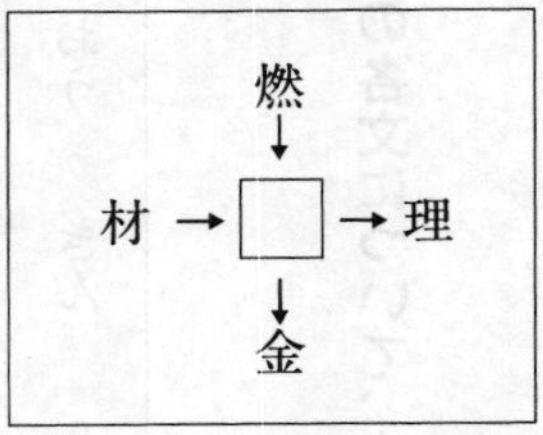

2

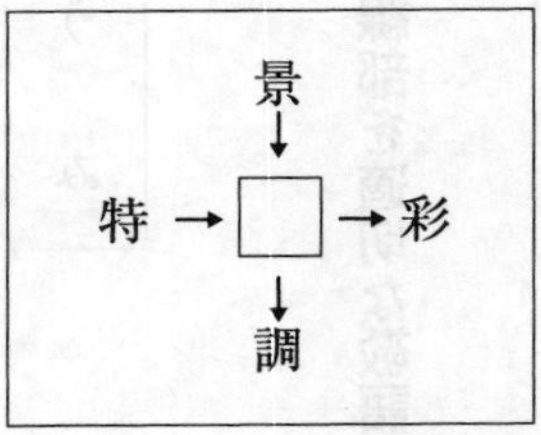

3

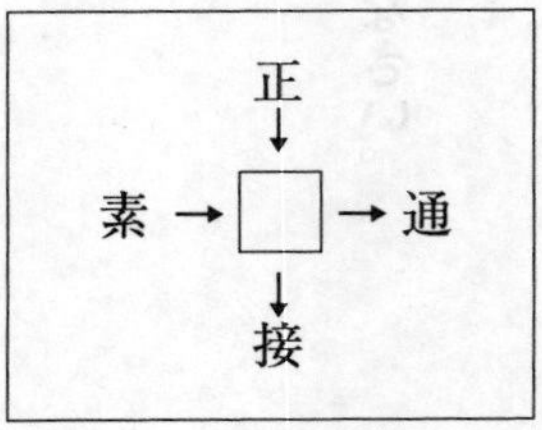

4

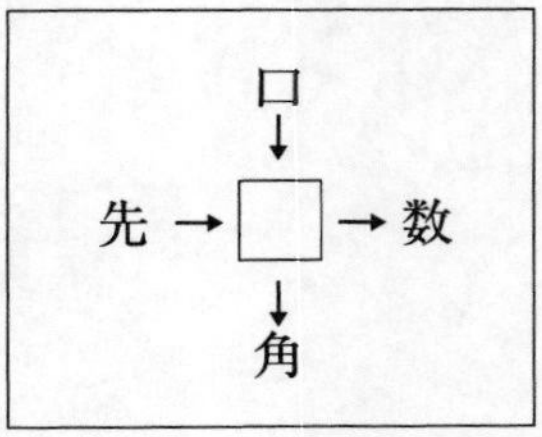

5

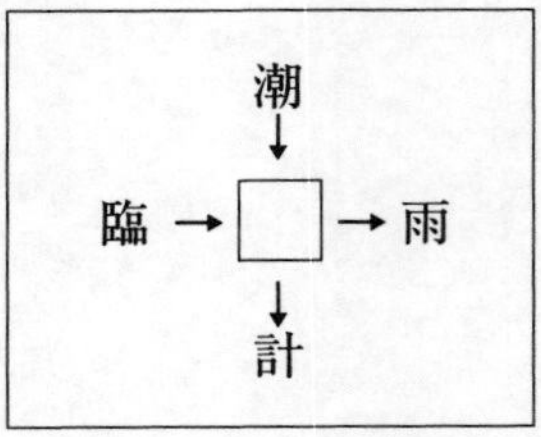

二 次の問いにそれぞれ答えなさい。

1 ――線部の語句が同じ使い方になっているものをア～エから選び、それぞれ記号で答えなさい。

1 旅行記を求められるたびに、どこにどんな寺があったかを書き記す。
ア 彼の才能が人々に認められる。
イ 朝夕は肌寒さの感じられるこの頃である。
ウ 朝早く起きられるようになった。
エ 先生もこちらに来られる。

2 忙しくて日曜日でも遊ぶことができない。
ア 子供でも知っています。
イ トランプでもしよう。
ウ 山は高いが、でもがんばって登ろう。
エ いくら呼んでも返事がない。

3 不可能だというわけではない。
ア 欠席者は一人もいない。
イ 一人でも悲しくない。
ウ 彼は言葉が少ない。
エ 美しい花が咲かない。

4 苦しいのをがまんする。
ア これは私の参考書です。
イ 桜の咲く季節が好きだ。
ウ 小説を読むのは楽しい。
エ どこへ行ったの。

5 この季節になると、いつも心に浮かぶ。
ア 梅のつぼみがふくらむと、春がやってくる。
イ 雨がみぞれとなった。
ウ 花火を見ようと多くの人が集まった。
エ 風がどんなに強かろうと、出発する。

2024年度

東京家政学院中学校

【国　語】〈二月一日午前試験〉(四五分)〈満点：一〇〇点〉

《注意》句読点や記号はすべて一字と数えます。

一　次の1〜10の――線のカタカナを漢字に、11〜15の――線の漢字をひらがなに直しなさい。

1　モクテキを果たす。
2　何を聞いてもヘイゼンとしている。
3　現地でシュザイする。
4　セイジツな対応に感謝する。
5　地下資源がユタかな国だ。
6　頭がコンランしてわからない。
7　シンリョクの季節になった。
8　新しいガッキを買ってもらった。
9　ギリと人情にうったえる。
10　ジシャクで方位を確認する。
11　机上にものを置かないでください。
12　一杯の野菜ジュースが元気の源だ。
13　寺の由来を調べる。
14　可燃性の物質をふくむ。
15　深刻な悩みを打ち明けられる。

2024年度

東京家政学院中学校 ▶解説と解答

算　数　＜2月１日午前試験＞（45分）＜満点：100点＞

解　答

1 (1) 77　(2) 10　(3) $1\frac{1}{3}$　(4) 0.9　(5) 16　(6) 276　(7) 2.8　(8) 1.2　(9) $\frac{14}{25}$　(10) 6　(11) 3　(12) 120　(13) 39　**2** (1) 35　(2) 23.55cm^2　(3) 15.7cm　(4) 30cm^3　**3** (1) **えり**…毎分95m，**まこ**…毎分55m　(2) 2　(3) 2：3：7　**4** (1) 点D　(2) **位置**…点B，**面積**…2cm^2　(3) 解説の図5を参照のこと。

解　説

1 **四則計算，逆算，割合と比，濃度《のうど》，相似，場合の数，集まり，通過算，年齢《ねんれい》算**

(1) 121－11×4＝121－44＝77

(2) 0.3×15＋0.25×22＝4.5＋5.5＝10

(3) $1.4\div\left(2\frac{4}{5}-1\frac{3}{4}\right)=1.4\div\left(2\frac{16}{20}-1\frac{15}{20}\right)=1.4\div1\frac{1}{20}=1.4\div\frac{21}{20}=\frac{7}{5}\times\frac{20}{21}=\frac{4}{3}=1\frac{1}{3}$

(4) (4.5－□)×2.5＝9より，4.5－□＝9÷2.5＝3.6　よって，□＝4.5－3.6＝0.9

(5) 1日＝24時間より，24時間：□時間＝3：2である。よって，24÷3＝8より，□＝2×8＝16(時間)と求められる。

(6) 食塩水の重さの8％が食塩なので，水の重さは食塩水の重さの，100－8＝92(％)である。92％を小数で表すと0.92なので，水の重さは，300×0.92＝276(g)とわかる。

(7) 地図上で5.6cmの長さは，実際には，5.6×50000＝280000(cm)である。1m＝100cm，1km＝1000mより，280000cmは，280000÷100÷1000＝2800÷1000＝2.8(km)となり，実際には2.8kmあるとわかる。

(8) 450円の肉の2割引きは，450×(1－0.2)＝450×0.8＝360(円)なので，タイムセールのとき，肉は100gあたり360円である。100gの肉を，4320÷360＝12(個分)買ったので，買った肉は，100×12＝1200(g)であり，1kg＝1000gより，1200÷1000＝1.2(kg)とわかる。

(9) ある数を△と表すと，$△\div\frac{4}{5}=\frac{7}{8}$となるので，$△=\frac{7}{8}\times\frac{4}{5}=\frac{7}{10}$である。よって，正しい答えは，$\frac{7}{10}\times\frac{4}{5}=\frac{14}{25}$と求められる。

(10) どのおもりも1つ以上使うので，あらかじめ1つずつおもりの重さを引いて考えると，残りのおもりの重さの合計は，18－(1＋3＋5)＝9(g)とわかる。よって，5g，3g，1gの順に使う数を調べると，下の図1のように，全部で6通りある。

図1　(つ)

5g	1	1	0	0	0	0
3g	1	0	3	2	1	0
1g	1	4	0	3	6	9

図2

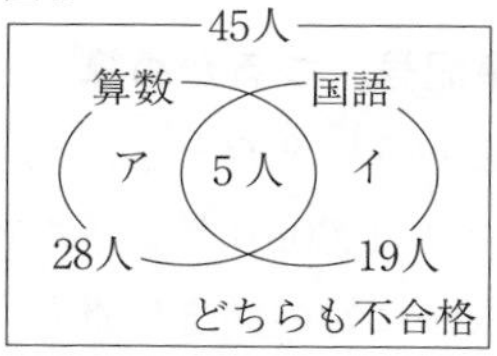

⑾　上の図２で，算数だけ合格した人は，ア＝28－５＝23(人)である。また，少なくとも算数か国語のどちらか一方を合格した人は，ア＋５＋イ＝23＋19＝42(人)となる。よって，どちらも不合格だった人は，45－42＝３(人)とわかる。

⑿　下の図３より，列車の先頭が12秒間で進む距離《きょり》は，220＋180＝400(m)なので，列車の速さは毎秒，400÷12＝$\frac{100}{3}$(m)である。１時間＝60分＝3600秒，１km＝1000mより，秒速$\frac{100}{3}$mは毎時，$\frac{100}{3}$×3600÷1000＝120(km)となる。

図３

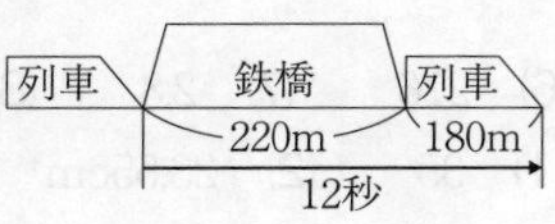

図４

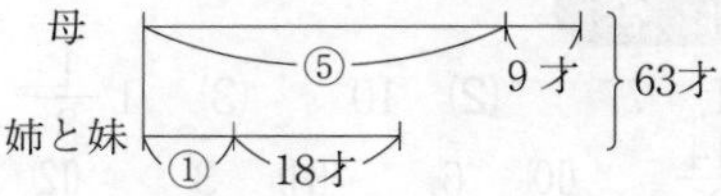

⒀　９年間で母は９才，姉と妹は２人あわせて，９×２＝18(才)年れいが増《ふ》える。上の図４より，⑤＋①＝⑥にあたる年れいは，63－(９＋18)＝36(才)なので，①は，36÷６＝６(才)である。よって，今，母の年れいは，６×５＋９＝39(才)と求められる。

２　角度，面積，水の深さと体積，体積

⑴　下の図１で，角アは三角形FBDの外角なので，角アの大きさは，40＋30＝70(度)である。また，角イは三角形ACGの外角なので，角イの大きさは，35＋40＝75(度)となる。三角形EFGの内角の和は180度なので，x＝180－(70＋75)＝35(度)となる。

図１

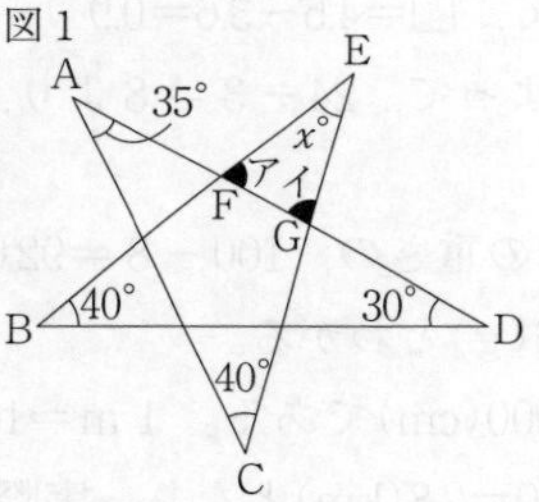

図２

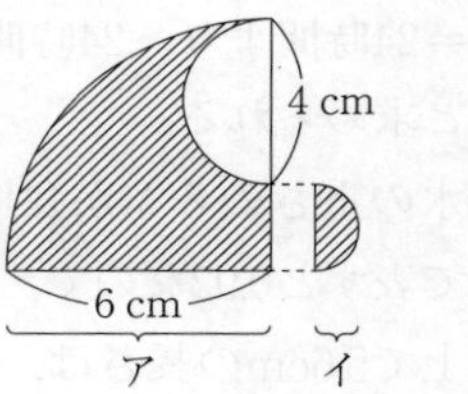

⑵　上の図２で，アの斜線《しゃせん》部分は，半径６cmの四分円から，半径が，４÷２＝２(cm)の半円を除《のぞ》いた図形なので，アの斜線部分の面積は，６×６×3.14×$\frac{1}{4}$－２×２×3.14×$\frac{1}{2}$＝(９－２)×3.14＝21.98(cm^2)となる。また，イの斜線部分は半径が，(６－４)÷２＝１(cm)の半円なので，その面積は，１×１×3.14×$\frac{1}{2}$＝1.57(cm^2)である。よって，求める斜線部分の面積は，21.98＋1.57＝23.55(cm^2)とわかる。

⑶　水の体積は，５×５×3.14×12＝942(cm^3)である。直方体の容器の底面積は，10×６＝60(cm^2)なので，水の高さは，942÷60＝15.7(cm)とわかる。

⑷　切り取った立体と残った立体(問題文中の図の立体)は合同なので，求める立体の体積は，たて３cm，横５cm，高さ４cmの直方体の体積の半分である。よって，３×５×４÷２＝30(cm^3)と求められる。

３　旅人算，約束記号，つるかめ算

⑴　２人が同じ向きに進むとき，えりさんがまこさんを追い越《こ》すのは，２人が進んだ道のりの差が公園一周の道のり(1200m)となったときなので，２人の速さの差は毎分，1200÷30＝40(m)とわかる。また，２人が反対の向きに進むとき，２人がすれちがうのは，２人が進んだ道のりの和が公園

一周の道のり(1200m)となったときなので，２人の速さの和は毎分，1200÷８＝150(m)である。よって，右の図１より，えりさんの速さの２倍は毎分，150＋40＝190(m)となるので，えりさんの速さは毎分，190÷２＝95(m)であり，まこさんの速さは毎分，95−40＝55(m)とわかる。

図１

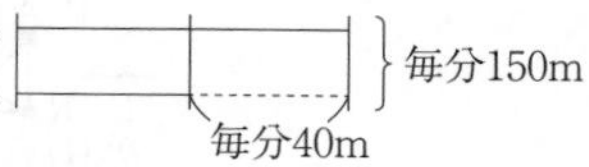

⑵　(３◎６)は，２×３＋３×６＝６＋18＝24である。また，(76○13)は，76÷13＝５余り11より，11となる。すると，(３◎６)○(76○13)＝24○11であり，24÷11＝２余り２より，24○11＝２と求められる。よって，(３◎６)○(76○13)＝２である。

⑶　Ａを200ｇ，Ｂを300ｇ買うと値段は，200×２＋400×３＝1600(円)であり，200＋300＝500(ｇ)あたり1600円となるので，100ｇあたり，1600÷５＝320(円)とわかる。よって，ＡとＢの重さの比を２：３になるようにまぜると，100ｇあたり320円である。100ｇあたり600円になるように３種類のおかしを買うとき，下の図２で，かげをつけた部分と太線で囲んだ部分の面積は等しいので，☆と★の長方形の面積は等しい。☆と★のたての長さの比は，(600−320)：(800−600)＝280：200＝７：５である。２つの長方形の面積が等しいとき，横の長さの比は，たての長さの逆比になるので，☆と★の長さの比は，$\frac{1}{7}:\frac{1}{5}$＝５：７となる。したがって，下の図３より，Ａ，Ｂ，Ｃの重さの比は，２：３：７とわかる。

図２

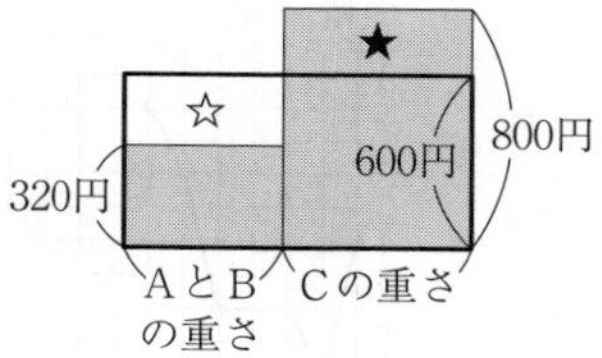

図３

Ａ：Ｂ：Ｃ
２：３
５：７
２：３：７

4　グラフ―点の移動，面積

⑴　正方形AGICの辺の長さが４cmなので，正方形ADEBの辺の長さは，４÷２＝２(cm)となる。すると，右の図１より，１秒後に点Ｐが点Ｂに動いて点Ｑと重なり，２秒後に点Ｑが点Ｅに動いて面積が，２×２÷２＝２(cm^2)となる。さらに，３秒後は面積が変わらないので，点Ｒが点Ｄに動くから，下の図２のようになる。また，４秒後も面積が変わらないので，点Ｐは点Ａか点Ｃのどちらかにあり，点Ｐが点Ａと点Ｃのどちらにあっても，下の図３のように，５秒後に点Ｑは点Ｄに動いて点Ｒと重なる。よって，次の６秒後は点Ｑは動かないので，点Ｑは点Ｄの位置にあるとわかる。

図１

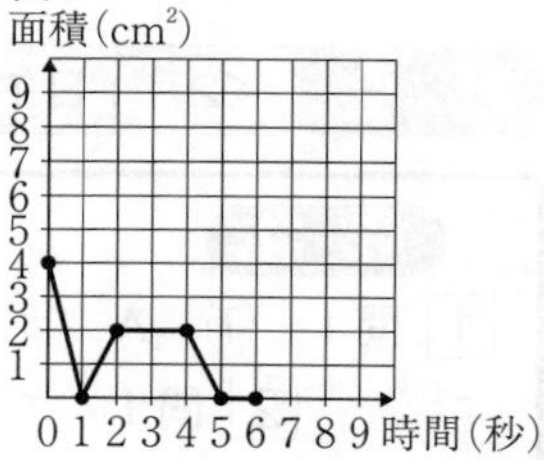

図２

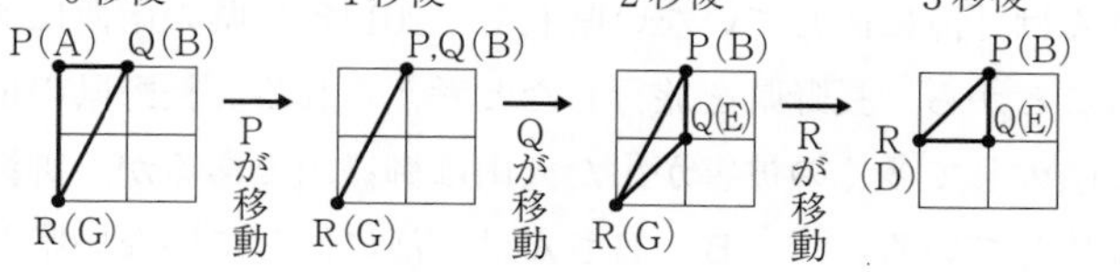

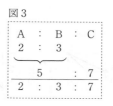

図３

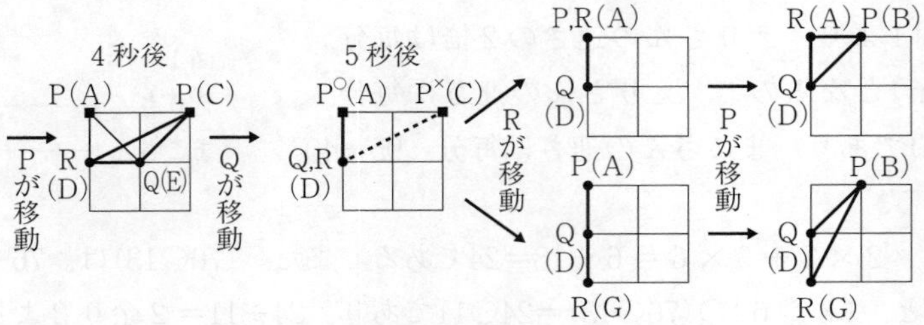

⑵　上の図３で，４秒後に点Ｐが点Ｃに動いたとすると，６秒後に点Ｒがどこに動いても三角形PQRの面積は０cm²にならない。よって，４秒後に点Ｐは点Ａに動いたとわかる。また，図３のように，６秒後に点Ｒが点Ａまたは点Ｇに動いて三角形PQRの面積が０cm²となり，７秒後に点Ｐが点Ｂに動いて三角形PQRができる。したがって，どちらの場合も点Ｐは点Ｂの位置にあり，三角形PQRの面積は，２×２÷２＝２(cm²)となる。

⑶　４秒後から図１と別の動き方をしたので，下の図４のように，４秒後に点Ｐは点Ｃに動いた。さらに，５秒後に点Ｑが点Ｈに，６秒後に点Ｒが点Ａに動くと，６秒後の三角形PQRの面積が，４×４÷２＝８(cm²)となる。よって，５秒後に三角形PQRの面積は，４×４－(２×４÷２＋２×２÷２＋４×２÷２)＝16－(４＋２＋４)＝６(cm²)となり，グラフは下の図５のようになる。

図４

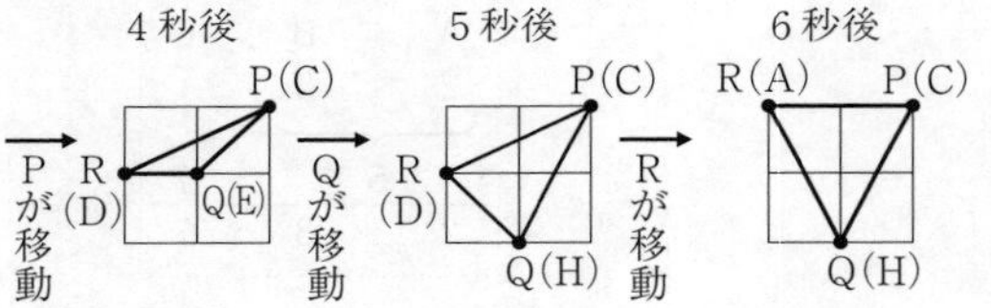

図５

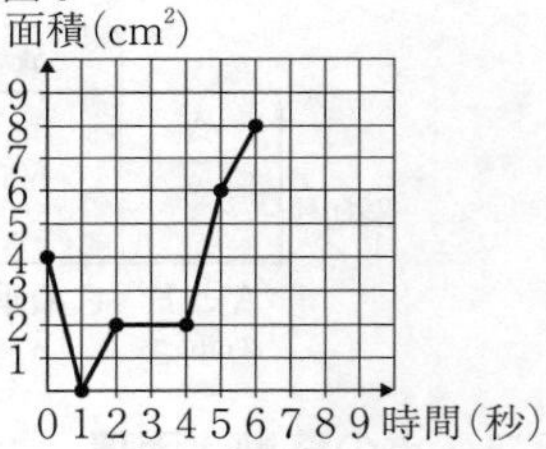

社　会　＜2月1日午前試験＞（理科と合わせて45分）＜満点：100点＞

解　答

1　問１　⑴　Ａ　カ　　Ｂ　キ　　Ｃ　エ　　Ｄ　イ　⑵　イ　⑶　ウ　⑷　イ　⑸　エ　2　問１　エ　問２　ウ　3　問１　イ　問２　源頼朝　問３　⑴　ア　⑵　エ　問４　⑴　ウ　⑵　桓武　問５　ア　問６　イ　問７　⑴　ウ　⑵　イ　4　問１　⑴　エ　⑵　イ　問２　ウ　問３　⑴　ア　⑵　イ

解　説

1　中部地方についての問題

問１　⑴　**Ａ**　Ａさんは「海に面していない県」で，2014年に県の南西にある火山が噴火して多くの被害が出たとあることから，長野県を旅行したと考えられる。長野県の位置はカである。なお，2014年に中部地方で噴火して多くの被害が出た火山は御嶽《おんたけ》山であるが，御嶽山は長野県の南西と岐阜県東部の県境に位置している。　**Ｂ**　Ｂさんは「海に面していない県」で「長良《ながら》川」が流れているとあることから，岐阜県を旅行したと考えられる。岐阜県の位置はキである。長良川は岐阜県に水源があり，伊勢湾に注いでいる。　**C**　Cさんが旅行した県は，「海に面し」「西部は滋賀県と接して」いるから福井県と考えられる。福井県の位置はエである。　**D**　Dさんが旅行した県は，「海に面し」「中部地方４県と接して」いることから，富山県があてはまる。富山県の位置はイである。富山県は中部地方のうち，新潟県(ア)，長野県(カ)，岐阜県(キ)，石川県(ウ)の４県と接している。　**(2)**　自然災害伝承碑はなので，イが適当。なお，ア()は交番，ウ()は煙突，エ()は風車を示している。　**(3)**　「言い伝え」の「その理由」に「倒れるものがない」とあることから，ものが倒れてくる災害と考えると，ウの地震が当てはまる。　**(4)**　愛知県・三重県・岐阜県の県境周辺の，三つの大きな川(木曽《きそ》川・長良川・揖斐《いび》川)が集まり，川と川にはさまれた土地にくらす人々が水害から土地を守るために堤防で囲んだ土地を，輪中《わじゅう》というので，イが適当。木曽川・長良川・揖斐川の下流域には輪中が発達している。なお，アの土蔵は，外壁《がいへき》を土壁《つちかべ》とした蔵のことである。ウの環濠《かんごう》は，周囲に濠《ほり》をめぐらすことである。エの石垣《いしがき》は，石を組み上げて作られた壁などのことである。　**(5)**　「共助」とは，地域コミュニティなど周囲の人たちと共に協力し，助け合うことである。よって，自治会という地域コミュニティでひなん訓練を行うことは，地域における共助といえるので，エが「共助」にあたる。なお，アのあわてずに行動することは個人の行動であり，「共助」ではない。イのひなんする場所を家族で確認することは，家族の防災にむけた取り組みであるが，「共助」とはいえない。ウのひなんする場所を確保することは，個人での行動の場合もあるので，必ずしも「共助」とはいえない。

2　世界地理についての問題

問１　コスタリカは太平洋とカリブ海に面しているが，大西洋には面していない。コスタリカの位置は太平洋の東に位置しており，大西洋よりも西に位置しているといえるので，エが誤っている。なお，アについて，日本はユーラシア大陸の東に位置しているので，正しい。イについて，スペインは日本とほぼ同緯度に位置しているので，正しい。ウについて，ザンビアはアフリカ大陸南部にあり南半球に位置しているので，正しい。

問２　オーストラリアとニュージーランドは，ウのオセアニア州に属している。

3　日本の災害の歴史を題材とした問題

問１　1293年と近い時期に九州地方で起こった出来事としては，イのモンゴルの大帝国が日本に攻めてきたことが当てはまる。1274年(文永の役)と1281年(弘安の役)の２度にわたる元(モンゴル)の襲来《しゅうらい》は，元寇《げんこう》と呼ばれる。なお，アの遣唐使は630年に始まり，894年に菅原道真の建言で停止されている。ウの多くの宣教師が来日し，キリスト教の布教活動が行われたのは，16世紀後半である。エの出島に外国船が来航し，貿易が行われたのは江戸時代の鎖国下のことである。

問２　1192年に征夷大将軍になった人物は，鎌倉幕府を開いた源頼朝である。

問３　**(1)**　伊勢湾台風については，下線部２に「近畿地方，東海地方に暴風雨や高潮の被害」とあるので，近畿地方にあるアの東大寺の大仏殿が被害を受けたと推測できる。なお，イの原爆ドームは中国地方にあり，ウの富岡製糸場は関東地方にある。エの吉野ケ里遺跡が発見されるのは伊勢湾台風よりも後であり，吉野ケ里遺跡は九州地方にある。　**(2)**　伊勢湾台風(1959年)のころの日本は，1956年に出された日ソ共同宣言によってソ連と国交を回復し，国際連合に加盟した後なので，エがあてはまる。なお，アは1858年の日米修好通商条約について述べている。イについて，ノルマントン号事件は1886年の出来事であり，日本がイギリスとの間で領事裁判権の撤廃に成功するのは1894年である。ウのドイツやイタリアと軍事同盟を結んだのは1940年の日独伊三国同盟である。

問４　⑴　ア～エのうち，浮世絵の作者としてはウの歌川広重が適当である。なお，アの雪舟は室町時代に水墨画を大成した人物である。イの狩野《かのう》永徳は安土桃山時代に「唐獅子図屏風」などを描いた人物であるが，浮世絵は江戸時代に成立しているので浮世絵の作者としては適当でないと判断できる。エの伊能忠敬は日本全国を測量して正確な日本地図の作成に取り組んだ人物である。

⑵　貞観の噴火(864年)が起こる70年前の794年に都を平安京(現在の京都)に移した天皇は，桓武天皇である。

問５　Ｄは明治元年(1868年)であり，このころに活躍《かつやく》した人物としては，明治維新で活躍したアの大久保利通があてはまる。なお，イの田中正造は1890年代から足尾銅山鉱毒事件の解決に取り組んだ人物。ウの吉田茂はサンフランシスコ平和条約(1951年)を結んだときの内閣総理大臣である。エの佐藤栄作は沖縄の日本復帰が実現した時(1972年)の内閣総理大臣である。

問６　安土桃山時代に大阪城を建設したのは織田信長ではなく豊臣秀吉なので，イは大阪の説明として当てはまらない。織田信長は安土城などを建設している。なお，アについて，大阪府堺市に日本最大の仁徳天皇陵古墳(大仙古墳)がある。ウについて，江戸時代の大阪には諸藩の蔵屋敷が置かれ，全国の年貢米が集まったことから，「天下の台所」と呼ばれていた。エについて，昭和時代の1970年に大阪で万国博覧会が開かれている。

問７　⑴　資料には，「津波たいせき物」や「火山灰」がみられるので，津波による被害がみられる表Ａと火山の噴火により火山灰が降り積もった表Ｃが共通していると考えられ，ウが適当。　⑵　古墳は弥生時代より後の古墳時代につくられているので，イのはにわは弥生時代の地層から発見されると推測されるものとして当てはまらない。なお，アについて，弥生時代には，弥生土器がつくられており，弥生土器は米を煮炊きするためにも使用されたと考えられている。ウについて，弥生時代には銅たくが祭りなどに使用されたと考えられている。エについて，弥生時代には各地で稲作が行われるようになっており，稲作において稲穂をかりとるために石包丁が使用されたと考えられている。

4　2023年の出来事を題材とした問題

問１　⑴　立法権は国会が行使し，内閣は行政権を行使するので，エが誤っている。なお，内閣総理大臣は国会で国会議員の中から指名され，天皇が任命するので，アは正しい。内閣総理大臣は国務大臣を任命するので，イは正しい。内閣総理大臣と国務大臣は閣議を開いて政治の進め方を相談するので，ウは正しい。　⑵　予算を作って国会に提出するのは内閣なので，①は正しい。弾劾《だんがい》裁判所を設置することができるのは内閣ではなく国会なので，②は誤り。よって，イの組み合わせが正しい。

問２　2023年４月１日に新たに発足した中央省庁は，内閣府の外局であるウのこども家庭庁である。アのスポーツ庁は2015年に設置された文部科学省の外局，イの消費者庁は2009年に設置された内閣府の外局，エの文化庁は1968年に設置された文部科学省の外局である。

問３　⑴　町長のリコールを請求するには，有権者の３分の１以上の署名が必要となることから，アが正しい。　⑵　地方公共団体間の収入格差をならすために国から配分されるお金は，イの地方交付税である。なお，アの法人税は国税であり，ウの固定資産税は地方税である。なお，エの地方税とは地方公共団体が住民などに課す税金であり，国税とは国が国民などに対して課す税金である。

理　科　＜2月１日午前試験＞（社会と合わせて45分）＜満点：100点＞

解　答

1 (1)　同じ　(2)　ア　(3)　同じ　2 (1)　イ⇒ウ⇒エ⇒ウ⇒イ　(2)　２秒　(3)　ウ　3 (1)　A　エ　B　イ　(2)　イ　(3)（例）炎を上げて燃える。　(4)　ウ　(5)（例）酸素は水に溶けにくいから。　4 (1)　ア　(2)　やく　(3)　受粉　(4)　エ　(5)　①　光合成　②　酸素　③　二酸化炭素　5 (1)　さそり座　(2)　アンタレス　(3)　**方角**…南　**季節**…夏　(4)　15日後　(5)（例）地球が太陽のまわりを１年で１周しているため，１日に約１度ずつずれていくから。

解　説

1　小球の運動についての問題

(1)　小球が地面に着いたときの速さは，小球を転がしはじめる高さが高いほど速くなり，低いほど遅《おそ》くなる。一方，ふつう坂道の角度は小球が地面に着いたときの速さに関係しないから，小球を転がしはじめる高さが等しいア～ウの小球が地面に着いたときの速さは，どれも同じといえる。

(2)　(1)より，小球を転がしはじめる高さが高いほど小球が地面に着いたときの速さが速くなると考えられるので，一番速いのはアとなる。

(3)　一般に小球の重さは小球が坂道を転がるときの速さに関係しない。したがって，(1)と同様に小球が地面に着いたときの速さは，どれも同じといえる。

2　ふり子の運動についての問題

(1)　ふり子はふれはじめた位置と同じ高さまで上がると静止し，それから反対の方向へふれるので，おもりをイから手を離《はな》したふり子はその後，ウ⇒エ⇒ウ⇒イの順に通過すると考えられる。

(2)　ふり子が１往復をするのにかかる時間をふり子の周期という。ふり子は，ア⇒オ⇒ア⇒オ⇒ア⇒オのようにアとオの間を５回進むから，アとオの間を１回進むのに，５÷５＝１(秒)かかるとわかる。したがって，このふり子の周期は，１×２＝２(秒)と求められる。

(3)　ふり子の周期は，ふり子の長さが長いほど長くなるが，おもりの重さは関係しないので，ここではウを選べる。

3　酸素を集める実験や酸素の性質についての問題

(1)　オキシドールは分解されると酸素と水になり，二酸化マンガンはオキシドールの分解を助けるはたらきをする。なお，オキシドールは無色透明《とうめい》な液体，二酸化マンガンは黒色の固体である。

(2)　実験で発生した酸素や水がオキシドールを入れているところへ逆流するのをふせぐため，左の管は液面より下になるように長く，右の管はこのとき発生した酸素がフラスコから出ていきやすいように短くするとよい。したがって，イを選べる。

(3)　酸素にはものが燃えるのを助けるはたらきがあるから，酸素を集めたびんの中に火のついたせんこうを入れると炎を上げて激しく燃える。

⑷，⑸　酸素のように水に溶《と》けにくい気体はウのように水上置換《ちかん》法で集めるとよい。なお，アの下方置換法は水に溶けやすく空気より重い気体を，イの上方置換法は水に溶けやすく空気より軽い気体を集めるのに適している。

4　アブラナの花のつくりについての問題

⑴，⑵，⑷　アブラナの花粉はアのやくでつくられる。なお，イはめしべの柱頭，ウは花びら，エはおしべ，オはがくを表している。

⑶　おしべのやくでつくられた花粉がめしべの柱頭につくことを受粉といい，アブラナの花は花粉がこん虫によって運ばれて受粉する。

⑸　①　植物が光のエネルギーを利用して，水と二酸化炭素からデンプンなどの養分をつくるはたらきを光合成という。　②，③　呼吸では，酸素が取り入れられ二酸化炭素が出される。なお，これらの気体は一般に気孔《きこう》とよばれる葉の表面のすき間から出入りをする。

5　さそり座の見えかたについての問題

⑴，⑵　図の星座はさそり座で，Ａの位置には一等星のアンタレスがある。なお，アンタレスのように赤く見える星は，ほかの色の星とくらべて表面温度が低いと考えられる。

⑶　さそり座はふつう夏の夜に南の空の低いところで見られる。そのほか，はくちょう座のデネブ，こと座のベガ，わし座のアルタイルなどの一等星を夏の夜に南の空で観察できる。

⑷，⑸　アンタレスなどの星座をつくる星は，地球が太陽のまわりを公転しているため見かけ上動いて見える。地球は，太陽のまわりを北極側から見て反時計回りに１年で360度公転するから，１年を365日とするとアンタレスは１日あたり，360÷365＝0.9…より，約１度ずつ東から西へ動いて見える。したがって，アンタレスを元の位置から西へおよそ15度ずれたところで見られるのは，最初に観察してから約，15÷１＝15(日)後と考えられる。

英　語　＜2月１日午前試験＞（筆記25分）＜満点：筆記75点＞

解　答

1　⑴　cherry　⑵　bread　⑶　rabbit　2　⑴　ウ　⑵　ア　⑶　イ　⑷　ウ
3　⑴　ウ　⑵　ア　⑶　エ　⑷　イ　4　⑴　ア　⑵　イ　⑶　ウ　⑷　エ
⑸　ア　⑹　イ　⑺　エ　⑻　イ　⑼　ウ　⑽　エ　5　⑴　ウ　⑵　エ
⑶　ア　⑷　イ　6　⑴　**２番目**：ア　**４番目**：ウ　⑵　**２番目**：イ　**４番目**：エ　⑶
２番目：エ　**４番目**：ア　⑷　**２番目**：ウ　**４番目**：オ　7　⑴　ウ　⑵　エ　⑶
イ

国　語　＜2月１日午前試験＞（45分）＜満点：100点＞

解　答

一　１〜10　下記を参照のこと。　11　きじょう　12　みなもと　13　ゆらい　14　かねん　15　しんこく　二　1　１　ア　２　ア　３　イ　４　ウ　５　ア　2　１　料　２　色　３　直　４　頭　５　時　3　１　自　２　味　３　禁　４　応　５　等　4　１　（例）　申して　２　（例）　くださった　３　（例）　お入りになった　5　１　（例）　彼は最近少しも勉強しない。　２　（例）　たとえ遅刻したとしても，誰も君を責めないだろう。　三　問１　自分がいっ〜わからない(まま生きている状態)　問２　１　ウ　２　エ　３　ア　４　オ　問３　世界の見え方がまるで変わってしまう　問４　エ　問５　（例）　学んだことを自分にとって意味のある知識として結びつける状態にすること　問６　ア　問７　（例）　教科書から得た知識(テストのために覚えた知識)　問８　Ｙ　イ　Ｚ　エ　問９　（例）　社会には，世代も文化も，価値観も感受性も，自分とはまったく異なる人たちがたくさんいるから。　問10　ア　×　イ　×　ウ　○　エ　○　問11　（例）　読書は言葉を文脈のなかで学んでいくことができるから。

●漢字の書き取り

一　１　目的　２　平然　３　取材　４　誠実　５　豊(か)　６　混乱　７　新緑　８　楽器　９　義理　10　磁石

解　説

一　漢字の書き取りと読み

１　実現しようとして目指すことがら。　２　落ち着きはらっているようす。　３　報道記事などの題材や材料を集めること。　４　真心をもって人やものごとに接すること。　５　音読みは「ホウ」で，「豊富」などの熟語がある。　６　いろいろなものが入り混じって整理できなくなること。　７　初夏の時期に見られる若葉の緑色。　８　ピアノやリコーダーなど，音楽を演奏するための器具。　９　人として守るべき道理。　10　鉄を引き付ける性質を持つ物体。　11　机の上のこと。　12　音読みは「ゲン」で，「水源」などの熟語がある。　13　ものごとの起こり。　14　「可燃性」は，燃やすことができる性質。　15　深く心に刻みつけられるくらい重大であること。

二　品詞の識別，熟語の完成，対義語の完成，敬語の知識，ことばの呼応

1　１　「求められる」と「認められる」の「られる」は，受け身の意味を表す。　２　「日曜日でも」と「子供でも」の「でも」は，一つのことがらを文中で示したうえで，“ほかのものは，まして〜”ということを類推させるはたらきを持つ。ここでは，“日曜日も遊べないし，ましてほかの日に遊ぶことは無理だ”という意味を表している。　３　「わけではない」と「悲しくない」の「ない」は，形容詞。　４　「苦しいのを」と「読むのは」の「の」は，「こと」に置き換《か》えることができる。　５　「季節になると」と「ふくらむと」の「と」は，“…すると，必ず〜”という意味を表す。

2　１　「料」を入れると，上から時計まわりに「燃料」「料理」「料金」「材料」となる。　２

「色」を入れると，上から時計まわりに「景色」「色彩」「色調」「特色」となる。　**3**　「直」を入れると，上から時計まわりに「正直」「直通」「直接」「素直」となる。　**4**　「頭」を入れると，上から時計まわりに「口頭」「頭数」「頭角」「先頭」となる。　**5**　「時」を入れると，上から時計まわりに「潮時」「時雨」「時計」「臨時」となる。

3　**1**　「強制」は，力によって無理にさせること。対義語は，自分から進んで行うことを意味する「自発」。　**2**　「派手」は，色彩などがはなやかで人目をひくこと。対義語は，はなやかさがなくひかえ目なようすを表す「地味」。　**3**　「許可」は，ある行動を許すこと。対義語は，ある行動をしないように命令するという意味の「禁止」。　**4**　「質疑」は，疑問を問いただすこと。対義語は，質問に答えることを意味する「応答」。　**5**　「差別」は，差をつけて区別すること。対義語は，差をつけずに等しく扱うことを表す「平等」。

4　**1**　「先生」に対する「母」の動作なので，「申して」などの謙譲《けんじょう》表現を用いる。　**2**　「社長」の動作なので，「くださった」などの尊敬表現が正しい。　**3**　「先生」の動作なので，「お入りになった」などの尊敬表現を使う。

5　**1**　「少しも」は，「ない」などの打ち消しの意味を持つ語と呼応し，“全く～ない”という意味になる。　**2**　「たとえ」は，「ても」「とも」などの語と呼応し，“もし～だとしても”という意味になる。

三　**出典：苫野《とまの》一徳《いっとく》『未来のきみを変える読書術』**。読書が大切なことの理由や，読書の効用について，さまざまな例をあげながら説明している。

問１　旅をするときに地図がないと，道に迷って「あっちへ行ったりこっちへ行ったりを繰《く》り返して」しまうのと同じように，実生活においても，自分の状況《じょうきょう》や将来の方向性を教えてくれるものがないと，「自分がいったい何者なのか，何者になれるのか，どう生きたいのか，よくわからない」状態になるとなぞらえているのである。

問２　**1**　前で，地図のない旅について，「それはそれで楽しい」と述べているが，後には「それがずっと続くと，わたしたちはいつか息切れしてしまう」とある。よって，前のことがらを受けて，それに反することがらを述べるときに用いる「でも」が入る。　**2**　前では「大量の読書経験を積んでみてほしい」と述べ，後で，「ある時突然，自分がグーグルマップ」になって，「入り組んだ迷路の全体像が見えてくる」と述べているので，前のことがらに続いて後のことがらが起こることを表す「そうすれば」がよい。　**3**　「大量の読書経験」を積むことによる変化として，自分が「グーグルマップになったかのような光景」が見えてくることと，医師が「レントゲン写真」を見るように「見え方がまるで変わってしまう」ことをあげている。よって，同類のことがらを並べ立て，いろいろな場合があることを表す「あるいは」がふさわしい。　**4**　「読書の効用」のことを，「読書をすればどんないいことがあるのか」と言い換えているので，前に述べた内容を“要するに”とまとめて言い換えるときに用いる「つまり」があてはまる。

問３　二段落後に，「大量の読書経験を積めば，世界の見え方がまるで変わってしまう」と述べられている。

問４　「大量の読書経験」を積むことにより，地球全体を見下ろす視点を持つ「グーグルマップ」のように，「どの道をどう通っていけば，自分の望む地点に到達《とうたつ》できるか」といったことが「おもしろいくらいに見えてくる」と述べられている。よって，エの内容が合う。

問５　「クモの巣状」に張り巡《めぐ》らせた「知のネットワーク」に，「一筋の電流」がほとばしると，「あらゆる知恵《ちえ》や知識や思考が一つにまとまり，人生の難題を解決するための最適解」が見つかることがある。つまり，一つの学びを，自分にとって意味のある知識とすることができるのである。

問６　「知のネットワーク」をいろいろな方向に張り巡らせることが大切だということが述べられているので，あらゆる方向に自由に振《ふ》る舞《ま》うという意味の「縦横無尽《じゅうおうむじん》」が合う。なお，「一朝一《いっちょういっ》夕《せき》」は，非常に短い時間のたとえ。「右往左往」は，混乱して右に行ったり左に行ったりすること。「暗中模索《あんちゅうもさく》」は，状況がわからず，手がかりのないまま，方法や策をいろいろ試すという意味。

問７　「テスト」のために，「教科書を丸暗記」して得た知識が，「テスト以外の実生活」においても「使える」ものでなければ意味がない，という文脈になる。

問８　「ギターがうまくなりたいと思う人は，名ギタリストたちの演奏を聴《き》き込《こ》んだり，動画をくり返し見たり」，「好きなギタリストについての記事を読んだり」するなどして，「ギターや音楽への興味」を中心に，「さまざまな知識がネットワーク化」される。また，学者も自分の興味や「どうしても解かなきゃいけない切実な問題」についての「問題意識」を中心にして，「知識をネットワーク化」していると説明されている。よって，知識を「ネットワーク化するために重要な」ものは，「興味」や「問題意識」であるということがわかる。

問９　「仲間内」だけでの「コミュニケーション」なら，「やばい」や「エモい」という言葉だけで通じるかもしれないが，「社会には，世代も文化も，価値観も感受性も，自分とはまったく異なる人たちがたくさんいる」るので，「言葉を尽《つ》くして伝えられるようになる必要がある」のである。

問10　**ア**　「地図のない旅」が「ずっと続くと」，「いつか息切れしてしまう」とあるので，合わない。　**イ**　ドイツ語の「Bildung」という言葉には，「わたしたちをより自由にしてくれる，精神的，人格的成長をもたらすもの」という意味が込められていて，「実生活に役立たない知識」という意味ではないので，正しくない。　**ウ**　問題を解決するための意味のある知識を得るためには，「むやみに知識をため込む」のではなく，クモの巣のように「知のネットワークを編み上げる」ことが必要となると述べられているので，正しい。　**エ**　「十分な言葉を持っていたなら，異なる他者との間に，より深い了解《りょうかい》関係を築ける可能性」が高まるため，「言葉を尽くして伝えられるようになる」ことは，「小中学生の頃から大事なこと」だと述べられているので，合う。

問11　文章最後の方に注目する。「言葉をためる」ということにおいて，読書が優れているのは，単なる暗記と違って，「言葉を文脈のなかで学んでいくことができる点」にあると筆者が考えていることがわかる。

Memo

2024年度 東京家政学院中学校

【算　数】〈２月１日午後試験〉（45分）〈満点：100点〉

《注意》円周率は3.14として計算しなさい。

1　次の□をうめなさい。

(1)　$3\times24-12\div6=$□

(2)　$\left(\frac{1}{2}-\frac{1}{3}+\frac{1}{6}\right)\div\frac{1}{12}=$□

(3)　$67.8\times4.5-123\times0.45+55.5\times5.5=$□

(4)　$1\div\left(\frac{1}{2}-\square\times0.75\right)=4$

(5)　2.4 km：80mをもっともかんたんな整数の比で表すと［ア］：［イ］です。

(6)　25＝5+5+5+5+5なので、25＝3+4+5+6+7と表せます。このように、35を連続する５つの整数の和で表すと

35＝［ア］＋［イ］＋［ウ］＋［エ］＋［オ］と表せます。

(7)　6%の食塩水150gを□gの水でうすめると、5%の食塩水ができます。

(8)　AとBの２人が学校を同時に出発して、駅に向かいます。Aは分速60m , Bは分速50mで歩くと、AはBより６分早く駅に着きます。学校から駅までの道のりは□mです。

(9)　赤、青、黄の３色すべてを使って右のような４つの正方形ア、イ、ウ、エをぬり分ける方法は全部で□通りあります。ただし、たて、横にとなりあった正方形には同じ色をぬらないとします。

ア	イ
ウ	エ

(10)　同じ定価の商品をA店では消費税10％を加えず、B店では消費税を加えるが10％引きで販売しています。この場合、両店の価格は異なり、 ア 店の方が イ ％安くなります。

2　次の問いに答えなさい。

(1)　右の図において、x を求めなさい。

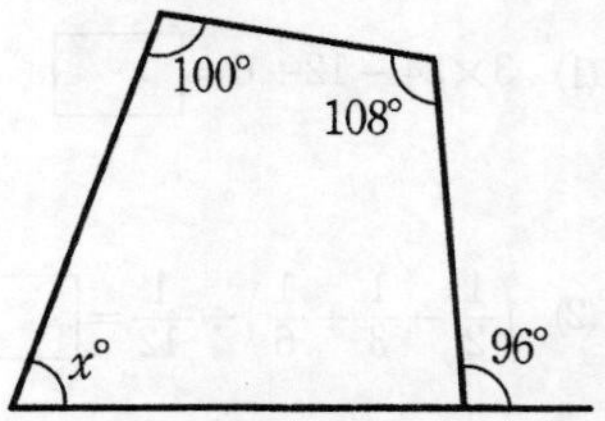

(2)　右の図において、CDの長さを求めなさい。

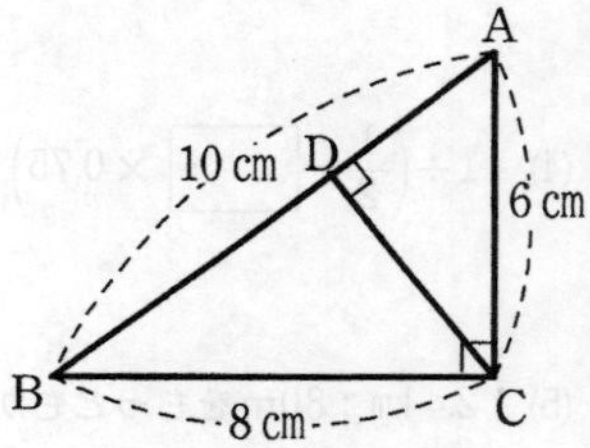

(3)　右の図は、ぴったり並べた４つの空き缶をひもでしばったときの様子を真上から見た図です。空き缶の底面は、すべて半径５cmの円であるとき、かげをつけた部分の面積を求めなさい。

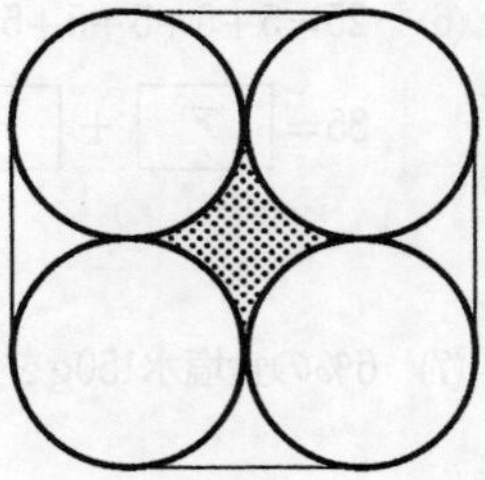

(4)　右の三角形ABCを２倍に拡大した図を定規、コンパスを用いてかきなさい。
ただし、図をかくときに使った定規やコンパスの線は消さずに残しておきなさい。

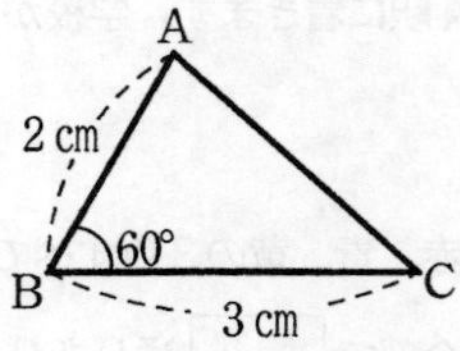

3　右の展開図で表された立体について、次の問いに答えなさい。

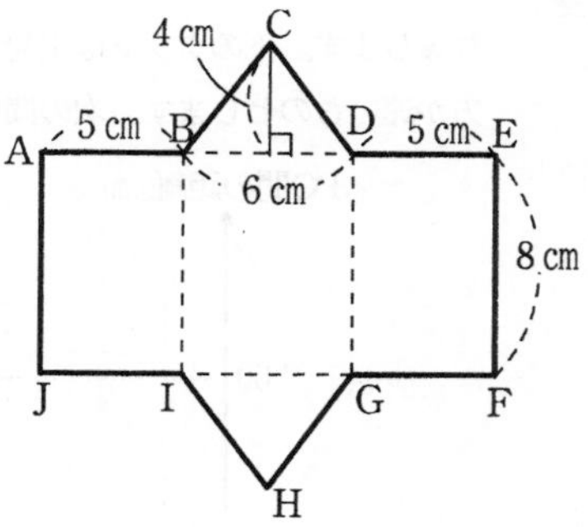

(1)　何という立体ですか。

(2)　展開図のどの辺とどの辺が重なりますか。すべて答えなさい。

(3)　この立体の体積と表面積を求めなさい。

4　次の問いに答えなさい。

(1)　ある１冊の本を、１日目は全体のページ数の $\frac{5}{8}$ より９ページ多く読み、２日目は残りのページ数の $\frac{4}{9}$ を読み、３日目は残りの75ページを全て読みました。この本は全部で何ページですか。

(2)　４人の算数のテストの平均点がちょうど70点でした。この結果から次の(ア)～(ウ)のことを考えました。この中から「必ず正しい」と言えないものを１つ選び、その記号と正しくない例を答えなさい。

(ア) 70点をとった人がいる

(イ) 70点以上の人と70点未満の人の人数が２人ずつである

(ウ) ４人の合計点が280点である

(3)　みかん、もも、りんごの３種類のくだものがあります。みかんは５で割り切れる２けたの個数、ももは４で割り切れる２けたの個数、りんごは28個あります。みかんとももを合わせると10人に同じ数のみかんとももを配ることができます。このとき、１人分の個数の８倍が、みかんとももの合わせた個数からりんごの個数をひいた数に等しくなります。

①　みかんとももを10人に同じ個数ずつ配ったとき、１人分のみかんとももの合計の個数を求めなさい。

②　みかんの数がもっとも多くなるとき、ももの個数を求めなさい。

5 80㎝はなれた点Aと点Bがあります。２つの動く点Pと点Qは同時に点Aを出発して、それぞれ一定の速さでABの間を往復します。下のグラフは出発してからの30分間と２点P, Qの間の距離を表したものです。ただし、点Qより点Pの方が速いものとします。次の問いに答えなさい。

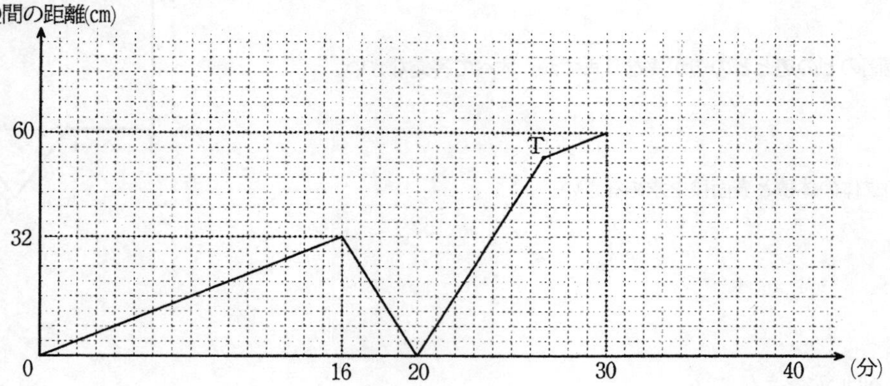

⑴　点P、点Qのそれぞれの速さは毎分何㎝ですか。

⑵　グラフ上の点Tは、点P、点Qのどちらが、点A、点Bのどちらに着いたときですか。次の(ア)~(エ)から選び、記号で答えなさい。

（ア）点Pが点Aに着いた。
（イ）点Pが点Bに着いた。
（ウ）点Qが点Aに着いた。
（エ）点Qが点Bに着いた。

⑶　30分後から点Pと点Qが２回目に出会うまでのグラフを完成させなさい。

⑷　点Pと点Qが２回目に出会うのは初めに点Aを出発してから何分後ですか。またそのときの点Aからの距離を求めなさい。

生徒Ｃ　筆者は、「自然が豊かな場所では、農業は発展しにくい」とも述べているよ。これをＢさんの言いかたに対応させると、「農業を行うメリットは、自然の豊かなところでは（　Ⅰ　）する」ということだよね。
生徒Ａ　うん。でも、なぜ自然が豊かだと農業が発展しにくいんだろう？
生徒Ｂ　農業は重労働だ、と筆者は述べているよ。
生徒Ａ　自然が貧しいからこそ、重労働でも農業をすることに意味が出てくるんだね。
生徒Ｃ　これって「農業を行うメリットは、自然の貧しいところでは劇的に増大する」と同じことじゃないかな。
生徒Ａ　なるほど。じゃあここでいう「メリット」は、「（　Ⅱ　）」という意味なんだね。

（1）（　Ⅰ　）にあてはまる語を漢字二字で答えなさい。
（2）（　Ⅱ　）にあてはまる語として適当なものを次のア～エから選び、記号で答えなさい。

ア　幸福　　イ　特性　　ウ　功績　　エ　価値

問十　段落［1］～［4］について述べた次の文のうち、適当なものを次のア～エから選び、記号で答えなさい。

ア　段落［1］では、イネ科植物の種子の持つ食糧としての特徴について説明し、他の種子よりもエネルギー源として優れていると評価している。
イ　段落［2］では、植物の持つ脱粒性という性質について説明し、種子が地面に落ちることによる人類のこれまでの苦労について述べている。
ウ　段落［3］では、イネ科植物と農業の始まりとの関係について説明し、人類が農業により富や権力を追い求める存在となったことを指摘している。
エ　段落［4］では、自然の豊かな場所と貧しい場所を比べて農業の起源について説明し、南の島の人々とビジネスマンの会話を例として挙げている。

問五　――線④について、なぜ「致命的な欠陥」なのですか。適当なものを次のア～エから選び、記号で答えなさい。

ア　種子に栄養分を届けることができないから
イ　親植物と種子の間に離層を形成することができないから
ウ　親植物が子孫を残すことができないから
エ　人類がコムギを食糧にすることができないから

問六　空欄 X にあてはまる語として適当なものを次のア～エから選び、記号で答えなさい。

ア　未熟　イ　豊か　ウ　欲張り　エ　平等

問七　――線⑤について、「財産」とは、どのようなもののことですか。文中の語句を用いて答えなさい。

問八　空欄 Y にあてはまる言葉として適当なものを次のア～エから選び、記号で答えなさい。

ア　もうここに用はない
イ　もうとっくにやっている
ウ　もう魚は獲りつくしてしまった
エ　もうどうしようもないことだ

問九　――線⑥について、生徒たちが話し合っています。以下の文章を読んで、次の問いに答えなさい。

生徒A　「メリット」っていろいろな意味がある言葉だけど、ここではどういう意味なんだろう？
生徒B　筆者は「農業を行うメリットは、自然の貧しいところでは劇的に増大する」と述べているね。

問二　――線②について、「厳しい草原に生きるイネ科植物にそんな余裕はない」とはどういうことですか。適当なものを次のア～エから二つ選び、記号で答えなさい。

ア　たんぱく質は親の植物が体を作る際の重要な栄養分であるため、厳しい環境に生きるイネ科植物には種子にたんぱく質を多く蓄えるほどの余裕がないということ

イ　脂質は作り出すときにエネルギーを必要とするものであるため、厳しい環境に生きるイネ科植物には脂質を多く作り出すほどの余裕がないということ

ウ　炭水化物は光合成をすればすぐに種子に蓄積されるものであるため、厳しい環境に生きるイネ科植物には種子に他の栄養分を蓄えるほどの余裕がないということ

エ　炭水化物は芽生えのエネルギー源となるため、厳しい環境に生きるイネ科植物には炭水化物を成長のためのエネルギー源とするほどの余裕がないということ

問三　□には次のア～エの文が入ります。これらの文を適当な順序に並べ替え、記号で答えなさい。

ア　そのため、種子をエサとして利用できるチャンスは、極めて短いのである。

イ　もちろん、種子はエサとして魅力的だから、小鳥のように穂をついばむものもいる。

ウ　そして、あっという間にバラバラと種子を落としてしまうのである。

エ　しかし、イネ科の植物は節間伸長によって一気に茎を伸ばし、一気に花を咲かせて、種子をつける。

問四　――線③について、「事件」とは何ですか。次の空欄にあてはまる言葉を文中から十二字で抜き出して答えなさい。

人類が（　　　　）を見つけたこと

４ 農業の起源に思いを馳《は》せてみよう。

農業はどのような場所で発展を遂げるのだろうか。

自然が豊かな場所で発展するのだろうか、それとも自然の貧しいところで発展するのだろうか。恵まれた場所の方が、農業は発達しやすいと思うかも知れない。しかし、実際にはそうではない。自然が豊かな場所では、農業が発達しなくても、十分に生きていくことができる。たとえば、森の果実や海の魚が豊富な南の島であれば、厳しい労働をしなくても食べていくことができるだろう。

こんな笑い話がある。

南の島で人々はのんびりと暮らしている。外国からやってきたビジネスマンが、それを見て、どうしてもっと魚を獲って稼《かせ》がないのかと尋ねる。そんなに稼いでどうするんだと問う住民に、ビジネスマンはこう答える。「南の島で、のんびり暮らすよ」。それを聞いた島の人々はこう言うのだ。「それなら、　Y　」

農業というのは、重労働である。農業をしなくても狩猟《しゅりょう》採取の生活で暮らせるのであれば、その方が良いに決まっている。そのため、自然が豊かな場所では、農業は発展しにくいのだ。

しかし、自然の貧しいところでは違う。

農業は重労働ではあるが、農業を行うことで、食べ物のない場所に食べ物を作ることができる。食べ物が得られるのであれば、労働は苦ではない。⑥農業を行うメリットは、自然の貧しいところでは劇的に増大するのだ。

（稲垣栄洋『イネという不思議な植物』）

注　刹那…きわめて短い間

問一　――線①について、イネ科植物の「エサとして魅力がない」点を、解答欄《らん》に合わせて段落１の文中から十字以内で抜き出して答えなさい。

3 種子の落ちない非脱粒性の突然変異の発見。これこそが、人類の農業の始まりである。これは人類の歴史にとって、革命的な出来事だったと言っていいだろう。

　農耕の始まりは、コムギから始まるとされているが、同じ頃、アジアでは、イネでも同じように非脱粒性の株が見出された。現在私たちが目にする、重そうに穂が垂れ下がりながらも種子を落とさないイネは、この突然変異株の子孫である。

　こうして人類は、非脱粒性の株を見つけることによって、イネ科植物の種子を食糧とすることが可能になった。

　イネ科植物の種子は、単に食糧となるだけではない。食べずに一年間、保存をしておけば、種子は翌年、播くことができる。こうして、農業が始まるのである。

　この保存できる種子は、人類にあるものをもたらした。

　それが蓄積することのできる「富」である。

　人間の胃袋は大きさが決まっているから、一人が食べられる量には限度がある。大食漢の人も小食の人もいるだろうが、人間一人が食べる量に、そんなに差があるわけではない。どんなに欲深い人も、お腹いっぱいになれば、それ以上食べることができないから、大きな獲物《えもの》を手に入れたとしても、とても食べ切れるものではない。欲張って独り占めしようとしても、腐《くさ》らせてしまうだけである。そこで、人々は、たくさん獲《と》れたときには、他人に分け与え、他人がたくさん獲ったときには、分けてもらった。

　人々は［　X　］だったのである。

　しかし、植物の種子は違う。

　植物の種子は、生育するのに良い条件になるまで、植物がチャンスを待つためのタイムカプセルのようなものだ。そのため、種子はすぐには腐らない。ずっと眠りつづけたまま、腐ることなく生き続ける。それが種子である。

　この種子の特徴は、人間にとっても都合が良い。植物の種子は、そのときに食べなくても、将来の食糧を約束してくれるものである。そして、保存できるから、たくさん持っていても困るものではない。つまり、イネ科植物の種子は単なる食料に留まらず、⑤財産になったのである。

　やがて人々は、イネ科植物を栽培《さいばい》して、種子を増やすようになった。農業の始まりである。種子を多く持つ者は富を得て、強大な力を持つようになる。胃袋が食べる量には限界があるが、農業によって得られる富には歯止めがない。

　農業をすればするほど、人々は富を得て、富を得れば得るほど、さらに富を求めて、農業を行っていった。

　こうして、人類は富や権力を追い求める存在となっていくのである。

先述のように、草食動物は苦労を重ねてイネ科植物をエサとしてきた。草食動物がイネ科の種子をエサにしなかったのは、熟した種子は極めて刹那《せつな》(注)的な存在で、常食することができなかったからなのである。

それは、人類にとっても同じであった。

人類もまた、草原で進化を遂げたとされている。

硬《かた》くて栄養価の低いイネ科植物は、人類にとっても食糧《しょくりょう》にすることのできない役に立たない植物であった。人類は道具を使い、火を熾《おこ》すこともできるようになったが、イネ科植物の葉は硬くて、煮ても焼いても食べることができないのだ。

さらに、栄養豊富なイネ科植物の種子も人類にとっては、食糧とはならなかった。イネ科植物の種子は小さいし、地面にばらまかれてしまえば、種子を拾い集めることは簡単ではないのだ。

ところが、である。

③あるとき、事件が起きた。

コムギの祖先種と呼ばれるのが、「ヒトツブコムギ」という野生植物である。野生の植物は、種子を散布するために穂から種子を落とす。この種子が落ちる性質を「脱粒性《だつりゅうせい》」と言う。

熟した種子が落ちるのは、当たり前のことではない。花が咲《さ》いてから種子が形成されるまでは、親の植物から種子に栄養分が送り届けられる。そして、種子が熟すと親植物と種子との間に「離層」という層が作りだされる。この離層によって種子が親植物から離脱するのだ。

種子は落ちるのではなく、散布されるのである。

ところが稀《まれ》に、この離層が形成されずに、種子が落ちない「非脱粒性」という突然変異が起こることがある。

種子が熟しても地面に落ちないと、自然界では子孫を残すことができない。そのため、「非脱粒性」という性質は、④植物にとって致命《ちめい》的な欠陥である。

しかし、人類にとって、「非脱粒性」という性質は、とても価値のあるものである。何しろ、種子が落ちずにそのまま残っていれば、収穫《しゅうかく》して食糧にすることができる。

もしかすると、その非脱粒性突然変異の種子を播《ま》いて育てれば、もしかすると、種子の落ちない性質のムギを増やしていくことができるかも知れないのだ。

そしてあるとき、私たちの祖先は、この突然変異の株を見出したのである。

いつ、誰がその株を見つけたのか、今となってはわからない。しかし、それは、人類にとって歴史的な大事件となったのである。

三 次の文章を読んで、後の問いに答えなさい。

1 イネ科植物は、①エサとして魅力《みりょく》がないような進化を遂《と》げている。

それなのに、イネやコムギ、トウモロコシなど、現代の私たちにとって主要な穀物はすべてイネ科の植物である。これはどうしてなのだろうか。

じつは、イネ科の植物は、葉には栄養がないが、次の世代である大切な種子には栄養分を蓄《たくわ》える。そのため、種子は魅力的な食べ物となるのである。

しかも、イネ科植物の種子は、主に炭水化物を蓄積《ちくせき》しているという特徴がある。炭水化物は、動物が行動をするエネルギーとなる物質である。

もちろん、炭水化物は、植物にとってもエネルギー源となる。種子中に含まれる炭水化物は、種子が発芽をするためのエネルギーを生み出す栄養分なのだ。

植物の種子の中には、炭水化物以外にも、たんぱく質や脂質《ししつ》を栄養源として持つものがある。たんぱく質は、植物の体を作るための栄養分である。また、脂質は炭水化物と同じように発芽のためのエネルギーであるが、炭水化物に比べると莫大《ばくだい》なエネルギーを生み出すという特徴がある。

ところが、多くのイネ科植物の種子は、たんぱく質や脂質が少なく、ほとんどが炭水化物なのである。それはなぜだろう。

たんぱく質は植物の体を作る基本的な物質だから、種子だけではなく、親の植物にとっても重要な栄養分である。また、脂質はエネルギー量が大きい代わりに、脂質を作り出すときにはエネルギーを必要とする。つまり、たんぱく質や脂質を種子に持たせるためには、親の植物に余裕《よゆう》がないとダメなのだ。

②厳しい草原に生きるイネ科植物にそんな余裕はない。そのため、光合成をすればすぐに得ることができる炭水化物をそのまま種子に蓄え、芽生えは炭水化物をそのままエネルギー源として成長するというシンプルなスタイルを作り上げたのである。

こうして、イネ科植物は種子に炭水化物を蓄えるようになったのである。

2 イネ科植物の種子が、そんなに栄養があるのであれば、動物は種子をエサにすれば良いと思うかも知れない。

3

［　　］内のひらがなを漢字に直し、類義語を完成させなさい。

1　人気……（　）判

2　特有……（　）自

3　安全……（　）事

4　地位……（　）分

5　準備……（　）意

どく	ひょう	ぶ	み	よう

4

次の各文について、――線部を適切な敬語に直しなさい。

1　お世話になったあなたにお礼をあげようと思います。

2　先生が帰った後に私がこの部屋を片付けます。

3　お客様のご来店を私たちは心から待っていました。

5

次の各文には表現に誤りがあります。正しい文になるように、例にならって、――線部以外を直しなさい。

[例]　どうして彼女は約束の時間になっても、来ない。　→　どうして彼女は約束の時間になっても、来ないのか。

1　明日もし雨が降ると、運動会は中止だろう。

2　赤いバナナなんて、まさか存在する。

２ 矢印の順番に読むと熟語になるように、例にならって□に共通して入る漢字をそれぞれ答えなさい。

〔例〕

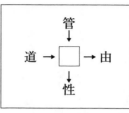

　　管
　　↓
道 → □ → 由
　　↓
　　性

（管理・理性・道理・理由）

↓

理

1

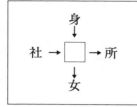

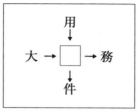

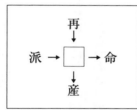

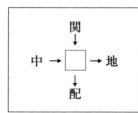

　　身
　　↓
社 → □ → 所
　　↓
　　女

2

　　用
　　↓
大 → □ → 務
　　↓
　　件

3

　　再
　　↓
派 → □ → 命
　　↓
　　産

4

　　関
　　↓
中 → □ → 地
　　↓
　　配

5

　　日
　　↓
平 → □ → 式
　　↓
　　服

二 次の問いにそれぞれ答えなさい。

1 ――線部の語句が同じ使い方になっているものをア～エから選び、それぞれ記号で答えなさい。

1 この木は今にも倒れんばかりだ。
ア 一時間ばかり待った。
イ 友達は泣いてばかりいる。
ウ 私は今到着したばかりだ。
エ 泣き出さんばかりの顔をしている。

2 そんなことできるものか。
ア ついに白状したか。
イ そろそろ終わりにしようか。
ウ 早く帰ろうと言ったではないか。
エ 復習しないままでよいのか。

3 人の悪口を言うな。
ア このお弁当はおいしいな。
イ すぐには出発するな。
ウ もう勝手にしな。
エ あやまるなんていやだな。

4 私はあなたよりも自信を持っている。
ア 市ヶ谷駅より車で七分です。
イ 私の家は公園よりは手前にある。
ウ 話し合いは三時より始まる。
エ 予定が一日より二日に変わった。

5 ついうっかり昼寝してしまった。
ア みんなして考えよう。
イ 先生からしてあんなことをする。
ウ はっきりと発言してください。
エ 三十歳にして独立した。

2024年度

東京家政学院中学校

【国　語】〈二月一日午後試験〉（四五分）〈満点：一〇〇点〉

《注意》句読点や記号はすべて一字と数えます。

一　次の　1〜10の——線のカタカナを漢字に、11〜15の——線の漢字をひらがなに直しなさい。

1　チョクセツ相手と話をする。

2　キュウキュウ車で病院に運ばれた。

3　コウダイな土地を所有している。

4　ヒジョウ階段の位置を確認する。

5　現地まではトホで移動する。

6　エイガを観るのが趣味だ。

7　天気のせいかサムケがする。

8　ナンイ度が高い問題に取り組む。

9　布を赤色にソめる。

10　仕事のノウリツが悪い。

11　あれこれと策略をめぐらす。

12　大会で実力を発揮する。

13　おこづかいを工面して花を買った。

14　浴衣を着て祭りに出かける。

15　人員を点呼する。

2024年度

東京家政学院中学校　▶解　答

算　数　＜２月１日午後試験＞（45分）＜満点：100点＞

解　答

[1] (1)　70　(2)　4　(3)　555　(4)　$\frac{1}{3}$　(5)　**ア**　30　**イ**　1　(6)　**ア**　5　**イ**　6　**ウ**　7　**エ**　8　**オ**　9　(7)　30　(8)　1800　(9)　12　(10)　**ア**　B　**イ**　1　[2] (1)　68　(2)　4.8cm　(3)　21.5cm^2　(4)（例）　右の図１　[3] (1)　三角柱　(2)　辺ABと辺CB，辺CDと辺ED，辺JIと辺HI，辺HGと辺FG，辺AJと辺EF　(3)　**体積**…96cm^3，**表面積**…152cm^2　[4] (1)　384ページ　(2)（例）　**記号**…(ア)／**例**…68点，68点，72点，72点　(3)　①　14個　②　60個　[5] (1)　**点P**…毎分５cm，**点Q**…毎分３cm　(2)　(エ)　(3)　右の図２　(4)　40分後，40cm

図１

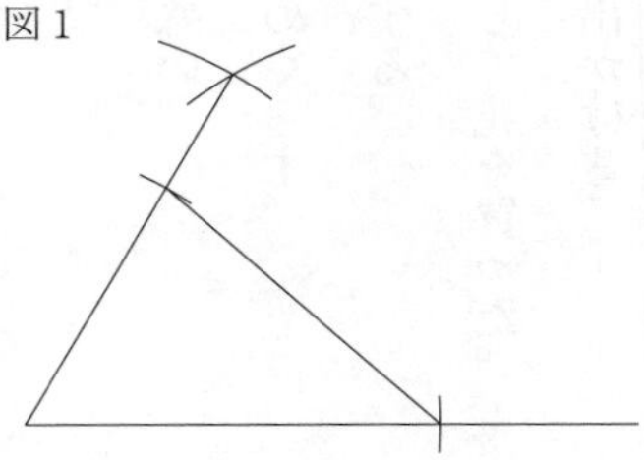

図２

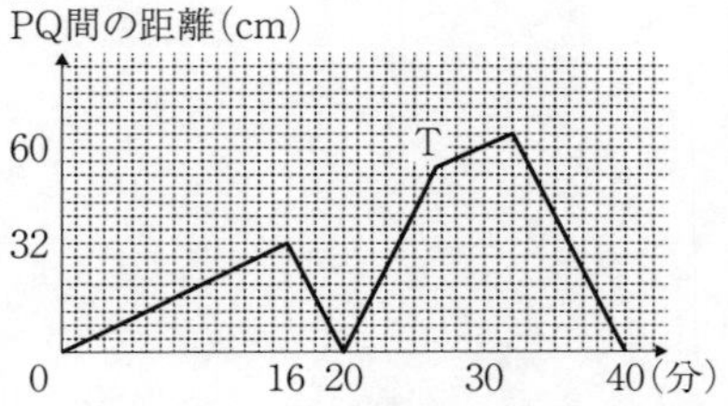

国　語　＜２月１日午後試験＞（45分）＜満点：100点＞

解　答

[一]　**1～10**　下記を参照のこと。　**11**　さくりゃく　**12**　はっき　**13**　くめん　**14**　ゆかた　**15**　てんこ　[二] [1]　**1**　エ　**2**　エ　**3**　イ　**4**　イ　**5**　ウ　[2]　**1**　長　**2**　事　**3**　生　**4**　心　**5**　和　[3]　**1**　評　**2**　独　**3**　無　**4**　身　**5**　用　[4]　**1**（例）　さしあげよう　**2**（例）　お帰りになった　**3**（例）　お待ちして　[5]　**1**（例）　明日もし雨が降ったら，運動会は中止だろう。　**2**（例）　赤いバナナなんて，まさか存在しないだろう。　[三]　**問１**　葉には栄養がない(点)　**問２**　ア，イ　**問３**　イ→エ→ウ→ア　**問４**　(人類が)種子の落ちない性質のムギ(を見つけたこと)　**問５**　ウ　**問６**　エ　**問７**（例）　将来の食糧としてたくさん持っていても困らないようなもの　**問８**　イ　**問９**　(1)　減少　(2)　エ　**問10**　ウ

●漢字の書き取り

[一]　**1**　直接　**2**　救急　**3**　広大　**4**　非常　**5**　徒歩　**6**　映画　**7**　寒気　**8**　難易　**9**　染(める)　**10**　能率

Memo

Memo

2023年度 東京家政学院中学校

〈編集部注：この試験は，２科目(国語といずれかの科目)または４科目(算数・社会・理科・国語)のいずれかを選択して受験します。〉

【算　数】〈2月1日午前試験〉(45分)〈満点：100点〉

《注意》円周率は3.14として計算しなさい。

1 次の □ をうめなさい。

(1) $35-5\times4=\square$

(2) $4.8\div(10-8.8)=\square$

(3) $\left(\frac{1}{3}+\frac{3}{5}\right)\times2\frac{1}{4}=\square$

(4) $(\square-30)\div6=2.4$

(5) 2100m＝ □ km

(6) $\frac{1}{30}:\frac{1}{9}$ をもっともかんたんな整数の比で表すと [ア]：[イ] です。

(7) 550円の商品を２割引きで買うと □ 円です。

(8) 1，5，9，13，…と規則にしたがって並んでいる数の列があります。この数の列の20番目の数は □ です。

(9) 現在、母と子どもの年れいの和は38才で、５年後の母の年れいは子どもの年れいのちょうど3倍になります。母の現在の年れいは □ 才です。

⑽　１個 250 円のケーキを □ 個と１個 300 円のケーキを合わせて 10 個買ったら、代金は 2800 円になりました。

⑾　A さん１人では６日、B さん１人では 14 日かかる仕事があります。この仕事を２人でいっしょにはじめると □ 日目に終わります。

⑿　5％の食塩水 200 g に 10％の食塩水 300 g を混ぜあわせると、 □ ％の食塩水ができます。

⒀　クラスで計算テストをしました。女子 10 人の平均点は 70 点、男子 20 人の平均点は 67 点、クラス 30 人の平均点は □ 点でした。

2　次の問いに答えなさい。

⑴　右の図で同じ印をつけた角の大きさが等しいとき x を求めなさい。

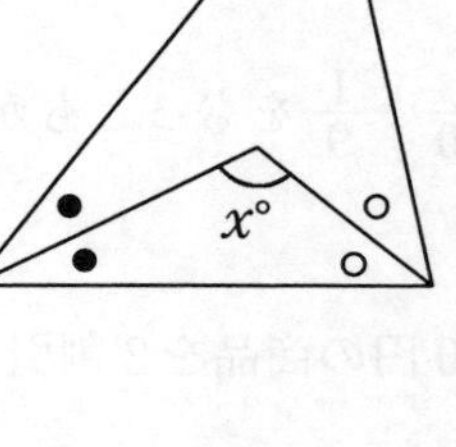

⑵　右の図は中心角 90° の２つの同じおうぎ形を組み合わせた図です。
斜線部分のまわりの長さと面積を求めなさい。

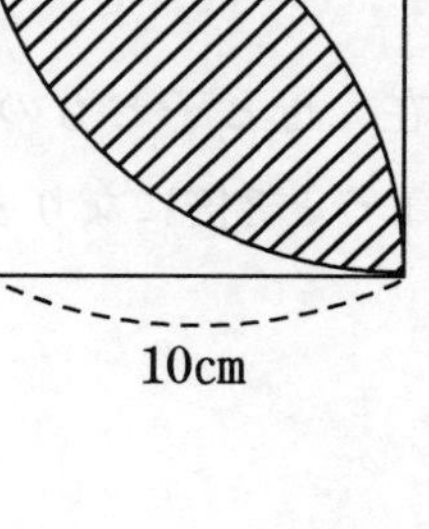

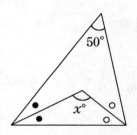

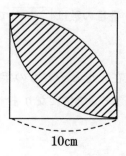

(3)　右の図はある立体図形の展開図です。この立体図形の体積を求めなさい。

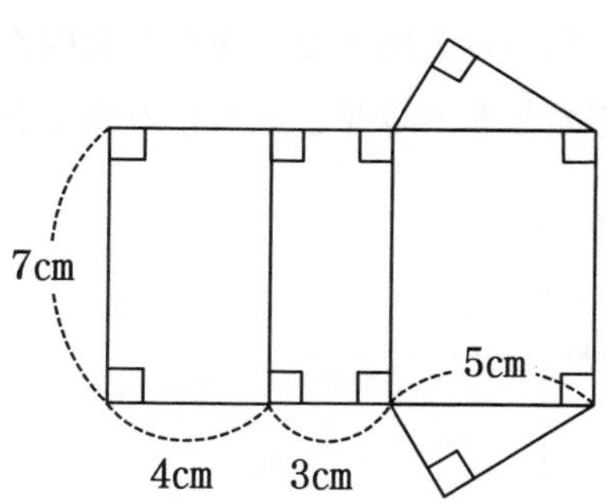

(4)　右の図はあるひし形の辺のうち２本をかいたものです。残りの辺を定規とコンパスを使用して作図し、ひし形を完成させなさい。ただし、作図に用いた線は消さずに残しておきなさい。

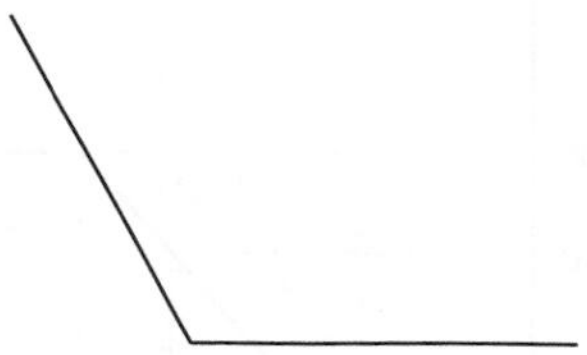

3　次の問いに答えなさい。

(1)　姉は2600円、妹は1900円持っています。２人で同じ金額を出しあい１冊の本を買ったところ、姉と妹の残金の比が５：３になりました。この本１冊の値段は何円ですか。

(2)　みかんを８個ずつ箱に入れると、10個ずつ箱に入れるときより、５箱多くなります。みかんは全部で何個ありますか。ただし、どちらの場合もすべての箱に同じ数のみかんが入ります。

(3)　かべにペンキをぬります。１日目にかべの $\frac{2}{5}$ をぬり、２日目に残りの $\frac{3}{7}$ と $11\mathrm{m}^2$ だけぬるとペンキをぬっていない部分が $13\mathrm{m}^2$ 残ります。かべの広さは何 m^2 ですか。

4 花子さんは自転車で家を出て、途中の公園で５分間休けいをしてから図書館に行きました。家から公園までの速さと公園から図書館までの速さは、それぞれ一定です。下の図はそのときの時間と道のりの関係をグラフに表したものです。次の問いに答えなさい。

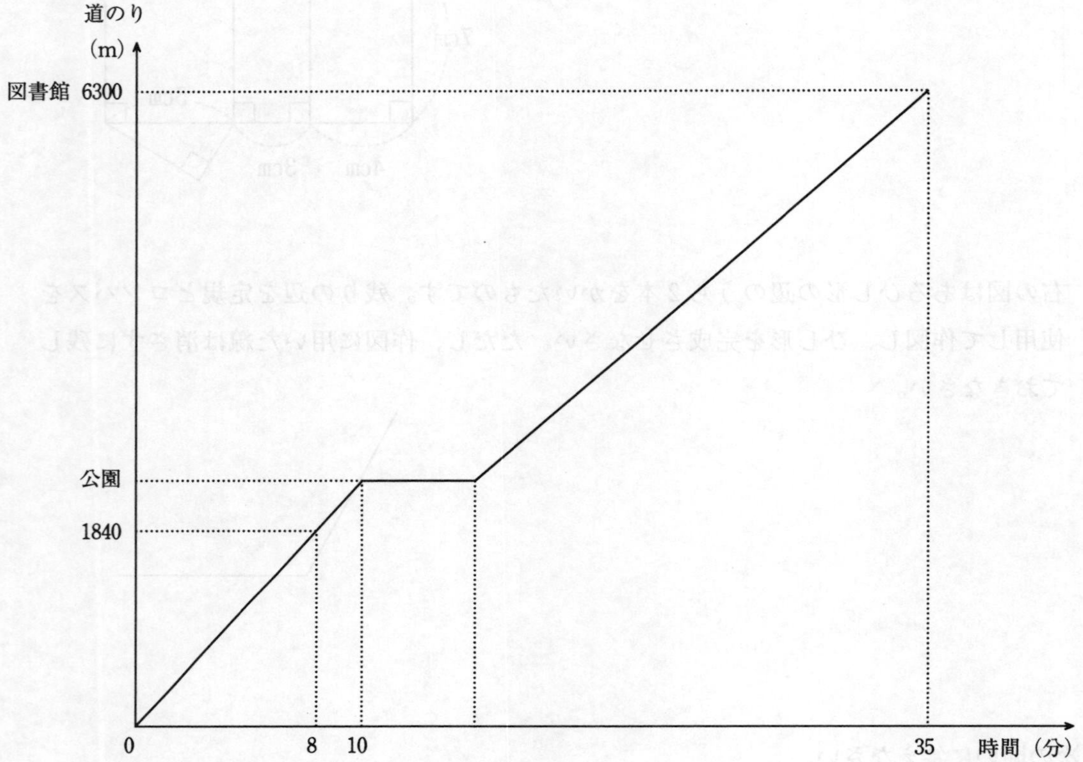

(1) 家から公園までの速さは毎分何 m ですか。

(2) 家から公園までの道のりは何 km ですか。

(3) 公園から図書館までの速さは毎分何 m ですか。

(4) まり子さんは自転車で、図書館から公園に毎分 240 m の速さで向かいます。花子さんが公園を出た１分 30 秒後に、まり子さんは図書館と花子さんの家のちょうどまん中の地点を通過します。花子さんは公園を出てから何分何秒後に、まり子さんとすれ違いますか。

【社　会】〈2月1日午前試験〉（２科は25分，４科は理科と合わせて45分）〈満点：100点〉

1　九州地方について、以下の問いに答えなさい。

問１　Ａさん、Ｂさん、Ｃさん、Ｄさんは旅行した九州地方の県を当てるクイズを考えました。次の文と地図を見て、以下の問いに答えなさい。

Ａさん：「私が旅行した県は北部と南部が海に面しています。1南の海は干満の差が大きいことで有名で、古くから干拓が行われてきました。」

Ｂさん：「私が旅行した県は東部が太平洋に面しています。2暖流が北上していて、マグロやカツオがたくさん獲れます。」

Ｃさん：「私が旅行した県は東部が海に面しています。西部の3火山の近くには、日本最大の地熱発電所があります。」

Ｄさん：「私が旅行した県は南部、東部、西部の三方を海に囲まれています。火山灰が堆積《たいせき》し、稲作には不向きなため、4畑作がさかんです。」

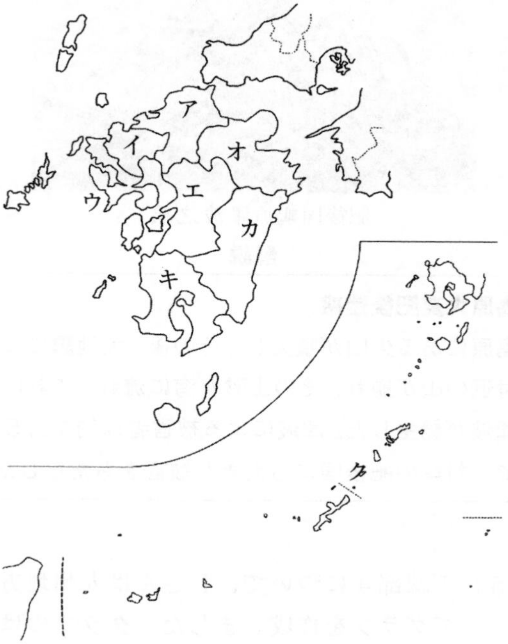

（1）４人が旅行した県を地図中ア～クからそれぞれ選び、記号で答えなさい。

（2）下線部１について、この海の名前を次のア～エから選び、記号で答えなさい。

ア　有明海　　　イ　玄界灘　　　ウ　大村湾　　　エ　日向灘

（3）下線部２について、この海流の名前を次のア～エから選び、記号で答えなさい。

ア　親潮　　　イ　黒潮　　　ウ　対馬海流　　　エ　リマン海流

(4) 下線部3について、Cさんは九州地方の火山を調べるうちに、次の史料と解説を見つけました。この津波をもたらした火山を、史料と解説を参考に下の地図中ア～エから選び、記号で答えなさい。

史料

肥後《ひご》国嶋原《しまばら》津波之絵

解説

島原大変肥後迷惑

島原にある火山が噴火し、その後、大地震によって付近の山が崩れ、その土砂が海に流れ、これにより津波が発生した。津波による被害者は約1万5千人で、対岸の肥後国にも大きな被害をもたらした。

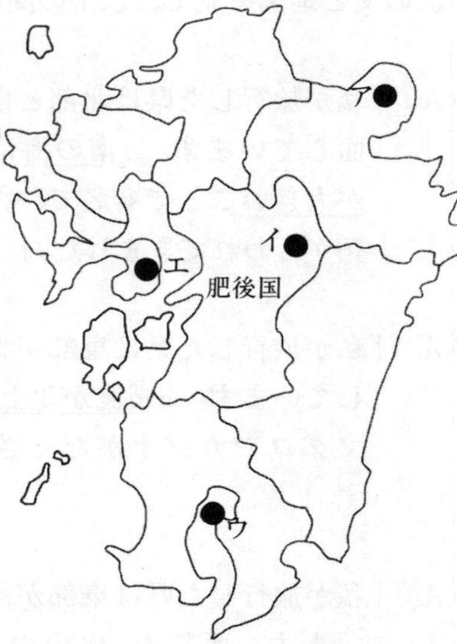

(5) 下線部4について、Dさんは九州地方各県の野菜の産出額を調べ、表にまとめ、そしてグラフを作成しました。グラフのはん例中①にあてはまる数字として正しいものを次のア～エから選び、記号で答えなさい。

九州地方の野菜の産出額

2020年	億円
福岡県	707
佐賀県	343
長崎県	471
熊本県	1,221
大分県	351
宮崎県	681
鹿児島県	562
沖縄県	127

農林水産省「生産農業所得統計」により作成

九州地方の野菜の産出額

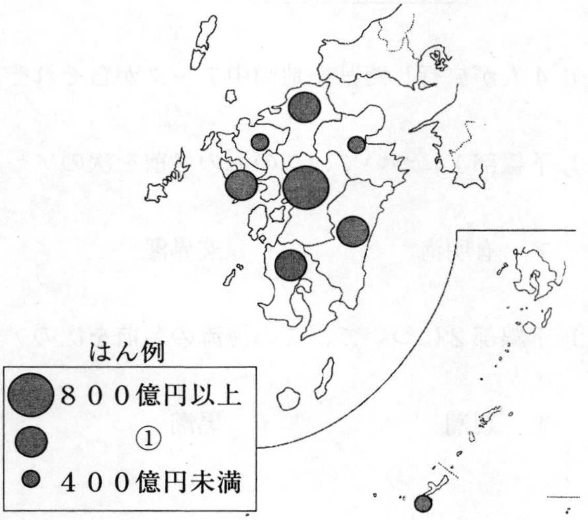

ア　401億円以上～799億円未満

イ　471億円以上～707億円未満

ウ　400億円以上～800億円未満

エ　470億円以上～710億円未満

2 昨年はカタールワールドカップが開催されました。カタールおよび周辺国の産業について以下の問いに答えなさい。

問１　Ｅさんはカタールの民族衣装をスケッチして、その特徴を考察しました。カタールと東京の気候を参考に、Ｅさんの考察の中で適切ではないものを次のア～エから選び、記号で答えなさい。

カタールと東京の比較

	カタール	東京
年平均気温	２７℃	１５．４℃
年降水量	６９．１㎜	１５２８㎜

ア　風通しの良い、ゆったりとした服装である。
イ　強い日射しから肌を守るため、長袖になっている。
ウ　砂ぼこりから目や口を守るため、頭に布をつけている。
エ　保温のため、毛皮からつくられている。

問２　Ｅさんは日本がカタールから地下資源を輸入していることを知り、その地下資源の輸入割合について、下のグラフを作成しました。グラフを参考にして、この地下資源の名前を次のア～エから選び、記号で答えなさい。

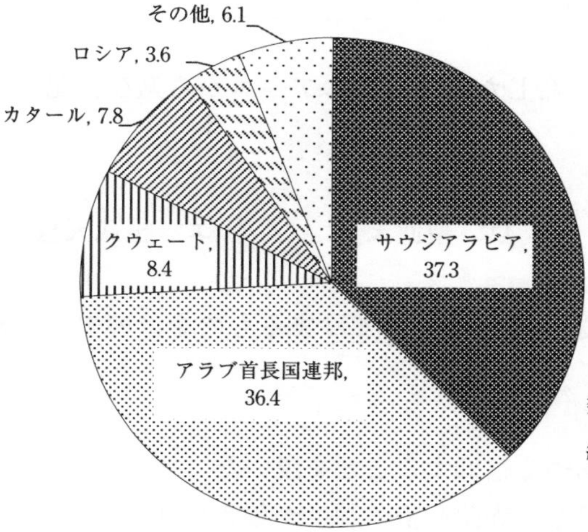

数値は令和３年度。小数点第２位を四捨五入している。
経済産業省『資源・エネルギー統計年報』により作成

ア　石炭　　イ　石油　　ウ　鉄鉱石　　エ　すず

3 かすみさんは東京都と京都府にある寺院について見学して、その特徴をまとめました。次のAからDを見て以下の問いに答えなさい。

A

この建物は国分寺である。1奈良時代に国ごとに建設され、東京に建てられたものは「武蔵国分寺」と呼ばれており、東京都国分寺市の名前の由来にもなっている。

B

この建物は本能寺である。安土桃山時代に（　あ　）が家臣の明智光秀によって暗殺された寺院であるが、2現在は当時の場所とは異なる場所に位置している。

C

この建物は寛永寺《かんえいじ》である。参勤交代の制度を定めた三代将軍（　い　）によって建てられ、江戸幕府とも深い関わりを持っている。

D

この建物は平等院鳳凰堂《ほうおうどう》である。3平安時代の文化を代表する建物であり、１０円硬貨にもえがかれている。

問１　Aについて、国分寺を全国に建てるよう命じた人物を次のア～エから選び、記号で答えなさい。

ア　推古天皇　　イ　天智天皇　　ウ　聖武天皇　　エ　桓武天皇

問２　下線部１について、このころの仏教のようすとしてあてはまるものを次のア～エから選び、記号で答えなさい。

ア　聖徳太子が十七条の憲法で仏教をあつく信仰することを説いた。
イ　危険な航海を乗り越えて鑑真が来日し、寺院や僧の制度が整えられた。
ウ　中国から浄土真宗などの新しい仏教が伝わり、武士の間で広がった。
エ　強い力を持った仏教勢力に対抗するため、キリスト教が保護されるようになった。

問３　（　あ　）にあてはまる人物名を漢字で答えなさい。

問４　下線部２について、建物を別の場所にうつすことを移築という。本能寺の移築を命じた人物としてもっとも適切と思われる人物を次のア～エから選び、記号で答えなさい。

ア　平清盛　　イ　北条時宗　　ウ　足利義満　　エ　豊臣秀吉

問５　（　い　）にあてはまる人物名を漢字で答えなさい。

問６　Ｃに関連して、かすみさんは近所にある寛永寺を訪れた際、寛永寺の門の一部に下のような銃《じゅう》弾《だん》のあとがあることに気づきメモにまとめた。メモに関するできごととももっとも関係があるものを次のア～エから選び、記号で答えなさい。

＜かすみさんがまとめたメモ＞

・江戸幕府が滅亡したあと、かつての幕府の軍隊と新しい政府の軍隊による戦争がおこった。
・この戦争はわずか１日で新政府軍の勝利に終わった。

ア　大塩平八郎がまちの人々を救うために、大阪で反乱をおこした。
イ　坂本龍馬がそれまで対立していた薩摩藩と長州藩の同盟をうながした。
ウ　西郷隆盛を中心として生活に不満を持つ武士たちが各地で反乱をおこした。
エ　板垣退助が国会を開くことを主張し、政府に対して国民の政治参加を求めた。

問７　Ｄについて、この建物ともっとも関係のある一族を次のア～エから選び、記号で答えなさい。

ア　蘇我氏　　イ　藤原氏　　ウ　北条氏　　エ　武田氏

問８　下線部３について、この文化の説明としてあてはまるものを次のア～エから選び、記号で答えなさい。

ア　清少納言がかな文字を使って随筆の枕草子を書いた。
イ　足利義満の保護を受けて観阿弥・世阿弥が能を大成した。
ウ　朝鮮出兵によって連れてこられた職人によって有田焼が広まった。
エ　歌川広重が多色刷りの浮世絵で日本各地の風景をえがいた。

問９　ＡからＤをまとめた内容についてかすみさんと先生が話をしている。会話文を読んで、以下の問いに答えなさい。

順位	都道府県	合計
１位	東京都	２８８
２位	京都府	２３７
３位	奈良県	２０７
４位	大阪府	６２
５位	滋賀県	５６
６位	和歌山県	３６
７位	兵庫県	２１
８位	う	１９

文化庁「国宝・重要文化財都道府県別指定件数一覧」をもとに作成

かすみ「東京都と京都府には歴史的な建物がたくさんあることが分かりました。」
先　生「東京都と京都府は国宝の登録数が日本で第１位、第２位となっています。」
かすみ「国宝には、歴史的・文化的に価値の高い建築物や美術品が登録されていると聞いたことがあります。」
先　生「国宝は、国によって指定され、特別に管理、保護されているようです。」
かすみ「都道府県別の国宝の数を調べて表にまとめてみました。」
先　生「２位から７位までは、すべて近畿地方の府県となっています。」
かすみ「かつて政治の中心であった都の近くに位置しているため歴史的に古く、価値の高い建築物や美術工芸品が多いからではないでしょうか。」
先　生「そうですね。８位の県にもかつて幕府が置かれ、古くから栄えた都市が含まれています。」
かすみ「多くの国宝が登録されている都府県はどこも歴史的に多様な文化を持つ場所ですね。」
先　生「一方で、歴史的に価値の高いものであっても過去に火災などで焼失してしまったものも多くあります。」
かすみ「4沖縄県の首里城《しゅりじょう》や愛知県の名古屋城、東京都の増《ぞう》上《じょう》寺《じ》が例として挙げられますね。」
先　生「現在残っているものは、のちの時代にその一部が復元されたものになります。」
かすみ「今ある国宝は、私たちの手で大切に保存していかなければなりませんね。」

（１）表中の　う　に入る県名を会話文を参考にして次のア～エから選び、記号で答えなさい。

ア　長崎県　　イ　鹿児島県　　ウ　広島県　　エ　神奈川県

（２）下線部４について、かすみさんはこれらの建物がすべて１９４５年（昭和２０年）に焼失していることに気がついた。このこととももっとも関係のあるできごとを次のア～エから選び、記号で答えなさい。

ア　文明開化によって西洋風の建物が多く建築された。
イ　関東大震災によって多くの被害が出た。
ウ　アメリカとの戦争で多くの人が犠牲となった。
エ　高度経済成長によって環境問題が深刻になった。

4　２０２２年のできごとについて、以下の問いに答えなさい。

Ａ　国連の会議でロシアのウクライナへの軍事侵攻に対する非難決議が採択された。
Ｂ　日本国憲法が施行されて７５年を迎えた。

問１　Ａに関連して、以下の問いに答えなさい。

（１）下線部の会議はすべての加盟国が参加している。この会議を何というか。次のア～エから選び、記号で答えなさい。

ア　安全保障理事会　　イ　総会　　ウ　信託統治理事会　　エ　経済社会理事会

（２）ロシアのウクライナへの軍事侵攻によって、多くの国民が家を追われて難民・国内避難民となりました。難民や国内避難民を支援するため、国連や各国の政府から独立して活動している民間の団体を何というか。次のア～エから選び、記号で答えなさい。

ア　ＮＧＯ　　イ　ＩＬＯ　　ウ　ＷＨＯ　　エ　ＦＡＯ

（３）下の資料は、１９４５年から２０２０年までの国連加盟国数の移り変わりを示したものです。この資料についての説明として正しいものを次のア～エから選び、記号で答えなさい。

【資料】国連加盟国数の移り変わり

	1945	1960	1970	1980	1992	2020
オセアニア	2	2	3	6	9	14
南北アメリカ	22	22	26	32	35	35
ヨーロッパ・旧ソ連	14	26	27	29	45	51
アジア	9	23	29	36	38	39
アフリカ	4	26	42	51	52	54
合計	51	99	127	154	179	193

国際連合広報センター「国連加盟国加盟年順序」により作成

ア　２０２０年の加盟国数のうち、３分の１以上はアジアである。
イ　加盟国数がもっとも増えたのは、１９７０年から１９８０年の間である。
ウ　１９４５年から１９７０年にアフリカの加盟国数が大幅に増えているのは、植民地であった多くの国が独立したからである。
エ　１９４５年から２０２０年までで、加盟国数がもっとも増えた地域はヨーロッパ・旧ソ連である。

問２　Ｂに関連して、以下の問いに答えなさい。

（１）日本国憲法の説明としてあてはまらないものを次のア～エから選び、記号で答えなさい。

ア　主権が国民にあると定めている。
イ　平等権、自由権などの、基本的人権を保障している。
ウ　戦争を放棄して世界の平和のために努力するという平和主義をかかげている。
エ　これまで憲法改正が行われたことがある。

（２）日本国憲法に定められている天皇の国事行為について正しいものを次のア～エから選び、記号で答えなさい。

ア　衆議院の解散　　イ　条約の締結　　ウ　法律の制定　　エ　予算の審議

【理　科】〈2月1日午前試験〉（２科は25分，４科は社会と合わせて45分）〈満点：100点〉

1　熱について、次の問いに答えなさい。

（１）お風呂のお湯をわかすとき、まず下の方の冷たい水が熱せられて温かくなり、上へ移動します。そして上にあった冷たい水は下へ移動します。この熱の伝わり方は、伝導・対流・放射のうちどれですか。

（２）太陽からの熱は、光として地球へ伝わります。この熱の伝わり方は、伝導・対流・放射のうちどれですか。

（３）下の図は銅の棒にろうそくでおもりを左はしから順番につるしたものです。棒の長さは１０cm で、おもりの間の距離は各３cm です。棒のちょうど真ん中を熱していったとき、おもりが落ちる順番をア～エで答えなさい。

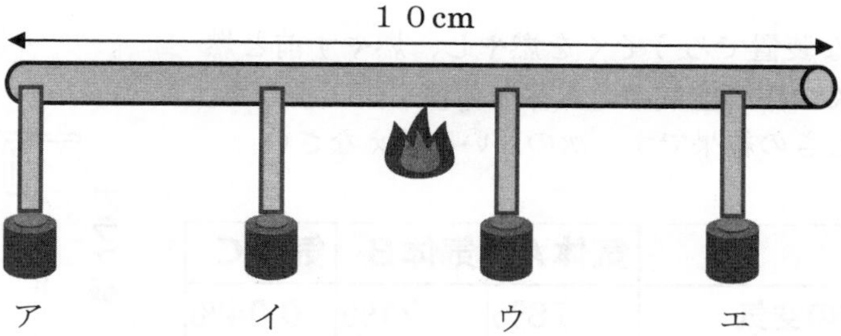

2　下の図のようにしゃ面の上から小球を転がして、地面に置いたつみ木に当てます。このしょうとつによって動いたつみ木の距離を測る実験をします。次の問いに答えなさい。

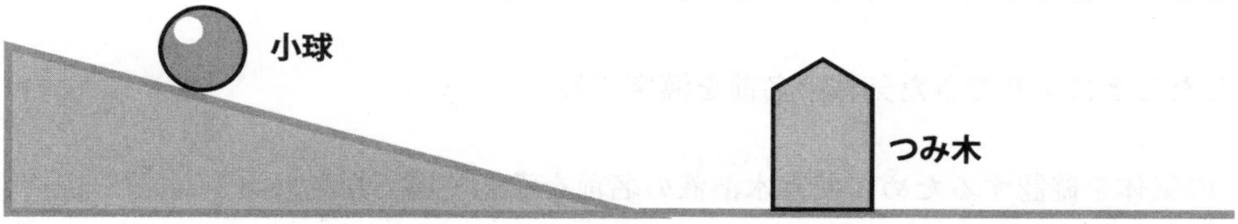

（１）実験のデータをとるときに、一番良い方法はどれですか。ア～エから選び、記号で答えなさい。

ア　５回実験をし、それらの距離を全て足して５で割ったものを実験結果とする。
イ　１０回実験をし、適当に選んだ５回分の距離を足して、５で割ったものを実験結果とする。
ウ　１０回実験をし、それらの距離を全て足して１０で割ったものを実験結果とする。
エ　２０回実験をし、一番大きい距離と一番小さい距離の真ん中を実験結果とする。

（２）つみ木の動く距離が一番大きくなるのは、小球の重さが次のうちどのときですか。ア～エから選び、記号で答えなさい。

ア　１ｋｇ　　イ　１０ｇ　　ウ　１００ｇ　　エ　１５００ｇ

（３）つみ木の動く距離を大きくするために行うことで、まちがっているものはどれですか。ア～エから選び、記号で答えなさい。

ア　小球の重さを大きくする。
イ　しゃ面の角度は変えず、小球を置く地面からの距離を大きくする。
ウ　小球を置く地面からの高さは変えず、しゃ面の角度を大きくする。
エ　つみ木の重さを小さくする。

3　右の図のような装置でろうそくを燃やし、燃やす前と燃やした後のびんの中の空気中の気体の体積を調べました。下の表はそのときの結果です。次の問いに答えなさい。

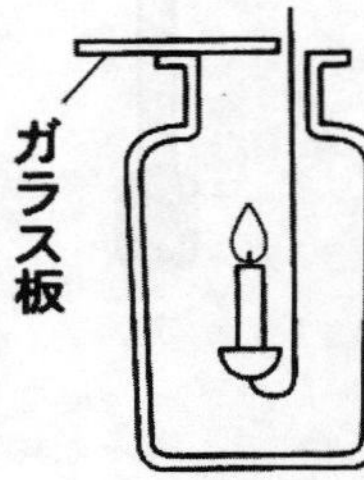

	気体A	気体B	気体C
ろうそくを燃やす前の空気	78%	21%	0.04%
ろうそくを燃やした後の空気	78%	17%	3%

（１）表のＡ～Ｃにあてはまる気体の名前を答えなさい。

（２）燃えるときに必要な気体はどれですか。Ａ～Ｃから選び、記号で答えなさい。

（３）燃やしたことによりできた気体の名前を漢字で答えなさい。

（４）（３）の気体を確認するために使う水溶液《すいようえき》の名前を漢字で答えなさい。

4　デンプンについて、次の問いに答えなさい。

◇下の図１のような「ふ入り」の葉の一部に、図２のようにアルミホイルをかぶせた状態で、日光に当てました。次の問いに答えなさい。

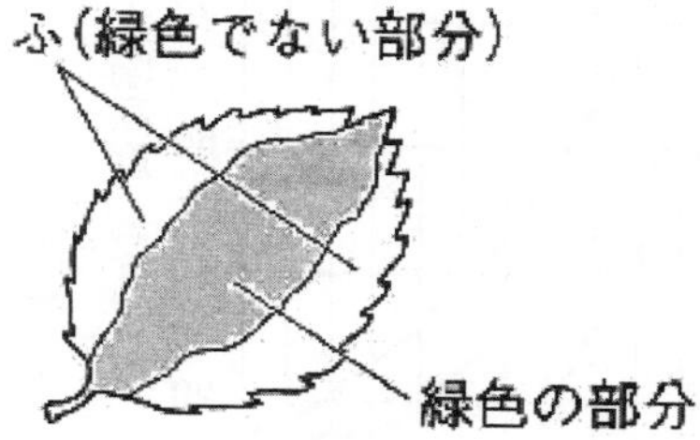

図１

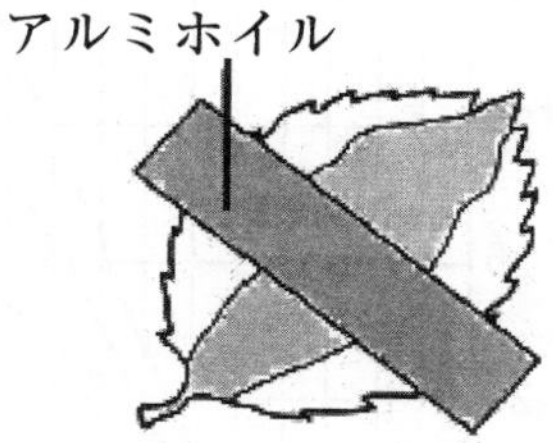

図２

（１）植物の葉が日光を浴びることで、デンプンがつくられたかどうかを調べるための試薬を何といいますか。

（２）デンプンがつくられていた場合、（１）の試薬で調べると何色になりますか。

（３）図２の状態で日光に当てたとき、デンプンがつくられるのはどこですか。解答らんの図を使って、その部分をぬりつぶしなさい。

◇デンプンは、私たちが食べる「ごはん」にも含まれています。ごはんとだ液を混ぜたものを３つ用意し、ア～ウのそれぞれの温度で一定時間おきました。次の問いに答えなさい。

ア　約３５℃　　　　イ　約７０℃　　　　ウ　約９５℃

（４）ア～ウに（１）の試薬を加えたところ、１つだけ他と異なる結果が出ました。それはどの温度でしょうか。ア～ウから選び、記号で答えなさい。

（５）（４）で他と異なる結果とは、（１）の試薬を加えたとき「変化あり」か「変化なし」か答えなさい。

（６）さち子さんとまさおくんは、ごはんとだ液の実験についてまとめました。次の会話文を読み、空らん①②にあてはまることばを答えなさい。

さち子さん：ごはんのデンプンは、だ液で分解されたのね。そのあとはどうなるの？
まさおくん：口から移動して、食道→胃→（　①　）→大腸を通っていくよ。
さち子さん：それらの通り道のことを（　②　）というのね。
まさおくん：そうそう。これは中学校でも学習するらしいから、楽しみにしておこう。

5　下の図は、ある晴れた日の太陽高度、気温、地面の温度のグラフです。ただし、Ｃのグラフは気温を示しています。これらのグラフを参考にして次の問いに答えなさい。

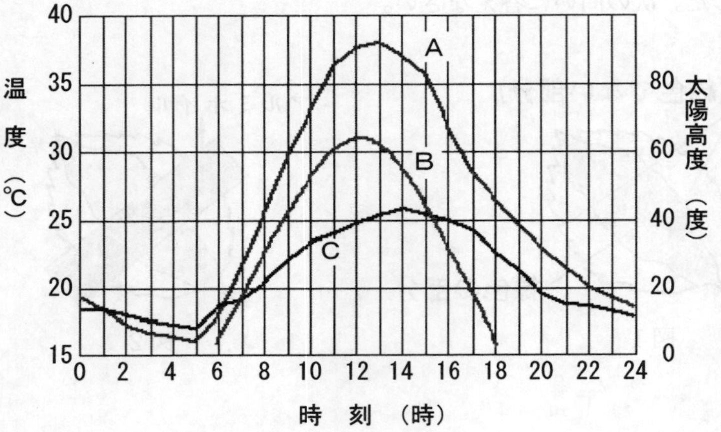

（１）太陽や月・星などが真南に来て、高度が一番高くなることを何といいますか。

（２）太郎くんと花子さんは、上のグラフについて話し合いました。次の会話文を読み、空らん①～③にあてはまる数字やことばを答えなさい。

太郎くん：太陽の高度が高くなると気温が高くなっていくのに、気温が一番高い時間と太陽の高度が一番高い時間がずれているね。

花子さん：そうだね。気温が一番高い時間は（　①　）時だものね。

太郎くん：地面の温度は太陽の高度とほぼ同じ時間に一番高くなっているね。

花子さん：太陽の光でまず（　②　）があたためられて、そのあと（　③　）があたためられているみたいだね。

（３）気温は、地面からどのくらいの高さで測った温度ですか。ア～エから選び、記号で答えなさい。

ア　地面すれすれ
イ　０．５～０．９ｍ
ウ　１．２～１．５ｍ
エ　２～３ｍ

（４）１日の最高気温が３５℃をこえるような日のことを何と呼びますか。ア～エから選び、記号で答えなさい。

ア　真冬日　　イ　熱帯夜　　ウ　真夏日　　エ　猛暑日

【英　語】〈2月1日午前試験〉（筆記25分，面接５分）〈満点：筆記75点，面接25点〉

1 例にならって、次のイラストが表す英単語を下の文字を並べかえて書きなさい。

例	(1)	(2)	(3)

mlnoe	efla	tahre	fogr

解答欄

lemon

2 次のＣとＤの関係が、ＡとＢの関係と同じになるように、Ｄに適する語をア～ウの中から１つ選び、記号で答えなさい。

	A		B	C		D		
(1)	first	–	January	third	–	【ア July	イ March	ウ October 】
(2)	plane	–	airport	train	–	【ア library	イ hospital	ウ station 】
(3)	shower	–	take	book	–	【ア read	イ speak	ウ walk 】
(4)	short	–	long	same	–	【ア delicious	イ different	ウ difficult 】

3 次の各組の語の中で、１つだけ種類のちがう単語があります。ア～エの中から１つずつ選び、記号で答えなさい。

(1)	ア ruler	イ pencil	ウ eraser	エ bicycle
(2)	ア pig	イ cat	ウ grape	エ bear
(3)	ア mouth	イ skirt	ウ eye	エ nose
(4)	ア America	イ Japanese	ウ English	エ Chinese

4 次の (1) から (10) までの文について、(　　) に入れるのに最も適切なものを、ア～エの中から1つずつ選び、記号で答えなさい。

(1) *A* : The sky is getting dark. You should take an (　　　) with you.
B : OK, I will.
ア island　　イ autumn　　ウ example　　エ umbrella

(2) If you don't know this word, you can use a (　　　).
ア market　　イ chair　　ウ dictionary　　エ toy

(3) The (　　　) was nice yesterday, so we went camping.
ア weather　　イ question　　ウ cloth　　エ meat

(4) Tokyo is the (　　　) of Japan.
ア map　　イ capital　　ウ wall　　エ planet

(5) (　　　) breakfast is important for our health.
ア Eat　　イ Ate　　ウ Eating　　エ Eats

(6) Would you like (　　　) cup of coffee?
ア many　　イ some　　ウ other　　エ another

(7) *A* : Can you (　　　) me your phone number?
B : Sure.
ア tell　　イ say　　ウ get　　エ answer

(8) Today, more (　　　) more people enjoy online shopping.
ア but　　イ or　　ウ and　　エ so

(9) *A* : Can we watch this DVD this afternoon, Mom?
B : Let's watch tomorrow evening. I'm (　　　) today.
ア free　　イ busy　　ウ same　　エ weak

(10) *A* : How was your weekend?
B : I just stayed (　　　) home all day.
ア at　　イ on　　ウ up　　エ from

5 次の (1) から (4) までの会話について、(　　　) に入れるのに最も適切なものを、ア～エの中から１つずつ選び、記号で答えなさい。

(1) *Man*：Do you want something to drink?
Woman：Yes, please. (　　　　　)

ア I'll buy it at the supermarket.　イ I'm sorry.
ウ I'd like some coffee.　エ I want the other color.

(2) *Son*：Mom, I can't find my science textbook.
Mother：(　　　　　)
Son：Thanks.

ア It's on the dining table.　イ It's very interesting.
ウ It's a difficult subject.　エ It's mine.

(3) *Boy*：How many students are there in your class?
Girl：(　　　　　) I have a lot of classmates.

ア At 3:00.　イ About 40.
ウ Only five meters.　エ Twice a week.

(4) *Woman*：Excuse me. I want to go to the post office. Is it near here?
Man：Yes, (　　　　　)

ア it's a nice day today.　イ nice to meet you.
ウ it's on the next corner.　エ I'm better now.

6 次の文の [　　　] 内の語句を日本語の意味を表すように並べかえて、２番目と４番目に来るものを記号で答えなさい。ただし、文頭に来る語も小文字になっています。

(1) 私たちのクラブの新しいメンバーを探すつもりですか。
[ア going　イ new members　ウ you　エ to look for　オ are]

______ ______ ______ ______ ______ for our club?
２番目　４番目

(2) 私たちの教室には、壁《かべ》に何枚かのポスターがあります。
[ア has　イ some posters　ウ on　エ classroom　オ our]

______ ______ ______ ______ ______ the wall.
２番目　４番目

(3) 私の姉は泳ぐことが得意ではありません。
[ア not　イ good　ウ swimming　エ is　オ at]

My sister ______ ______ ______ ______ ______ .
２番目　４番目

(4) 宿題を手伝ってくれてありがとう。
[ア helping　イ thank　ウ me　エ you　オ for]

______ ______ ______ ______ ______ with my homework.
２番目　４番目

7 次のお知らせを読んで、(1) ～ (3) の質問の答えとして最も適切なもの、または文を完成させるのに最も適切なものをア～エの中から１つずつ選び、記号で答えなさい。

Ocean's Pizza
2 Days Special Sale

You can get our pizza at a special price

on Tuesdays and Wednesdays.

Don't miss these two days!

You can choose delivery or take-out.

If you choose take-out, you can get an ice cream.

We are open from 10:00 AM to 9:00 PM.

Dinner time is busy, so 6:00 PM–7:00 PM is delivery only.

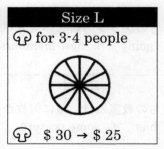

Size S	Size M	Size L
for 1-2 people	for 2-3 people	for 3-4 people

$ 20 → $ 15	$ 25 → $ 20	$ 30 → $ 25

Order two of the same pizza, and get one soft drink free.

Please try it!

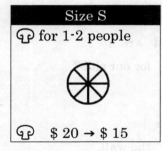

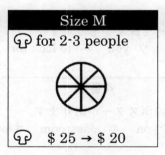

(1) How much is the medium pizza on Wednesdays?

ア $15

イ $20

ウ $25

エ $30

(2) If you want to get one free soft drink, you should

ア choose delivery.

イ order two of the same pizza.

ウ come to the pizza shop.

エ buy a large pizza.

(3) Which is NOT TRUE?

ア The shop closes at 9 PM.

イ You can't choose take-out at 6 PM-7 PM.

ウ The small pizza is good for 3-4 people.

エ If we go to buy pizza at the shop, we can get a free ice cream.

問八　――線⑥「そちら」が指すものを文中から三字で抜き出して答えなさい。

問九　――線⑦とは、どのような自動販売機ですか。具体的に書かれている部分を本文から三十字以内で抜き出し、最初と最後の五字で示しなさい。

問十　――線⑧について、「恩返しプロジェクト」は何のために、どのようなことをするプロジェクトですか。答えなさい。

問十一　次の一文は、文中の《１》～《４》のどこに入りますか。記号で答えなさい。

そうでなくても、健やかな形で地球を子孫に残すのは、今を生きる人間たちの義務なのです。

問十二　――線⑨「そんなこと」の指示内容を文中から抜き出して答えなさい。

問十三　二重傍線について「何が起きているか知ってもらうことも必要です」とありますが、なぜ知ることが大切なのですか。筆者の体験を参考にして書きなさい。

問十四　本文の内容について、次のア～オが正しければ○、正しくなければ×を解答欄に記入しなさい。

ア　地球上の生物の固有種のほとんどがボルネオ島に生息しているため、「野生生物のゆりかご」と呼ばれている。

イ　アブラヤシの生産量は年々増え、世界の中での生産量の大半はインドネシアとマレーシアがしめている。

ウ　パーム油の存在が知られたことによってファストフードや冷凍食品が気軽に食べられるようになった。

エ　マレーシア政府は国として発展するためにゴムや木材にくわえ、パーム油の生産を増やすよう勧めた。

オ　経済発展を目指しつつも自然を守るという難しい課題は私たち一人一人が考えるべき問題である。

問三　――線②について、

1　「野次馬」の意味として適当なものを次から選び、記号で答えなさい。

ア　自分とは関係のないことに興味をもって騒ぎ立てる人
イ　自分のもっている能力を生かし仕事をサポートする人
ウ　他の人の用事のついでに自分の用事もすませてしまう人
エ　他の人の手柄を自分の手柄として横取りしてしまう人

2　もともとの筆者の旅の目的とは何だったのですか。文中から十六字で抜き出して答えなさい。

問四　――線③について、アブラヤシがお金になる理由としてあげられていることを三つ答えなさい。

問五　――線④について、「社会的な問題」としてあげられているものを次の中から選び、記号で答えなさい。

ア　熱帯雨林が減少し、野生生物が絶滅するなど、今まで守っていた生物多様性が損なわれた。
イ　農園を維持するための肥料の影響で、熱帯雨林の再生ができなくなった。
ウ　国境を越えてやってきた貧しい人々や戸籍がないこどもたちが働かされるケースもでてきた。
エ　熱帯雨林が道路に変わり、トラックやタンクローリーがひっきりなしに往来するようになった。

問六　――線⑤の理由を解答欄《らん》にあうように三十五字以内で文中から抜き出し、最初と最後の五字で示しなさい。

問七　[1]・[2]に入る語を次から選び、それぞれ記号で答えなさい。

ア　そして　　イ　なぜなら　　ウ　たとえば　　エ　しかし

人間だけの都合で自然を壊していけば、必ず人間がしっぺ返しを食う。《1》

「野生生物のふるさとを守りたい」という日本の人たちの思いが、少しずつ形になり始めました。《2》

「⑨そんなこと、教科書に載ってないし知らなかった」と思ったあなた。知ることができてよかったと思います。私自身も取材を始めるまで、パーム油という油の存在や、その影響について知りませんでした。《3》

実態を勉強し、問題意識を持ってボルネオ島を実際に訪ね、人々の話を聞いて初めて、事態の深刻さを知りました。自分にできることは何かと考え、この事実を記事として伝えるほか、学校の授業や講演で紹介しています。《4》

人間の暮らしをよりよくするための行動が、地球に負荷を与えたり、同じように生きる仲間である動物を犠牲にしたり、あるいはどこかで悲しむ人間を増やしている。グローバル化していく世界では、同じようなことがさらに増えていくでしょう。簡単には答えは出ませんが、まずは知ることからしか始まりません。「無関心は最大の敵」なのです。

（元村有希子『カガク力を強くする！』）

問一　[A] に入る語句を次の中から選び、記号で答えなさい。

ア　野生生物の保護がすすめられる

イ　野生動物が進化をとげられない

ウ　野生動物が生きていけない

エ　野生動物の固有種が多い

問二　――線①「熱帯雨林の減少を加速させている」とありますが、ボルネオ島で熱帯雨林が減った原因を答えなさい。

事態の悪化を防げるかもしれません。

野生生物保護のための行動も大切です。「寄付」です。自然保護団体に直接寄付するだけでなく、日本ではキリンビバレッジの協力で、ジュースなどを買うと料金の一部を寄付できる支援自動販売機を、旭山動物園のほか全国二〇〇カ所に設置しています。私たちはジュースを定価で買うだけ。自動的に売り上げの一部が寄付に回されます。

私がボルネオ島を訪ねた時、サバ州の熱帯雨林にボルネオゾウのレスキューセンターが完成しました。一〇コースの五〇メートルプールほどの広さがある、ひょうたん型のパドック（放牧場）では、メスのゾウが一頭、餌を食べていました。この施設は、プランテーションに迷い込むなどトラブルを起こしたゾウを一時的に保護し、けがなどを治したあと、安心して過ごせる場所に移動させるための「ゾウの一時避難所」です。

約四八〇〇万円の建設費用は、日本からの寄付金でまかなわれました。設計は旭山動物園が担当し、地元の旭川市も一〇〇〇万円を寄付しました。キリンビバレッジは⑦自動販売機を通して広く寄付金を集め、現地で発生するさまざまな手続きや建設作業は、大成建設と現地の子会社が担当しました。

地元・サバ州のアンブ野生生物局長は「経済発展も大切だけれど、自然を守ることはそれ以上に大切です。ここにくれば必ずボルネオゾウに会えるので、観光客も来るでしょう。子どもたちを連れてきて、熱帯雨林でいま何が起きているかを知ってもらうことも必要です」と話してくれました。

旭山動物園の坂東園長は「毎年、一〇〇万人以上の人たちが旭山に来てくれる。ボルネオからやってきたオランウータンを見て「かわいいね」と喜んだ後は、彼らのふるさとが大変なことになっているということも知ってほしい」と言います。二〇一八年には、この活動が全国六カ所の動物園に広がりました。

パーム油を原料にさまざまな洗剤を作って四〇年になるメーカーのサラヤ（大阪市）も⑧恩返しプロジェクトに参加しています。

更家悠介社長は二〇〇四年、ボルネオの現状を、テレビ番組のインタビューで偶然知りました。「手に優しい」「合成洗剤と違って環境を汚さない」と宣伝し、自信を持っていた製品の原料が、野生生物を苦しめているなんて、と愕然《がくぜん》としました。パーム油を使った商品の売り上げの一％（年間約一五〇〇万円）をボルネオの森林保護のために寄付し、洗剤を買った人たちに呼びかけてボルネオを訪ねるツアーも毎年実施しています。さきほど紹介した「認証パーム油」だけを使うようにするのはもちろんのことです。

「日本は昔から、家を建てるための木材や、自動車のタイヤの原料になるゴムをボルネオから輸入してきました。そして今はパーム油という恩恵を受けています。そんな歴史的な関係を振り返れば、恩返しするのは当然です」と更家さんは話します。

レートやドーナツ、フライドポテトやハンバーガーなどのファストフード、お弁当にはいっている冷凍食品、食べ物以外ではシャンプーやリンスや石けんなどにもパーム油は使われています。

日々の料理に使うサラダ油やオリーブ油などとは違い、加工製品に使われることが多いため、消費者である私たちからは見えにくいのです。「見えない油」とよばれるゆえんです。

最大の消費国は人口が急増しているインド。日本も年間七一万トン（二〇一七年）輸入しています。

パーム油の生産は、野生動物を二重の意味で脅《おびや》かしています。一つは農園開発によって熱帯雨林が減っていること。さらに近年、農園にボルネオゾウが入り込み、好物のアブラヤシを食い荒らすため、人々は彼らを「害獣」として嫌うようになりました。二〇一三年一月には、一四頭ものゾウが集団で死んでいるのが見つかりました。毒殺と見られています。マレーシアはいま、国として発展するために産業を育てることと、野生動物を保護するという、相反する課題に直面しているのです。

この難しい課題は、決してマレーシアの人たちだけのものではありません。パーム油を購入している私たち一人一人に突きつけられた問題です。

どうすれば解決するか。もっとも単純な答えは「パーム油をやめる」ことです。[1]、油脂は生きるのに必要な栄養です。大豆や菜種に比べて安いパーム油は、貧しい人たちにとっては「命綱」とも言えます。パーム油がなくなれば、栄養不足におちいる人たちが増えるかもしれません。パーム油の生産現場で働いている人たちが失業してしまう事態も考えられます。

先進国の人々が、パーム油を使った商品を買わないようにするのはどうでしょう。現実的ではありません。あまりにも多くの加工食品にパーム油が使われているからです。だいいち、パーム油が使われていたとしても明示されていないことが多く、私たち消費者は、買うか買わないかの判断ができないのです。

そんな中、「野生生物に優しい農園で採れたパーム油を使おう」という運動も始まりました。二〇〇四年、「持続可能なパーム油のための円卓会議（ＲＳＰＯ）」という国際的な話し合いが始まりました。プランテーションの経営者やパーム油に加工する製油会社、輸出業者、パーム油を使う食品メーカーなどの関係者に加えて、自然保護団体や法律の専門家、政府関係者など、いろんな立場の人が参加してルールを決めました。このルールを守って作られたパーム油は「認証油」と呼ばれます。

[2]、ボルネオゾウやオランウータンが農園を横切らなくても熱帯雨林を移動できるよう、農園の敷地内に通り道を作ったり、幼い子どもや不法移民を低賃金で働かせたりしない農園などがＲＳＰＯの認証を受け、そこで採れたパーム油を使った製品には専用のシールを貼れるのです。価格は、そうでない商品よりも割高になってしまいますが、許容できる値段ならば、消費者が⑥そちらを選ぶことによって、

鼻が長いテングザル。ニホンザルのような顔と長い尻尾《しっぽ》を持った好奇心旺盛《おうせい》なカニクイザル。髪型をソフトモヒカンにしていたサッカーのベッカム選手のように、頭の上の毛が立っているシルバーリーフモンキーは枝の上で餌《えさ》を食べたり、子ザル同士でじゃれ合ったりしています。くちばしの上に鮮やかなオレンジ色の突起があるサイチョウも、枝から枝へとダイナミックに飛び回っています。動物園では見られない、本当の野生の姿です。

しかし、そこをすみかとするボルネオゾウやオランウータンが、熱帯雨林の伐採《ばっさい》により、生存の危機に直面しています。伐採で増えているのがアブラヤシのプランテーション。アブラヤシの実や種からは、良質の油（パーム油）がたくさん採れます。マレーシア政府は一九六八年、ゴムや木材に代わってアブラヤシの栽培を奨励《しょうれい》するようになりました。アブラヤシから採れるパーム油が「もうかる」と目をつけたのです。

狙いは当たりました。世界の人口が増えるにつれて、油の消費が増えました。先進国では肥満に悩む人たちを中心に、バターやラードなど動物性の油ではなく、「健康にいい」植物油が注目されるようになりました。

中でも、大豆油や菜種油に比べて値段が安いパーム油が人気を集めました。世界の生産量は、一九八〇年は四八〇万トンだったのが、二〇一七年には五八九〇万トンと、約四〇年間で一〇倍以上に増えました。現在、その八割以上がインドネシアとマレーシアで生産されています。

ボルネオ島内を車で走りました。繁華街を過ぎて三〇分もすれば、道路沿いはアブラヤシ農園になります。かつては、さまざまな木が生い茂る熱帯雨林だったのです。すれ違うトラックには、収穫したアブラヤシの実が山積みされていました。絞《しぼ》った後のパーム油を港へ運ぶタンクローリーも、ひっきりなしに往来していました。

地元の人々にとって③アブラヤシは、手っ取り早くお金になる「金の卵」です。でもその一方で、環境破壊の問題と④社会的な問題が同時に起きています。

熱帯雨林が失われたことにより、貴重な野生生物やジャングルが守っていた生物多様性は損なわれました。一度開発されると、大量の肥料の影響で土地がやせてしまうため、熱帯雨林の再生はきわめて難しいのです。また、豊かな自然とともにあったそれまでの暮らしも変わりました。国境を越えてやってきた貧しい移民の人たちが農園で働き始めました。戸籍がなく学校にも行かないこどもたちも含まれています。世界的に問題視されている児童労働が見過ごされている現実もあります。

⑤「パーム油？　聞いたことないよ」という人も多いでしょう。お菓子やカップラーメンの袋の裏側に印刷されている「原材料」の欄を読んでみましょう。「植物油」「植物油脂」と書いてあるものの多くは、実はパーム油です。赤ちゃんが飲む粉ミルク、みんなが好きなチョコ

三 次の文章を読んで、後の問いに答えなさい。

二〇一三年九月、私はマレーシアのボルネオ島を訪れました。地球上でこの島にしか生息せず、推定二〇〇〇頭にまで減って絶滅が心配されているボルネオゾウの現状を取材するためです。

期待通りにゾウの群れに出会うことができた興奮の中で、私は飛行機の窓から見たボルネオ島の風景を思い出していました。眼下に広がるのは一面の緑。しかしよくよく見ると、熱帯雨林のあちこちに、木々が整然と並ぶプランテーション（大規模農園）がパッチワークのように広がっていました。緑は緑でも、これらは　A　「緑の砂漠」。そして、①熱帯雨林の減少を加速させているのは、私たち人間なのです。

ボルネオ島は赤道直下にあり、北側をマレーシアとブルネイ、南側をインドネシアが統治《とうち》しています。マレーシアでは「ボルネオ」、インドネシアでは「カリマンタン」と呼ばれています。

世界で三番目に大きい島で、面積は日本列島の約二倍。海に囲まれ、隔絶《かくぜつ》された環境で生物が独自の進化をとげました。昆虫や両生類などにも「固有種」が多いのが特徴です。最大の都市コタキナバルまでは、成田空港から直行便で約七時間。日本との時差は一時間しかありません。地球上の生物種の半分以上は熱帯雨林に生息しているといわれる「野生生物のゆりかご」。そんな手つかずの自然は、意外に近くにありました。

この旅を企画したのは、北海道・旭山動物園の坂東元《げん》園長です。旭山動物園にはボルネオ生まれのオランウータンが飼育されています。しかし、坂東園長は二〇〇七年まで、彼らの生まれ故郷を訪ねたことがなかったといいます。

「飼育しながら動物のことを理解したつもりでしたが、ジャングルで野生の姿を見て、別の気持ちがわいてきました。「ああ、彼らはここで生まれて育ったのか。日本に来てくれてありがとう」って」

以来、坂東園長はボルネオの熱帯雨林保全に熱心に取り組んできました。日本で集めた寄付を、保全に役立ててもらおうというもので、名付けて「恩返しプロジェクト」。その一環として現地へ行くというので、②私も野次馬として同行したというわけです。

野生動物は用心深いうえに、ジャングルの奥深くや高い木の上で暮らしているため、めったに会えません。最適なのが、ボートに乗って川から観察する方法です。ボルネオ島の東の端っこ、キナバタンガン川下流の森の中にあるバンガローに泊まり、昼、夜、翌日早朝と計三回、川を行き来しました。ガイドに指示され、岸辺の木々を双眼鏡で探すと、高さ三〇メートルはありそうな高い木の上を、のんびりと歩いて移動するオランウータンを見つけました。

３ **次の１〜７の対義語が完成するように後の語群から適当な語を選び、漢字に直して書きなさい。**

１　安全―□険　　２　原則―□外

３　単純―□雑　　４　拡大―□小

５　容易―困□　　６　自然―□工

７　許可―□止

語群
キン　　キ　　フク　　ナン　　シュク　　ジン　　レイ

二 次の問いにそれぞれ答えなさい。

1 次の１～３の文の波線をつけた部分の主語にあたることばと、４～５の文の波線をつけた部分の述語にあたることばを選び、それぞれ記号で答えなさい。

1 ア夏休みに イ私だけ ウ旅行に 出かけた。
2 アこの イりんごは ウ甘くないので エくいしんぼうの オ弟さえ 食べない。
3 ア闇の イ中で ウ動物たちは エからだを オまるめ カ互いに 寄り添う。
4 彼女も ア来年には イ中学校に ウ入学する。
5 犬は ア急に イ追いかけると ウびっくりして エ逃げる。

2 次の１～８の慣用句の意味を次の選択肢から選び、それぞれ記号で答えなさい。

1 口を出す　　2 口が重い
3 頭が上がらない　　4 舌を巻く
5 足がでる　　6 手に余る
7 目がない　　8 鼻をあかす

ア 対等にふるまうことができない。　　イ 他人の話にわりこんであれこれいう。
ウ 相手を出し抜いて驚かせる。　　エ 自分の能力では扱いきれない。
オ 非常に驚き感心する。　　カ あまりしゃべらない。
キ 予算以上にお金がかかる。　　ク 非常に好きである。

2023年度 東京家政学院中学校

【国　語】〈二月一日午前試験〉（四五分）〈満点：一〇〇点〉

《注意》句読点や記号はすべて一字と数えます。

一

次の――線1～10のカタカナを漢字に、11～15の漢字をひらがなに直しなさい。

1　コウジョウ心を持って毎日を送る。
2　そばをチュウモンする。
3　新しい方式がテイチャクした。
4　発表会にショウタイする。
5　インガ関係を明らかにする。
6　作品をおたがいにヒヒョウする。
7　一つの会社に長くキンムする。
8　洋服のスンポウを測る。
9　第一線をシリゾく。
10　雨で運動会の日程がノびてしまった。
11　昨今の雨で水位が上がる。
12　するどい眼力の持ち主だ。
13　私鉄の沿線に住んでいる。
14　遺言を残しておく。
15　最近は専ら部屋で勉強している。

2023年度

東京家政学院中学校 ▶解説と解答

算　数 ＜２月１日午前試験＞（45分）＜満点：100点＞

解　答

1 ⑴ 15　⑵ 4　⑶ $\frac{21}{10}\left(2\frac{1}{10}\right)$　⑷ 44.4　⑸ 2.1　⑹ ア…３，イ…10　⑺ 440　⑻ 77　⑼ 31　⑽ 4　⑾ 5　⑿ 8　⒀ 68　2 ⑴ 115　⑵ **まわりの長さ**…31.4cm，**面積**…57cm^2　⑶ 42cm^3　⑷ 右の図　3 ⑴ 1700円　⑵ 200個　⑶ 70m^2　4 ⑴ 毎分230m　⑵ 2.3km　⑶ 毎分200m　⑷ ２分45秒後

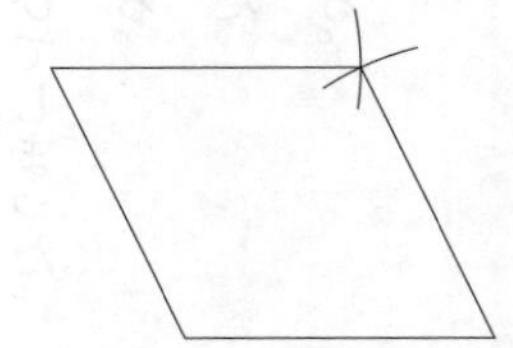

解　説

1 四則計算，逆算，単位，比，割合，数列，年れい算，つるかめ算，仕事算，濃度，平均

⑴ 35－５×４＝35－20＝15

⑵ 4.8÷(10－8.8)＝4.8÷1.2＝４

⑶ $\left(\frac{1}{3}+\frac{3}{5}\right)\times 2\frac{1}{4}=\left(\frac{5}{15}+\frac{9}{15}\right)\times\frac{9}{4}=\frac{14}{15}\times\frac{9}{4}=\frac{21}{10}$

⑷ (□－30)÷６＝2.4より，□－30＝2.4×６＝14.4，□＝14.4＋30＝44.4となる。

⑸ 1000m＝１kmなので，2100÷1000＝2.1(km)となる。

⑹ $\frac{1}{30}:\frac{1}{9}=\frac{1}{30}\times 90:\frac{1}{9}\times 90=3:10$である。

⑺ ２割は0.2なので，550円の２割引きは，550×(１－0.2)＝550×0.8＝440(円)となる。

⑻ この数の列では，４ずつ増えている。20番目の数は，はじめの数の１から，４×(20－１)＝76増えるので，１＋76＝77である。

⑼ ５年後は母と子どもの年れいがそれぞれ５才増えるので，５年後の母と子どもの年れいの和は，38＋５×２＝48(才)である。このとき，母の年れいは子どもの年れいの３倍なので，５年後の子どもの年れいは，48÷(３＋１)＝12(才)となる。よって，現在の母の年れいは，12×３－５＝31(才)と求まる。

⑽ １個300円のケーキを10個買ったとすると代金は，300×10＝3000(円)なので，買った１個250円のケーキの個数は，(3000－2800)÷(300－250)＝４(個)である。

⑾ 全体の仕事量を１とすると，Ａさんは１日に$\frac{1}{6}$，Ｂさんは１日に$\frac{1}{14}$の仕事を行うから，この仕事を２人いっしょにはじめると，$1\div\left(\frac{1}{6}+\frac{1}{14}\right)=1\div\left(\frac{7}{42}+\frac{3}{42}\right)=1\div\frac{10}{42}=1\times\frac{42}{10}=4\frac{1}{5}$(日)かかる。よって，この仕事が終わるのは５日目となる。

⑿ ５％の食塩水200ｇにふくまれる食塩の重さは，200×0.05＝10(ｇ)，10％の食塩水300ｇにふくまれる食塩の重さは，300×0.1＝30(ｇ)である。よって，混ぜあわせた食塩水の濃《こ》さは，(10＋30)÷(200＋300)×100＝40÷500×100＝８(％)である。

⒀ 女子10人の合計点は，70×10＝700(点)，男子20人の合計点は，67×20＝1340(点)なので，ク

ラス30人の平均点は，(700＋1340)÷30＝68(点)となる。

2 角度，面積，展開図，作図

(1)　三角形の内角の和は180度なので，●＋●＋○＋○＝180－50＝130(度)である。●＋○＝130÷２＝65(度)なので，x＝180－65＝115(度)である。

(2)　斜《しゃ》線部分のまわりの長さは，正方形の左下の頂点を中心とする半径10cmで中心角が90度のおうぎ形の弧《こ》の長さが２つ分なので，10×２×3.14÷４×２＝31.4(cm)となる。斜線部分の面積は，２つのおうぎ形の面積から１辺が10cmの正方形の面積を引いた面積なので，10×10×3.14÷４×２－10×10＝157－100＝57(cm^2)である。

(3)　立体図形は辺の長さがそれぞれ３cm，４cm，５cmの直角三角形を底面とする，高さが７cmの三角柱である。よって，その体積は，３×４÷２×７＝42(cm^3)となる。

(4)　ひし形は４つの辺の長さが等しいので，まず１辺の長さにあわせてコンパスをひらき，かかれた２つの辺の先を中心として半径が同じ弧をそれぞれかき，その交点とそれぞれの辺の先を結んでひし形をかく。

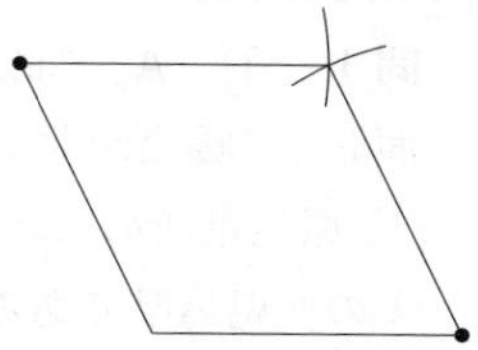

3 倍数算，差集め算，相当算

(1)　２人で同じ金額を出しあったので，姉と妹が持っている金額の差は変わらない。比の差，５－３＝２が，2600－1900＝700(円)となり，姉の残金は，700÷２×５＝1750(円)である。よって，姉が出した金額は，2600－1750＝850(円)なので，本１冊の値段は，850×２＝1700(円)である。

(2)　みかんを10個ずつ箱に入れたときと同じ箱の数だけ８個ずつ入れると，８×５＝40(個)のみかんが残る。よって10個ずつ箱に入れたときの箱の数は，40÷(10－８)＝20(箱)となるので，みかんの数は，10×20＝200(個)と求まる。

(3)　１日目にかべの$\frac{2}{5}$をぬったので，残りは全体の，$1-\frac{2}{5}=\frac{3}{5}$である。１日目にぬった残りの$\frac{3}{7}$をぬったときの残りが，$1-\frac{3}{7}=\frac{4}{7}$で，これが，11＋13＝24($m^2$)である。よって，１日目にぬった残りは，$24\div\frac{4}{7}=24\times\frac{7}{4}=42$($m^2$)となり，かべの広さは，$42\div\frac{3}{5}=42\times\frac{5}{3}=70$($m^2$)と求まる。

4 速さとグラフ

(1)　自転車で1840m進むのに８分かかったので，花子さんが１分間で進む道のりは，1840÷８＝230(m)である。

(2)　公園まで毎分230mの速さで10分かかったから，230×10＝2300(m)となる。よって，2300÷1000＝2.3(km)になる。

(3)　公園から図書館までの道のりは，6300－2300＝4000(m)である。公園から図書館までにかかった時間は，35－５－10＝20(分)なので，公園から図書館までを１分間で進む道のりは，4000÷20＝200(m)となる。

(4)　花子さんが公園を出た１分30秒後に花子さんは公園から，200×1.5＝300(m)の地点にいる。まり子さんはそのとき，図書館と花子さんの家のちょうどまん中にいるので，図書館から，6300÷２＝3150(m)の地点にいる。公園から図書館までの道のりは4000mなので，２人の差は，4000－3150－300＝550(m)である。２人は１分間に，240＋200＝440(m)ずつ近づくので，花子さんとまり子さんがすれ違うのは，550÷440＝1.25(分後)である。1.25分後は１分15秒後なので，２人がすれ違うのは花子さんが公園を出て，１分30秒後＋１分15秒後＝２分45秒後と求まる。

社 会 ＜2月1日午前試験＞（理科と合わせて45分）＜満点：100点＞

解 答

1 問1 (1) A イ B カ C オ D キ (2) ア (3) イ (4) エ (5) ウ 2 問1 エ 問2 イ 3 問1 ウ 問2 イ 問3 織田信長 問4 エ 問5 徳川家光 問6 イ 問7 イ 問8 ア 問9 (1) エ (2) ウ
4 問1 (1) イ (2) ア (3) ウ 問2 (1) エ (2) ア

解 説

1 九州地方についての問題

問1 (1) A “北部と南部が海に面して”いるのはイの佐賀《さが》県である。 B “東部が太平洋に面し”，“暖流が北上して”いるのはカの宮崎《みやざき》県である。 C “日本最大の地熱発電所”とは八《はっ》丁原《ちょうばる》発電所のことで，オの大分県である。 D “三方を海に囲まれて”いる県はウの長崎県，キの鹿児島《かごしま》県であるが，火山灰が堆積《たいせき》したシラス台地があるのは鹿児島県である。 (2) イの玄《げん》界灘《かいなだ》は福岡県と佐賀県の北部が面する海域，ウの大村湾《わん》は長崎県の中央部に位置する海域，エの日《ひゅ》向灘《うが》は宮崎県東部沖合《おきあい》の海域である。 (3) イの黒潮は別名を日本海流ともいう。なお，アの親潮（千島海流）とエのリマン海流は寒流，ウの対馬海流は暖流だが，日本海側を流れている。 (4) 解説文中に“対岸の肥後国にも大きな被害《ひがい》をもたらした”という文があることから，地図中に表記された「肥後国」の対岸に位置するエの雲仙岳《うんぜんだけ》であることがわかる。なお，アは両子山，イは阿蘇《あそ》山，ウは桜島である。 (5) はん例では，すべての範囲《はんい》がどこかにあてはまるように切れ目なく定める必要がある。①の円にあたるのは，「400億円未満」よりも大きく，「800億円以上」よりも小さくなるような範囲である。したがって，ウを選ぶ。

2 ワールドカップ開催《かいさい》国についての問題

問1 カタールの年平均気温は東京より10度以上も高いことから，保温のための毛皮は不要である。

問2 石油の輸入について，日本はカタールをふくむ西アジア諸国に大きく依存《いぞん》している。なお，アの石炭とウの鉄鉱石は主にオーストラリア，エのすずは主にインドネシアから輸入している。

3 東京都と京都府にある寺院についての問題

問1 ウの聖武天皇は国ごとに国分寺と国分尼《に》寺をつくらせた上で，都には東大寺を建てて大仏を造立することで，仏教の力で伝染病やききんなどの不安から国を守ろうとした。なお，アの推古天皇とイの天智《てんじ》天皇は飛鳥《あすか》時代の天皇，エの桓武《かんむ》天皇は平安時代の天皇である。

問2 アは飛鳥時代，ウは鎌倉《かまくら》時代，エは安土桃山《あづちももやま》時代の仏教のようすである。

問3 織田信長が明智光秀《あけちみつひで》にそむかれて自害した事件を本能寺の変という。

問4 本能寺が事件の起きた当時の場所とは異なる場所に移築しているということは，この事件より後の時期に活躍《かつやく》した人物の命令ということになる。アの平清盛は平安時代末期，イの北条時宗は鎌倉時代，ウの足利義満は室町時代でいずれも本能寺の変より前の時代の人物である。

問5 徳川家光は参勤交代の制度を定めた以外にも，キリシタン禁制を強化して鎖国《さこく》体制を完成させており，幕府政治の基礎《きそ》を築いた。

問6 かすみさんがまとめたメモは，大政奉還《ほうかん》後に起きた旧幕府軍と新政府軍による戊辰《ぼしん》戦争のうち，1868年の上野戦争についてまとめたものである。薩摩藩《さつまはん》と長州藩が倒幕《とうばく》をめざして1866年に同盟を組んだことで，15代将軍徳川慶喜は大政奉還に追い込《こ》まれた。なお，アの大塩の乱は江戸《えど》時代後期の1837年，ウは西南戦争で1877年，エの民撰議院《みんせんぎいん》設立の建白書を板垣《いたがき》退助が政府に提出したのは1874年でどちらも明治時代のできごとである。

問７　平等院鳳凰堂《ほうおうどう》を宇治に建設したのは藤原頼通《ふじわらのよりみち》である。

問８　平安時代中期の文化を国風文化という。なお，イは室町時代の北山文化，ウは安土桃山時代の桃山文化，エは江戸時代後期の化政文化に関する説明である。

問９　(1)　先生の会話の中に“８位の県にもかつて幕府が置かれ”とあることから，鎌倉幕府がおかれた神奈川《かながわ》県であることがわかる。　(2)　1945年は太平洋戦争終結の年で，アメリカ軍による空襲《くうしゅう》によって多くの都市が焼け野原となった。また，沖縄《おきなわ》県ではアメリカ軍が上陸し地上戦が展開されている。なお，アは明治時代，イは大正時代，エは昭和時代の戦後のできごとである。

４　2022年のできごとについての問題

問１　(1)　すべての加盟国が参加するのは総会で，年に一度開かれる。なお，アの安全保障理事会は15か国，エの経済社会理事会は54か国で構成されており，ウの信託統治理事会はその役割をほぼ終了《しゅうりょう》し，1994年から活動を停止している。　(2)　NGO は非政府組織の略称《りゃくしょう》である。なお，イの ILO は国際労働機関，ウの WHO は世界保健機関，エの FAO は国連食糧農業機関の略称である。　(3)　特に多くの国が独立をはたした1960年は「アフリカの年」とよばれる。アのアジア地域の国々が全加盟国に占《し》める割合は約２割，イの加盟国数がもっとも増えたのは1945年から1960年の間，エの1945年から2020年までに加盟国数がもっとも増えた地域はアフリカであることが【資料】から読み取れる。

問２　(1)　憲法改正の発議には両議院の総議員の３分の２以上の賛成を得ねばならず，これまで憲法改正が行われたことはない。　(2)　アの衆議院の解散は天皇の国事行為であるが，内閣の助言と承認の下で行われる。なお，イの条約の締結《ていけつ》は内閣，ウの法律の制定とエの予算の審議《しんぎ》は国会の役割である。

理　科　＜２月１日午前試験＞（社会と合わせて45分）＜満点：100点＞

解　答

１ (1)　対流　(2)　放射　(3)　ウ→イ→エ→ア　**２** (1)　ウ　(2)　エ　(3)　ウ　**３** (1)　**A**　ちっ素　**B**　酸素　**C**　二酸化炭素　(2)　B　(3)　二酸化炭素　(4)　石灰水　**４** (1)　ヨウ素液　(2)　青むらさき色　(3)　右の図　(4)　ア　(5)　変化なし　(6)　①　小腸　②　消化管　**５** (1)　南中　(2)　①　14　②　地面　③　空気　(3)　ウ　(4)　エ

解　説

１　熱についての問題

(1)　水のような液体や空気のような気体は，あたたかくなった部分が上へ移動し，冷たい部分が下へ移動することをくり返して，全体があたたまっていく。このような熱の伝わり方を対流という。

⑵　太陽から出た熱(光)は，宇宙空間を素通りして地球まで届いて，地球をあたためる。このような熱の伝わり方を放射という。なお，伝導は，熱が物質の中を順々に伝っていく伝わり方である。

⑶　熱している場所は，長さ10cmの棒の真ん中なので，棒の左はしから，10÷2＝5(cm)の位置になる。また，アイ間，イウ間，ウエ間はいずれも3cmになっている。よって，熱している場所からアまでの距離《きょり》は5cm，イまでの距離は，5－3＝2(cm)，ウまでの距離は，3－2＝1(cm)，エまでの距離は，1＋3＝4(cm)とわかる。棒に加えられた熱は棒の真ん中から両はしに向かって順に伝っていくので，おもりは真ん中に近いものから落ちていく。したがって，おもりが落ちる順番は，ウ→イ→エ→アとなる。

2　物体の運動についての問題

⑴　実験を人の手で行うと，人の細かな動きなどによって誤差(くるい)が生じる。その誤差をできる限り小さくして本来の結果に近づけるには，できるだけ多くの実験をくり返し行い，その平均を求めるとよい。平均は，(実験で得た数値を全て足した値)÷(実験回数)で求められるが，実験回数が多いほど，それだけ誤差も割られて分散するので，求められた値が本来の結果により近くなる。

⑵　この実験で，小球の重さだけを変えると，小球の重さが重いほど，つみ木の動く距離が大きくなる。よって，ア～エでは，その中で一番重いエの1500g(＝1.5kg)の小球の場合に，つみ木の動く距離が一番大きくなる。

⑶　この実験では，小球の重さが重いほど，また，小球を置く地面からの高さが高いほど，つみ木の動く距離は大きくなる。さらに，つみ木の重さを小さくするほど，つみ木の動く距離は大きくなる。ウのように，しゃ面の角度を大きくしても，小球を置く地面からの高さが変わっていないときは，つみ木の動く距離は変わらない。

3　ものの燃焼と空気についての問題

⑴　(ろうそくを燃やす前の)空気には，ちっ素が約78%，酸素が約21%ふくまれている。残りの約1%はアルゴンなどのいろいろな気体で，二酸化炭素は全体の約0.04%である。

⑵　ものが燃えるときには酸素が必要となる。ものが燃えるとは，ものをつくっている成分が酸素と結びつく現象である。

⑶　ろうそくのろうは成分として炭素をふくんでいるので，ろうそく(ろう)が燃えると，炭素と酸素が結びついて二酸化炭素が発生する。なお，ろうの成分の水素が酸素と結びつくことで水蒸気(水)も発生するが，次の問いとの関連を考え，ここでは二酸化炭素を答える。

⑷　石灰水(水酸化カルシウムという物質の水溶液《すいようえき》)は，二酸化炭素と反応すると白くにごる性質をもっているので，気体が二酸化炭素であるかどうかを確かめるのに使われる。

4　光合成のはたらき，消化のはたらきについての問題

⑴，⑵　デンプンがあるかどうかを確かめる試薬は，ヨウ素液(ヨウ素溶液)である。ヨウ素液は，ふだんは茶色っぽい色をしているが，デンプンに反応すると青むらさき色に変化する。

⑶　植物の葉は，日光を浴びることで，水と二酸化炭素を材料にしてデンプンと酸素をつくり出す。このはたらきを光合成という。光合成は，葉の緑色の部分の細ぼうの中にある，葉緑体という緑色のつぶで行われる。ふ(緑色でない部分)では，細ぼうの中に葉緑体がないので，光合成が行われない。また，葉の緑色の部分であっても，アルミホイルをかぶせて日光を当てないと，そこでは光合

成が行われない。したがって，葉の緑色の部分で，しかもアルミホイルがかぶさっていない(日光が当たる)部分でのみ光合成が行われ，デンプンがつくられる。

(4)，(5)　だ液には，デンプンを糖に変えるはたらきがある。そのため，ごはんとだ液を混ぜたものを用意し，適切な温度にたもつと，ごはんにふくまれるデンプンが糖に変化する。また，だ液は人の体温ぐらい(約35～40℃)でもっともよくはたらき，温度が高すぎるとだ液のはたらきが失われる。この実験において，ア(約35℃)では，だ液がはたらいてデンプンが糖に変化するため，ヨウ素液の色は変化しない。イ(約70℃)とウ(約95℃)では，だ液がはたらきを失ってデンプンがそのまま残るので，ヨウ素液の色は青むらさき色に変化する。

(6)　ごはんなどの食べものは，口から取り入れられると，食道→胃→小腸→大腸の順に通っていき，養分や水分などが吸収されたあとの残りがこう門からはい出される。食べものが通るこれらの器官は，まとめて消化管とよばれる。

5　太陽高度・気温・地面の温度についての問題

(1)　太陽や月，星などが真南にくることを南中といい，このとき高度が一番高くなる。

(2)　①　グラフのＡは地面の温度，Ｂは太陽高度，Ｃは気温を表している。Ｃより，気温が一番高いのは14時と読み取れる。　②，③　Ｂより，太陽高度が一番高いのは12時(正午)だが，気温が一番高いのはそれよりおくれて14時になっている。太陽高度が一番高いときに，太陽にもっとも強く照らされているはずなのに，気温が一番高いのが12時ではなく，それよりおくれるのは，太陽に照らされることで地面があたたまり，地面の熱がその上の空気をあたためるからである。

(3)　気温は，風通しのよい開けた場所で，地面から1.2～1.5mの高さで，温度計に直射日光や地面からの照り返しが当たらないようにして測る。

(4)　アの真冬日は，１日の最高気温が０℃未満の日をいう。イの熱帯夜は，最低気温が25℃以上の夜のことである。ウの真夏日は，１日の最高気温が30℃以上の日をいう。エの猛暑《もうしょ》日は，１日の最高気温が35℃以上の日である。

英　語　＜２月１日午前試験＞（筆記25分）＜満点：筆記75点＞

解　答

1　(1)　leaf　(2)　earth　(3)　frog　　2　(1)　イ　(2)　ウ　(3)　ア　(4)　イ
3　(1)　エ　(2)　ウ　(3)　イ　(4)　ア　　4　(1)　エ　(2)　ウ　(3)　ア　(4)　イ
(5)　ウ　(6)　エ　(7)　ア　(8)　ウ　(9)　イ　(10)　ア　　5　(1)　ウ　(2)　ア
(3)　イ　(4)　ウ　　6　(1)　２番目：ウ　４番目：エ　(2)　２番目：エ　４番目：イ
(3)　２番目：ア　４番目：オ　(4)　２番目：エ　４番目：ア　　7　(1)　イ　(2)　イ
(3)　ウ

国 語 ＜２月１日午前試験＞（45分）＜満点：100点＞

解 答

[一] 1～10 下記を参照のこと。 11 さっこん 12 がんりき 13 えんせん 14 ゆいごん 15 もっぱ(ら) [二] [1] 1 イ 2 オ 3 ウ 4 ウ 5 エ [2] 1 イ 2 カ 3 ア 4 オ 5 キ 6 エ 7 ク 8 ウ [3] 1 危 2 例 3 複 4 縮 5 難 6 人 7 禁 [三] 問1 ウ 問2 アブラヤシ(のプランテーション)を増やしたから。 問3 1 ア 2 ボルネオゾウの現状を取材するため 問4 世界の人口が増えて油の消費が増えたこと。／健康にいい油が注目されるようになったこと。／値段が安かったこと。 問5 ウ 問6 加工製品に～見えにくい 問7 1 エ 2 ウ 問8 認証油 問9 ジュースな～自動販売機 問10 (例) 熱帯雨林(ボルネオの森)の保全のために日本で集めた寄付を届けるプロジェクト。 問11 《1》 問12 パーム油という油の存在や，その影響 問13 (例) ボルネオで野生動物が生存の危機に直面しているなど，知らないままでいると何も行動することができないので，まずは知ることからはじめる必要があるから。 問14 ア × イ ○ ウ × エ × オ ○

●漢字の書き取り

[一] 1 向上 2 注文 3 定着 4 招待 5 因果 6 批評 7 勤務 8 寸法 9 退(く) 10 延(び)

解 説

[一] 漢字の書き取りと読み

1 すぐれた状態に向かうこと。 2 品物の製作や配達などをたのむこと。 3 ものごとや考えがしっかり根づくこと。 4 客を招くこと。 5 原因と結果。 6 ものごとの価値や美しさなどを判断して論じること。 7 会社などにつとめて働くこと。 8 ものの長さ。 9 ある地位からはなれること。 10 予定の時間や日にちがおくれること。 11 近ごろ。 12 よいか悪いか，本物かにせものかを見きわめる力。 13 鉄道の線路に沿ったところ。 14 死後のために言い残すこと。またそのことば。 15 他のことはしないで，そのことだけをする様子。

[二] 文の組み立て・対義語・慣用句の知識

[1] 文の組み立てから，主語と述語にあたることばを選ぶ問題が出ている。主語「だれが(は)」「なにが(は)」を選ぶ1～3も，まず述語「どうする(どんなだ・なんだ)」を先に見つけるとわかりやすくなる。 1 述語「出かけた」に対応する主語は「私だけ」。「だけ」がつくことばも主語になる。 2 述語「食べない」に対応する主語は「弟さえ」である。「さえ」がつくことばも主語になる。 3 述語「寄り添《そ》う」に対応する主語は「動物たちは」である。 4 述語「どうする(どんなだ・なんだ)」にあたるのは「入学する」。 5 述語「どうする(どんなだ・なんだ)」にあたるのは「逃《に》げる」。 [2] 体の部位が入った慣用句の問題である。各部位ごとにしっかり覚えておきたい。 1 「口を出す」は(自分に関係のないことなのに)「他人の話にわ

りこんであれこれいう」こと。　**2**「口が重い」は「あまりしゃべらない」，「口数が少ない」こと。　**3**「頭が上がらない」は(相手に引け目を感じて)「対等にふるまうことができない」こと。　**4**「舌を巻く」は「非常に驚《おどろ》き感心する」こと。　**5**「足がでる」は「予算以上にお金がかかる」こと。　**6**「手に余る」は「自分の能力では扱《あつか》いきれない」こと。類義語は「手に負えない」。　**7**「目がない」は「非常に好きである」，「ものごとを見ぬく力がない」こと。　**8**「鼻をあかす」は「相手を出し抜《ぬ》いて驚かせる」こと。　[3]　対義語の問題である。出題頻度《ひんど》が高く，漢字で書けるようにしておく必要がある。　**1**「安全」はあぶなくないこと。「危険」はあぶないこと。　**2**「原則」は基本となる規則。「例外」はふつうの規則にあてはまらないこと。　**3**「単純」はものごとが込《こ》みいっていない様子。「複雑」はものごとが入り組んで込みいっている様子。　**4**「拡大」は広げて大きくすること。「縮小」はちぢめて小さくすること。　**5**「容易」は簡単な様子。「困難」は苦しくむずかしい様子。　**6**「自然」は世の中で人間がつくったものではないもの。「人工」は人間がつくったもの，人間が力を加えること。　**7**「許可」はしてよいと許すこと。「禁止」はしてはいけないと止めること。

[三] **出典は元村有希子《もとむらゆきこ》の『カガク力を強くする！』による。**科学記者として活躍《かつやく》する著者が，「カガク力」＝「疑い，調べ，考え，判断する力」を身に付けること，それが賢《かしこ》く生きる術《すべ》となり，よりよい未来をつくる土台になっていくと説く。本文中では，開発によって熱帯雨林の減少が進むボルネオ島を訪《おとず》れた著者が，そこで目にした野生動物の危機や社会問題にふれ，問題解決のためにはまず知ることが大切だと読者に訴《うった》える。

問1　空欄《くうらん》Ａには「緑の砂漠《さばく》」つまり「木々が整然と並ぶプランテーション(大規模農園)」を説明する語句が入る。同じ緑でも「野生生物のゆりかご」といわれる熱帯雨林に対して野生生物が生きていけない場所を「砂漠」と表現している。

問2　読み進めると，「しかし，そこをすみかとするボルネオゾウやオランウータンが，熱帯雨林の伐採《ばっさい》により，生存の危機に直面しています。伐採で増えているのがアブラヤシのプランテーション。」とあり，アブラヤシのプランテーション栽培《さいばい》のために熱帯雨林が伐採され減少しているのだとわかる。

問3　**1**「野次馬」とは「自分とは関係のないことに興味をもって騒《さわ》ぎ立てる人」のこと。　**2**　傍線《ぼうせん》部①の一つ前の段落に「地球上でこの島にしか生息せず，～ボルネオゾウの現状を取材するためです。」とあり，筆者のもともとの旅の目的を述べている。ここでは，「恩返しプロジェクト」に直接の関係はない著者が旅に同行させてもらう自分をへりくだり，コミカルに表現している。

問4　傍線部③より前の部分に，マレーシア政府がアブラヤシの栽培を奨励《しょうれい》するその狙《ねら》いが当たったとあり，続いて「世界の人口が増えるにつれて，油の消費が増え」「先進国では～『健康にいい』植物油が注目されるようになり」「大豆油や菜種油に比べて値段が安い」と，アブラヤシがお金になる理由を挙げている。

問5　傍線部④の次の段落で，環境破壊《かんきょうはかい》の問題に続けて「国境を越《こ》えてやってきた貧しい移民の人たちが農園で働き始め～世界的に問題視されている児童労働が見過ごされている現実もあります。」と，社会的な問題が述べられている。アとイは環境破壊の問題である。エの内容が問題になっているという記述は本文中にない。

問6　傍線部⑤の直後で，パーム油がお菓子《かし》やカップラーメンからシャンプーやリンスや石けんにも使われていることを紹介《しょうかい》し，次の段落で「日々の料理に使うサラダ油やオリーブ油などとは違《ちが》い，加工製品に使われることが多いため，消費者である私たちからは見えにくいのです。」と，パーム油がよく使われる原料であるにもかかわらずあまり知られていない理由を説明している。

問７　**１**　空欄１の前で「『パーム油をやめる』ことです」と述べているのに対し，空欄１の後では「油脂《ゆし》は生きるのに必要な栄養です」と反対の内容をつないでいるので，逆接の「しかし」が適当である。　**２**　空欄２は前の段落の「持続可能なパーム油のための円卓《えんたく》会議(RSPO)」による「認証油」の説明と，後に続くその具体的な運用例をつないでいるので「たとえば」がふさわしい。

問８　指示語である傍線部⑥「そちら」が指す内容を傍線部より前の部分から探す。この段落は，消費者が多少割高でも「RSPO の認証を受け，そこで採れたパーム油を使った製品」を選べば事態(環境破壊の問題や社会的な問題)の悪化が防げるかもしれないという文脈である。「そちら」は「RSPO の認証を受け，そこで採れたパーム油を使った製品」を指すが，三字と指定されていることから，同じ内容を表すことばを前後から探すと，一つ前の段落に「認証油」を見つけることができる。

問９　傍線部⑦の二つ前の段落に「野生生物保護のための行動も大切です。『寄付』です。」とあり，キリンビバレッジの自動販売《はんばい》機を通した寄付の取り組みが詳《くわ》しく述べられているので，ここから指定字数で抜き出す。次の段落では，野生生物保護の具体的な取り組みとしてボルネオゾウのレスキューセンターが紹介され，傍線部⑦をふくむ段落では，その建設費用が日本からの寄付でまかなわれていることが説明されている。

問10　「恩返しプロジェクト」ということばは，本文７段落目で「坂東園長はボルネオの熱帯雨林保全に熱心に取り組んできました。日本で集めた寄付を，保全に役立ててもらおうというもので，名付けて『恩返しプロジェクト』。」と説明されている。また，傍線部⑧の次の段落にも，洗剤《せんざい》メーカーのサラヤの取り組みとして，「ボルネオの森林保護のために寄付し」とあるので，これらからまとめる。

問11　一文の「そうでなくても」以下では，地球を健やかにすべき理由が「今を生きる人間たちの義務」であると述べている。つまり「そうでなくても」の「そう」には地球を健やかにすべき理由の一つが入ると考えられる。「人間だけの都合で自然を壊《こわ》していけば，必ず人間がしっぺ返しを食う。」が地球を健やかにすべき理由としてあてはまる。

問12　後に続く文で，「私自身も取材を始めるまで，パーム油という油の存在や，その影響《えいきょう》について知りませんでした。」と述べていることに注目する。

問13　著者がボルネオ島を訪ね，熱帯雨林の伐採による野生生物の生存の危機や，パーム油をめぐる社会的な問題を知ったこと，そして自分にできることは何かと考えたこと，本文最後の段落で「まずは知ることからしか始まりません」と述べていることなどからまとめる。

問14　アは，ボルネオ島には固有種が多いものの「ほとんど」とは書かれておらず，また「野生生物のゆりかご」とは熱帯雨林を表している表現なので正しくない。イは，「(アブラヤシから採れるパーム油の)世界の生産量は～約四〇年間で一〇倍以上に増えました。現在，その八割以上がインドネシアとマレーシアで生産されています。」とあるので正しい。ウは，ファストフードや冷凍《れいとう》食品にパーム油が使われているとはあるが，パーム油の存在が知られたことによってそれらが気軽に食べられるようになったとは書かれていないので正しくない。エは，「マレーシア政府は一九六八年，ゴムや木材に代わってアブラヤシの栽培を奨励するようになりました。」とあるので正しくない。オは，「マレーシアはいま，国として発展するために産業を育てることと，野生動物を保護するという，相反する課題に直面しているのです。」「この難しい課題は，決してマレーシアの人たちだけのものではありません。パーム油を購入《こうにゅう》している私たち一人一人に突《つ》きつけられた問題です。」とあり，正しい。

Memo

2023年度 東京家政学院中学校

【算　数】〈２月１日午後試験〉（45分）〈満点：100点〉

《注意》円周率は3.14として計算しなさい。

1 次の$\square$をうめなさい。

(1) $2\times 9+6\div 2=\square$

(2) $10.53+(10-7.99)\div 3=\square$

(3) $1\frac{4}{5}-0.25-\frac{1}{2}=\square$

(4) $\left(3.5-\square\right)\times\frac{8}{3}=4$

(5) $1.8:2.4=\left(\square+5\right):12$

(6) $\square\div 19=13$あまり2

(7) 正方形のたての長さを20%短くして、よこの長さを$\square$%長くした長方形の面積は、もとの正方形の面積と同じです。

(8) 分子と分母の和が119で、約分すると$\frac{7}{10}$になる分数があります。この分数の分母は$\square$です。

(9) 100円玉と500円玉が合わせて30枚あります。金額の合計が9400円になるとき、100円玉は$\square$枚です。

(10) ある仕事をするのに、Aさん1人では20日、Bさん1人では30日、Cさん1人では36日かかります。3人がいっしょに仕事をすると、仕事を始めてから終わるまで$\square$日かかります。

(11)　30kmの道を、行きは時速12kmで走り、帰りは時速□kmで走ったので、平均時速は15kmで往復したことになります。

(12)　長針と短針のある時計が1時20分を示しているとき、長針と短針がつくる小さい角の大きさは□度です。

(13)　ある中学校の生徒数は、3年生が全体の$\frac{1}{3}$で、2年生が73人です。1年生は□人で、全体の$\frac{1}{4}$より17人多いです。

2　次の問いに答えなさい。

(1)　右の図は長方形と正三角形を組み合わせたものです。xを求めなさい。

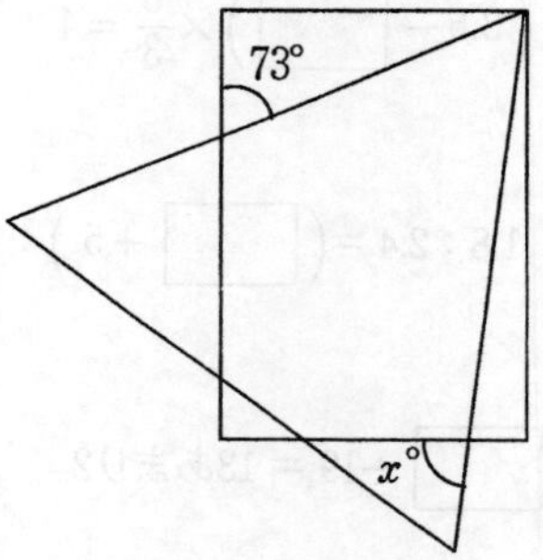

(2)　右の図は半円と直角三角形を組み合わせたものです。斜線部分の面積の和を求めなさい。

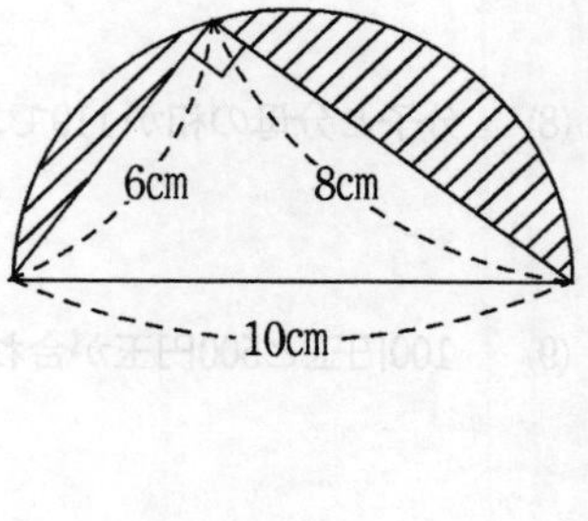

(3) 右の図は一辺の長さが3cmの立方体を積み重ねたものです。この立体の体積と表面積をそれぞれ求めなさい。

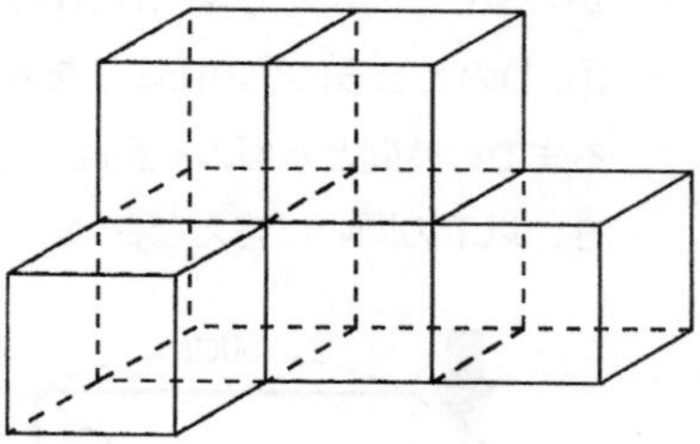

3 次の問いに答えなさい。

(1) りんごを6個、なしを4個買うと代金は1800円でした。なし1個の値段はりんご1個の値段の2倍より40円安いです。なし1個の値段はいくらですか。

(2) 下のように、ある規則に従って並ぶ数の列があります。□に入る数はいくつですか。

3, 6, 11, 20, 37, □, 135, 264, ・・・

(3) ある整数は25で割ると23余り、27で割ると25余ります。このような整数を小さい順に3つ答えなさい。

4 水そうと2枚の仕切り①、②があり、矢印の位置から一定の速さで水を入れることができます。水そうには側面から等しい間かくで線A,B,C,Dがあり、この線のところに仕切りを入れることができます。いま、Bのところに①、Dのところに②の仕切りを入れたとき左の図のようになりました。このとき、水を入れ始めてから満水になるまでの時間と水面の一番高いところの高さの関係を表したものが右のグラフです。仕切りの厚さは考えないとき、以下の問いに答えなさい。

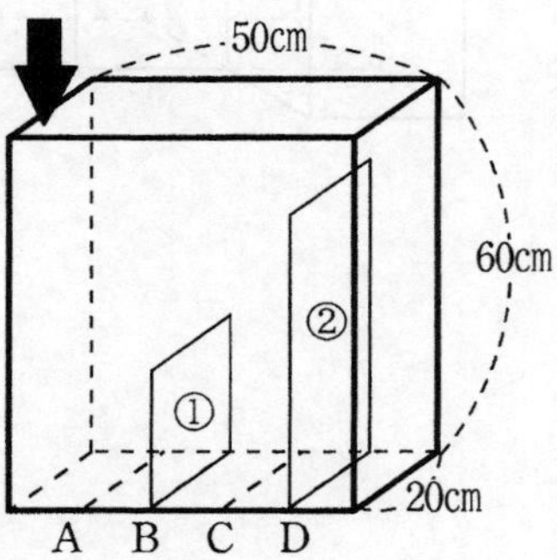

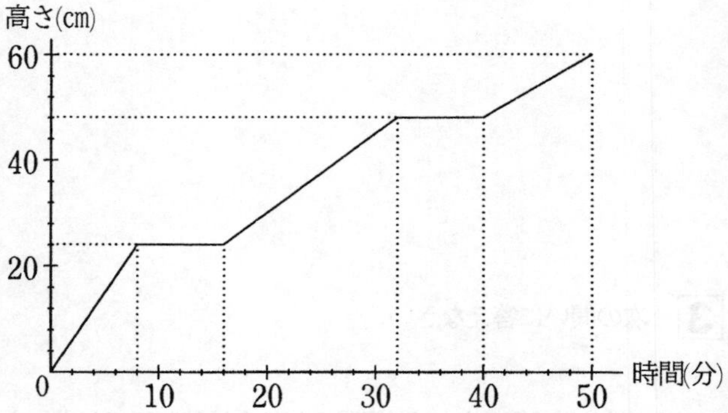

(1)　仕切り①、②の高さをそれぞれ求めなさい。

(2)　1分間に水そうに入れる水の体積を求めなさい。

(3)　水そうをからにして、仕切り①をA、仕切り②をCのところに入れます。この水そうに水を入れていくとき、水を入れ始めてから満水になるまでの時間と水面の一番高いところの高さの関係をグラフに表しなさい。

(4)　(3)のとき、20cmの高さに水面があるのは水を入れ始めてから何分何秒後ですか。すべて求めなさい。

問十二　空欄 X にあてはまる言葉として適当なものを次から選び、記号で答えなさい。

ア　利害　　イ　因果　　ウ　協力　　エ　緊張

問十三　筆者の述べていることとして適当なものに○、適当でないものに×をつけなさい。

ア　失敗学は、失敗は避けられないものであるということを前提にしている。
イ　どんな姿勢で失敗に臨むかはひとそれぞれなので、失敗を経験しなくてもよい。
ウ　失敗を怖がらない人は、必ず「悪い失敗」をするので周囲に迷惑をかける。
エ　筆者は機械工学を教えるなかで、逆演算を用いて失敗から学べることに気づいた。

問十四　これまでにあなたが経験した「よい失敗」の例を挙げなさい。また、あなたがそれを「よい失敗」だと考える理由を答えなさい。

問十　次の［　　］内の文章を読み、逆演算になるように、解答欄に合わせて㋐～㋔をそれぞれ並べ替えなさい。

> さっき私は㋐友人とけんかしてしまった。㋑小説を一晩中読んだために、㋒今朝起きられず学校に遅刻したことを㋓友人に笑われたからだ。だが、もとはといえば㋔友人が私に小説を読むように勧めたのだ。

失敗Ｅ「　」こと→Ｄ「　」こと→Ｃ「　」こと→Ｂ「　」こと→原因Ａ「　」こと

問十一　本文の［　　］の内容について、生徒が話をしています。次の会話を読み、後の問いに答えなさい。

生徒Ｘ　筆者は「「１＋１」の計算を行うと結果（答え）は「２」というのが、最もシンプルな演算の一つ」と述べているよ。

生徒Ｙ　うん。でも、筆者の言い方に従うなら、この演算は「（　ア　）演算」にあたるね。

生徒Ｘ　筆者は「別の例」も挙げているよ。

生徒Ｙ　この「別の例」とさっきの例を対応させるとどうなるだろう？

生徒Ｘ　「２」は（　イ　）と対応しているね。

（一）空欄（　ア　）にあてはまる語を漢字一字で答えなさい。

（二）（　イ　）にあてはまる言葉を、［　　］内から七字で抜き出して答えなさい。

問七　——線⑥「人類がたどった歴史」とはどのような歴史のことですか。適当なものを次から選び、記号で答えなさい。

ア　母親の体内で進化のプロセスをたどって生まれてきたという歴史
イ　多くの失敗によって進化し文明を発展させてきたという歴史
ウ　個人が成長するうえで必ず数々の失敗を重ねてきたという歴史
エ　積極的に「よい失敗」を経験することを望んできたという歴史

問八　——線⑦について、ここでの「悪い失敗」と一致する例を次から選び、記号で答えなさい。

ア　成績が落ちて先生にしかられてしまったが、反省して成績を伸ばした。
イ　ささいなことで友人とけんかをしたが、その後は仲直りすることができた。
ウ　夕食を作るときに手順を間違えたが、初めてだったので許してもらえた。
エ　自動車事故で友人に大けがをさせたが、安全運転ができるようになった。

問九　［　　］は次のア～エの文が入ります。これらの文を適当な順序に並べ替えなさい。

ア　ただ、この課題を解決する方法はあります。
イ　自分自身の「よい失敗」だけでなく、他人の「よい失敗」からも体験的知識を得られるようになればいいのです。
ウ　仕事中や日常の生活で起きている大小さまざまな失敗のなかでも、経験したときにそこから体験的知識を得られるような「よい失敗」は、決して多くないということです。
エ　ただし、そこには一つ、課題があります。

問二　空欄《らん》［Ⅰ］～［Ⅲ］にあてはまる語として適当なものを次から選び、それぞれ記号で答えなさい。

ア　確かに　イ　いくら　ウ　まるで　エ　むしろ

問三　――線②「対峙《たいじ》する」の本文での意味として適当なものを次から選び、記号で答えなさい。

ア　理解する　イ　役立てる　ウ　くり返す　エ　向き合う

問四　――線③・④は反対の意味の言葉になっています。［　］にあてはまる漢字一字を後の字群から探し、それぞれ答えなさい。

［長　単　重　胆　張　短］

問五　――線⑤について、「個人が未知なるものに遭遇《そうぐう》して起きた失敗」が「よい失敗」といえるのはなぜですか。文中の語句を用いて、四十字程度でその理由を答えなさい。

問六　空欄［Ａ］・［Ｂ］にあてはまる言葉をそれぞれ文中から抜き出して答えなさい。

します。その事象が推測できれば、次はその一つ前の事象を推測し、推測できたら、さらに一つ前の事象を推測して……と、時間の経過、物事が起こった順番を逆に推測しながらたどって行くことで、最後にその失敗という現象の起点となる「原因」を解明します。

先ほど説明した順演算が「原因A」というスタートから検証を始めて、「A→B→C→D→E」という順番で「失敗E」というゴールに達したように、逆演算では「失敗E」からスタートして、「E→D→C→B→A」という順番で途中のプロセスを検証しながら、最後に「原因A」に到達するわけです。

この逆演算の思考方法を身につければ、「見えている「失敗」という結果」から「見えていない失敗の原因」を見つけられるだけでなく、失敗のおおもととなった原因Aが、途中のプロセス（B→C→D）でどんな環境や人為の影響を受けたから失敗Eという結果に結びついたのか、隠れていた「原因から失敗までの各プロセスにおける［X］関係」まで明らかにすることができるのです。

（畑村洋太郎『やらかした時にどうするか』）

注１　機械工学…機械の開発、運転など、機械に関係する学問
注２　ペナルティ…罰則《ばっそく》や処罰《しょばつ》

問一　――線①について、「それら」の指す内容として**適当でないもの**を次から選び、記号で答えなさい。

ア　失敗から積極的に学ぶという考え方を、学生たちへの指導だけに活用していたことへの反省
イ　社会の至るところで起こっている失敗に注目して行ってきた、原因や経緯についての分析
ウ　失敗体験を体験的知識に昇華させなければ失敗や事故を繰り返しかねない、という気づき
エ　失敗体験から得られた体験的知識は創造的なアイデアを生む素材や原動力になる、という発見

れるようになります。

結果、たとえ自分自身で「よい失敗」を経験する機会が少なくても、資料として記録されている他人の典型的な「よい失敗」の原因を分析することで、そこから体験的知識を学び、自身の成長につなげられるようになるのです。

では、失敗の本質を理解するために役立つ「よい失敗から体験的知識を得るための有効な取り組み」とは、どのようなものでしょうか。

自ら経験した貴重な「よい失敗」の本質を知るために、最初に取り組みたいのが「失敗の因果関係の解明」です。「因果関係の解明」とは、失敗のおおもとの原因は何で、その原因がどのような理由からどんなプロセスを経て変化して、最終的に「失敗」という結果を起こすに至ったのか、それぞれの関係をひもとくことです。

この解明に有効な手法が「逆演算」です。「演算」とは「ある計算処理を行うこと」。たとえば「１＋１」の計算を行うと結果（答え）は「２」というのが、最もシンプルな演算の一つです。別の例を挙げると、たとえば一週間後の天気を予想する場合も、スーパーコンピューターに過去と現在の温度、湿度、風向きなど膨大なデータをインプットして、複雑なルールのもとで演算することで答えを出しています。

何か起こっている事柄を検証するとき、普通は「順演算」のやり方で行います。

今、Aという「原因」が発生し、その後、時間が経過するにつれて、AがB、BがC、CがDという事象を引き起こして、最後にDがEという事象すなわち「失敗」という「結果」につながったとします。簡略化《かんりゃくか》すれば「A（原因）→B→C→D→E（結果＝失敗）」となります。

このように「どんな「原因」から始まって、途中で何が起こって、結果として「失敗」につながったのか」を時間の流れに沿って順番に見ていく方法が「順演算」です。

しかし、何か失敗してしまったとき、何が失敗の原因なのか、すぐにはわからないことがよくあります。「どうしてこんな失敗をしたのか」と原因を見つけなければいけない場合、「順演算」のように「原因」から順番に失敗を検証することは不可能です。

そこで、失敗の原因を究明するのに役立つのが「逆演算」です。

「逆演算」とは読んで字のごとく「逆の演算」で、「順演算」とは演算する方向が逆、つまり「結果から逆に原因を導き出す演算」です。

逆演算では、原因から失敗までの現象を時間の経過の後ろの方から逆に前の方へとさかのぼるように検証します。「失敗した」という結果は事実として目の前にあるわけですから、その失敗の事実をじっくり検証して、失敗という結果に至る一つ手前の事象は何だったのか、推測

現在の私たちの世界につながっています。それは、一人の人間が成長するときも例外ではなく、⑥人類がたどった歴史と同じく、数々の失敗を体験してこそ、初めて成長できるのではないかと思うのです。

この「ひとが成長するうえで、必ず必要となる失敗」が「よい失敗」なのです。

ですから、成長したいと望むひとは、積極的に「よい失敗」を経験するべきです。

では、「悪い失敗」とはどのようなものでしょうか。

極端に言えば「「良い失敗」に含まれないすべての失敗」が「悪い失敗」と言えます。具体的には「単なる不注意や判断ミスで起こり、そこからは何も学ぶことができず、何度もくり返されてしまうような失敗」です。たとえ他人には迷惑をかけないものであったとしても「悪い失敗」です。失敗したひとにとって意味がなく、反省もされないので、習慣的にくり返され、やがて大きな失敗につながるリスクがあるからです。

逆に、失敗したひとにとって意味があり、⑦成長を促《うなが》すきっかけになったとしても、周囲の人間に悪影響を及ぼすような失敗は「悪い失敗」です。

一人の人間が成長するために他人が甚大《じんだい》なダメージを受けてもいいはずがありません。その失敗によって得られるメリットとデメリットを比べたとき、圧倒的にデメリットの方が多ければ「悪い失敗」なのです。

失敗から体験知識を得ようとすれば、一つひとつの失敗が取り返しのつかないほど大きな失敗につながらないよう気をつけながら、ダメージをリカバーできる程度の「よい失敗」の経験を積み重ねていく必要があります。

もし、それが「悪い失敗」であれば、いくら経験しても、個人として成長することはできません。

そのためには、「自分自身が「よい失敗」をした」という数少ないチャンスが到来したとき、その貴重な経験から体験的知識を得るために有効な取り組みを実践することで、失敗の本質を理解して、より確実に「よい失敗」から体験的知識を身につけていく経験の積み重ねが必要になります。

そのような経験を積み重ねていけば、自分が起こした「よい失敗」だけでなく、他人の「よい失敗」からも効率的に体験的知識を学びと

性が高くなってしまうのです。

（略）

世の中の失敗は二つのタイプに分かれると私は考えます。

「許される失敗」と「許されない失敗」です。

もっと簡単に言うなら「よい失敗」と「悪い失敗」です。

まずは「よい失敗」について説明します。

⑤「よい失敗」とは「個人が未知なるものに遭遇《そうぐう》して起きた失敗」です。個人が無知であったり、あるいは、何かミスして起きるタイプの失敗です。この手の失敗をしたひとは、なんらかの批判やペナルティ注2を受けることになります。その失敗で、ある程度《ていど》、まわりのひとに迷惑をかけてしまったのであれば、叱《しか》られるくらいは仕方ないかもしれません。しかし、あまり責め立てたりするのは避けるべきです。なぜなら、その「未知なるものとの遭遇による失敗」は、そのひとが成長する過程において、必ず通過しなければならないものだからです。

失敗なしに人間は成長しません。ひとは失敗して成長し、また小さな失敗を体験して、その分、成長していくというくり返しのなかで、一つひとつの失敗経験から体験的知識を得ることで、次の大きな失敗を起こさないために、徐々《じょじょ》に軌道《きどう》修正していくからです。さらには、その失敗経験を将来の成功へと転化することもあるからです。

失敗と成長・発展の関係は、生物学の「系統発生と個体発生の仕組み」の原理に似ています。

私たちはどのようなプロセスを経て「人類」へと進化したのか、みなさんも学校の理科の時間に習ったと思います。系統発生で考えると、およそ一〇億年前、地球に初めて動物や植物の祖先となる多細胞《たさいぼう》生物が登場し、約四億六〇〇〇万年前に［　Ａ　］が登場、その一部が［　Ｂ　］となり、そこから哺乳類《ほにゅうるい》が進化して、人類が誕生しました。

一方、私たちは母親の体内で受精卵から赤ちゃんにまで成長しますが、この個体発生においても、やはり系統発生と同様に、受精卵は細胞分裂をくり返して、最初は魚類、次は両生類というプロセスを経て、最後に「人間」の姿となります。

つまり、人類が誕生するまでの系統発生の一〇億年のプロセスが、赤ちゃんが誕生するまでの個体発生の一年足らずのプロセスとして、母親の体内で、再びくり返されているのです。

私は、人類が母親の体内で「魚類→両生類→哺乳類」という進化のプロセスをたどって生まれてくることと、人間が失敗から知識を得ながら成長していくプロセスに共通するものを感じます。

人類はこれまで、その長い歴史のなかで、さまざまな失敗を経験してきました。その失敗の数々が人類を進化させ、文明を発展させて、

三　次の文章を読んで、後の問いに答えなさい。

大学で機械工学[注1]を教えていた頃、私は講義で学生を指導しながら、本当に役立つ知識を効果的に身につけさせるためには、「失敗」の経験から積極的に学ぶことが非常に重要だと考えるようになりました。私自身も、失敗することを恥だとは考えずに、真正面から受け止めることで、自分の成長につなげていました。

当時は、その考え方を学生たちへの指導だけに活用していましたが、そのうち、社会の至るところで起こっている数々の失敗にも注目して、その原因や経緯などについても分析するようになりました。やがて、世の中で頻繁《ひんぱん》に起こっている失敗や事故に関しても、個人の失敗と同様、しっかりと向き合ってちゃんと考えることで、その失敗体験を体験的知識に昇華《しょうか》させなければ、その後も同じ失敗や事故をくり返しかねないことに気づきました。また、そこから得られた体験的知識は、新たに創造的なアイデアを生み出す素材や原動力になることも発見しました。

①それらのエッセンスをまとめたのが「失敗学」です。

失敗学では、失敗を否定的には捉《とら》えません。どんなに失敗をマイナスなものとして敬遠しても「絶対に失敗しない」ということはあり得ないのです。必ず起こるものなのであれば、[Ⅰ]、失敗のプラスの面に着目して有効活用しようというのが、失敗学における基本的なスタンスです。

失敗の特性を深く理解すれば、同じような失敗をくり返さないようにしながら、自分の成長に役立つ体験的知識を得ることができます。言い換えれば、マイナスだと思われている失敗から目を逸《そ》らさず、きちんと②対峙《たいじ》することで、失敗を創造的（クリエイティブ）に生きるための糧《かて》にすることが、失敗学の目標の一つなのです。

失敗に対して、どんな姿勢で臨むかは、ひとそれぞれです。

なかには「どんな失敗も絶対にしたくない！」と③慎[　]になりすぎて、自分からは何一つアクションを起こさないひともいるでしょう。そんなひとは、[Ⅱ]失敗を避《さ》けられる可能性を高めることはできるかもしれませんが、その代わり、本当はやりたいと思っていることもできませんし、毎日、時間ばかりが虚《むな》しく過ぎて、新たな出会いも、達成感も、自身の成長も、何も得ることはできません。

反対に「失敗なんて全然怖くない！」と④大[　]になりすぎて、猪突猛進《ちょとつもうしん》してしまうひともいるでしょう。そんなひとが危険もかえりみずに無茶ばかりしていたら、まわりのひとたちも巻き込まれ、迷惑をこうむることになります。そのひとはどんなに失敗しても反省することがないので、[Ⅲ]失敗しても成長できません。それればかりか、失敗から得た知識や経験を活かせないので、失敗を重ねるうちに、失敗のスケールがだんだんと大きくなり、深刻さも増していき、やがては、命に関わるような取り返しのつかない失敗を起こしてしまう可能

3 次の□にあてはまる漢字を後から選び、（　）内の意味になるように慣用句をそれぞれ完成させなさい。

1 □がひろい（世間に知り合いが多い）

2 □を割る（自白する）

3 □を細める（ほほえみを浮かべる）

4 □を焼く（うまく処理できなくて困る）

5 □にかける（得意げになる）

6 □が鳴る（技能や力を発揮したくてむずむずする）

7 □がすくむ（恐怖や緊張で動けなくなる）

鼻	手	腕	口	目	顔	足

二　次の問いにそれぞれ答えなさい。

1　〰〰線部がくわしく説明している部分として適当なものを次の㋐～㋓から選び、それぞれ記号で答えなさい。

1　㋐山田さんが　大きく　㋑私に　㋒手を　㋓ふった。

2　㋐今年は　暑い　㋑日が　㋒続いたが　㋓夏休みは　楽しかった。

3　㋐昨日　花の　苗を　㋑家族が　㋒玄関に　㋓植えた。

4　㋐ここは　とても　㋑照明が　㋒明るいと　彼は　㋓言った。

5　ころころと　㋐石が　㋑坂の　㋒上を　㋓転がった。

2　次の□に同じ漢字を入れ、類義語を完成させなさい。また、その意味を後から選び、それぞれ記号で答えなさい。

1　中□＝核□　　2　案□＝意□　　3　□平＝□服　　4　見□＝手□

意味

ア　目の前にあるよい例　　イ　物事の大切なところ　　ウ　納得や満足ができないこと　　エ　予想しなかったこと

2023年度 東京家政学院中学校

【国　語】〈二月一日午後試験〉（四五分）〈満点：一〇〇点〉

《注意》句読点や記号はすべて一字と数えます。

一　次の１〜10の――線のカタカナを漢字に、11〜15の――線の漢字をひらがなに直しなさい。

1　君のその発言にはシツボウした。
2　将来ユウボウな新人が現れる。
3　先生にヒニクを言われてしまった。
4　カモツ列車が駅を通過した。
5　いちご大福製造のガンソ。
6　長く持ちこたえるジキュウ力がない。
7　先進国のシュノウ会談が行われた。
8　カンチョウ時に貝を採る。
9　この薬は頭痛にキく。
10　責任をもって委員をツトめる。
11　参加者名を列挙する。
12　費用を参加者で折半する。
13　雑穀を食べている。
14　悪の権化とも言える人物。
15　朗らかな笑顔で語る。

2023年度

東京家政学院中学校 ▶解答

※編集上の都合により，２月１日午後試験の解説は省略させていただきました。

算数 ＜２月１日午後試験＞（45分）＜満点：100点＞

解答

1 (1) 21　(2) 11.2　(3) $1\frac{1}{20}$　(4) 2　(5) 4　(6) 249　(7) 25　(8) 70　(9) 14　(10) 9　(11) 20　(12) 80　(13) 71

2 (1) 77　(2) 15.25cm^2　(3) **体積**…162cm^3，**表面積**…216cm^2

3 (1) 240円　(2) 70　(3) 673，1348，2023

4 (1) ①…24cm，②…48cm　(2) 1200cm^3　(3) 右のグラフ　(4) ３分20秒後，10分40秒後，30分40秒後

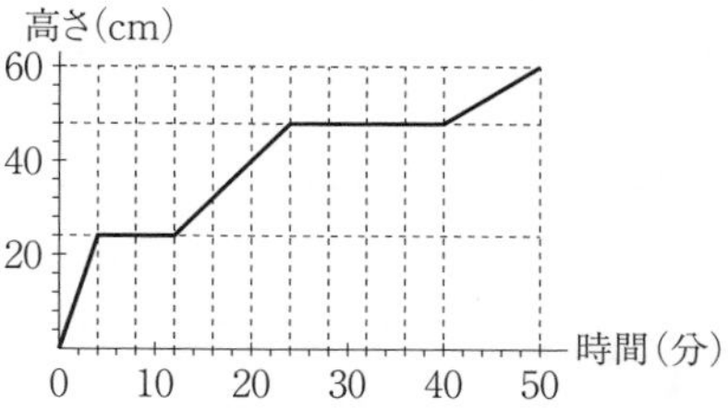

国語 ＜２月１日午後試験＞（45分）＜満点：100点＞

解答

一 1～10 下記を参照のこと。　11 れっきょ　12 せっぱん　13 ざっこく　14 ごんげ　15 ほが(らか)

二 1 1 エ　2 イ　3 エ　4 ウ　5 エ

2 1 **漢字** 心　**意味** イ　2 **漢字** 外　**意味** エ　3 **漢字** 不　**意味** ウ　4 **漢字** 本　**意味** ア

3 1 顔　2 口　3 目　4 手　5 鼻　6 腕　7 足

三 **問1** ア　**問2** Ⅰ エ　Ⅱ ア　Ⅲ イ　**問3** エ　**問4** ③ 重　④ 胆　**問5** （例）体験的知識を得ることで徐々に軌道修正でき，将来の成功へと転化することもあるから。　**問6** A 魚類　B 両生類　**問7** イ　**問8** エ　**問9** エ(→)ウ(→)ア(→)イ　**問10** あ(→)え(→)う(→)い(→)お　**問11** (1) 順　(2) 一週間後の天気　**問12** イ　**問13** ア ○　イ ×　ウ ×　エ ×　**問14** **例** （例）初めてお使いに行ったとき，買うものを忘れてしまったこと。　**理由** （例）人から頼まれたときにはメモをとることが大事だと学べたから。

●**漢字の書き取り**

一 1 失望　2 有望　3 皮肉　4 貨物　5 元祖　6 持久　7 首脳　8 干潮　9 効(く)　10 務(める)

Memo

2022年度　東京家政学院中学校

〔電　話〕　(03)3262－2255
〔所在地〕　〒102－8341　東京都千代田区三番町22
〔交　通〕　JR中央線・東京メトロ各線・都営新宿線 —「市ヶ谷駅」より徒歩７分

〈編集部注：この試験は，２科目(国語といずれかの科目)または４科目(算数・社会・理科・国語)のいずれかを選択して受験します。〉

【算　数】〈２月１日午前試験〉（45分）〈満点：100点〉

《注意》円周率は3.14として計算しなさい。

1　次の □ をうめなさい。

(1)　$36-2\times13=$ □

(2)　$8.4+3.5\times(6.1-4.9)=$ □

(3)　$\left(\frac{1}{2}+\frac{3}{5}-\frac{3}{10}\right)\times2\frac{7}{9}=$ □

(4)　$(52-$ □ $)\times4=124$

(5)　3.6 : □ ＝ 4 : 5

(6)　18分の □ 倍は1時間30分です。

(7)　13％の食塩水800ｇにふくまれる食塩の量は □ ｇです。

(8)　A、B、C、D 4人の身長の平均は135㎝でした。そこにEが加わったところ5人の身長の平均は136㎝になりました。Eの身長は □ ㎝です。

(9)　50円玉と100円玉が合わせて30枚あります。金額の合計が2400円になるとき、100円玉は □ 枚あります。

(10) 長さが204 m で秒速12 m で走る列車と、長さが216 m で秒速18 m で走る列車があります。この2つの列車がすれちがうのに□秒かかります。

(11) 1×2×3×4×5×……× 49 × 50 を10 で□回割ると、はじめてあまりが出ます。

(12) ある水そうに、水を入れるＡ管と水を出すＢ管がついています。Ａ管だけ開けると空の水そうが30分で満水になり、Ｂ管だけ開けると満水の水そうが10分で空になります。Ａ管とＢ管を同時に開けると、満水の水そうは□分で空になります。

(13) 全部で□個のお菓子を1箱に6個ずつ入れると、お菓子が4個あまりました。そこで、1箱に8個ずつ入れ直したら、6個入りの箱が1箱、使わない箱が4箱できました。

2 次の問いに答えなさい。

(1) 右の図の点Ｆは、正方形ABCDを、BEを折り目として折ったときの点Ｃと重なる点です。xを求めなさい。

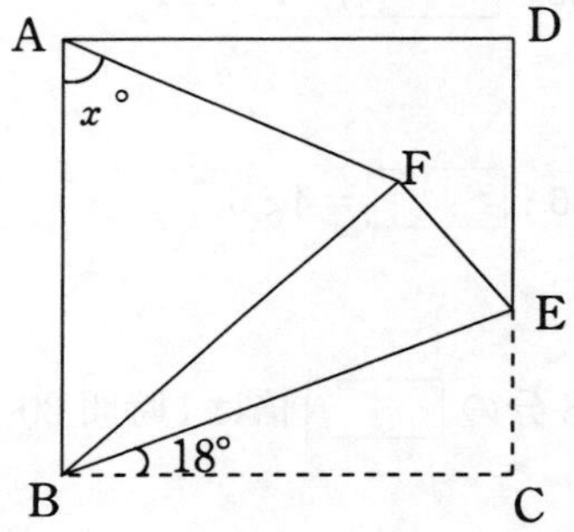

(2) 右の図は直角三角形とおうぎ形を組み合わせたものです。斜線部分の面積を求めなさい。

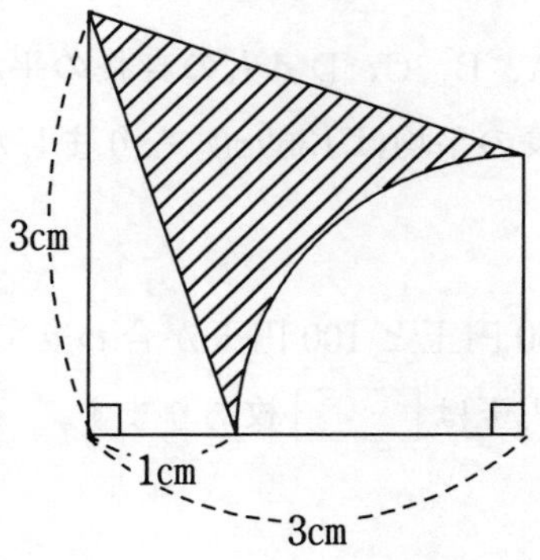

(3)　右の図のような４枚の長方形と２枚の同じ形の台形からつくられた容器に、水が半分の高さまで入っています。台形の部分を底面として立体を立てたとき、水面の高さは何cmになりますか。

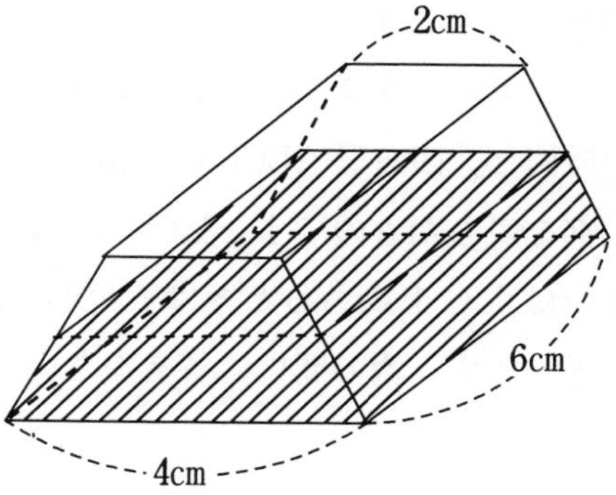

3　次の問いに答えなさい。

(1)　１個あたりの重さが同じお菓子がいくつかあります。かごに入れて重さを計ったところ、5.2 kgありました。かごの中のお菓子の $\frac{2}{3}$ を食べたあとで、もう一度重さを計ってみると２kgになっていました。かごの重さは何kgですか。

(2)　太さと長さの異なる２本のろうそくＡ、Ｂがあります。ろうそくＡの長さは10 cmで、燃えつきるまでに20分かかります。ろうそくＢの長さは15 cmで、燃えつきるまでに10分かかります。同時に火をつけると同じ長さになるのは何分後ですか。また、そのときろうそくの長さは何cmですか。ただし、それぞれのろうそくは一定の速さで短くなります。

(3)　ある商品を１個800円で150個仕入れ、４割の利益を見込んで定価をつけて売りました。しかし売れ行きがよくなかったので、定価の25%引きにしてあらためて売ったところ、売り切ることができて、21400円の利益がありました。25%引きにして売った商品の個数を求めなさい。

4 右の図のような長方形があります。点Pは毎秒1cmの速さで点Cを出発し、点D、点Eを通って、点Aまで太い線上を進みます。EDとACは平行とします。

また、下のグラフは点Pが点Cを出発してからの時間と、四角形ABCPの面積の変化の様子の一部を表したものです。ただし、点Pが点A上、または点C上にあるときは三角形ABCの面積を考えます。次の問いに答えなさい。

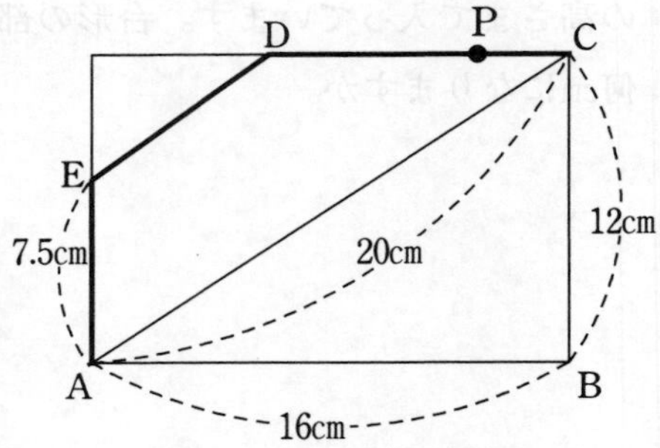

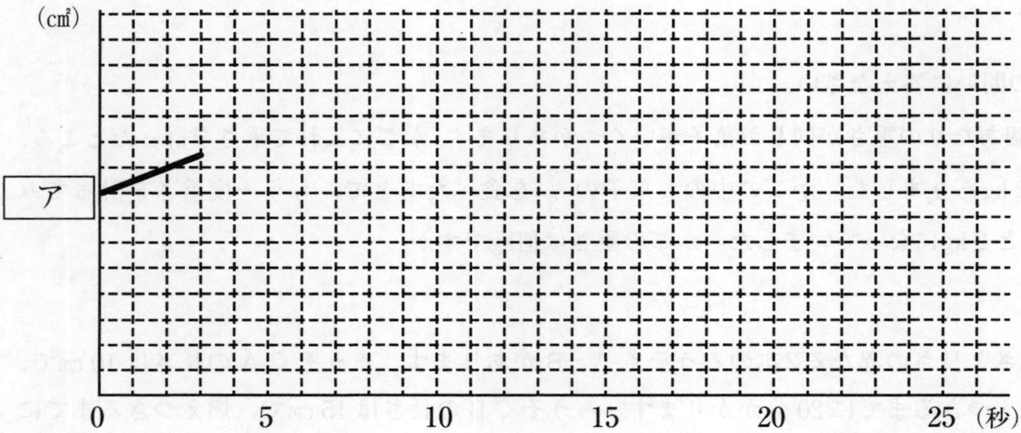

(1) アにあてはまる数を求めなさい。

(2) CDとEDの長さは、それぞれ何cmですか。

(3) グラフを完成させなさい。

【社　会】〈2月1日午前試験〉（理科と合わせて45分）〈満点：50点〉

1 関東地方について、以下の問いに答えなさい。

問１　Ａさん、Ｂさん、Ｃさん、Ｄさんは旅行した関東地方の都県を当てるクイズを考えました。次の文と地図を見て、以下の問いに答えなさい。

Ａさん：「私が旅行した都県は海に面しています。1地図中の島々はこの都県に属しています。」
Ｂさん：「私が旅行した都県は海に面しています。2他の都県とは河川が境となっています。」
Ｃさん：「私が旅行した都県は海に面していません。北は新潟県と接しています。」
Ｄさん：「私が旅行した都県は海に面していません。関東地方の都県では一番多くの都県と接しています。」

（１）４人が旅行した都県を地図中ア～キからそれぞれ選び、記号で答えなさい。

（２）文中の下線部１について、この島々の総称を次のア～エから選び、記号で答えなさい。

ア　小笠原諸島　　イ　南西諸島　　ウ　防予諸島　　エ　伊豆諸島

（３）文中の下線部２について、境となっている河川の組み合わせとして正しいものを次のア～エから選び、記号で答えなさい。

ア　多摩川と江戸川　　イ　荒川と利根川
ウ　江戸川と利根川　　エ　多摩川と荒川

問２　Ｅさんは関東地方がたくさん野菜を作っていることを知り、野菜のうちキャベツについて調べ、表１・表２から次のようにまとめました。

表１　地方別野菜の産出額

2019年	億円
北海道地方	1951
東北地方	2345
関東地方	5826
中部地方	3419
近畿地方	1225
中国・四国地方	2392
九州地方	4358
合計	21516

農林水産省
令和元年度生産農業所得統計により作成

表2　大田市場における群馬県・千葉県・神奈川県産キャベツの月別取扱量（令和２年５月から令和３年５月 単位：トン）

	5月	6月	7月	8月	9月	10月	11月	12月	1月	2月	3月	4月	5月	合計
群馬	2	968	5522	5757	5699	5075	366	10	20	2	2	0.8	7	23430.8
千葉	3931	4266	146	0.2	22	618	3330	2443	1457	2095	2063	2166	3659	26196.2
神奈川	2029	357	0	0.1	0.1	91	483	542	601	930	2494	4942	1523	13992.2

東京都中央卸売市場 市場統計情報により作成

Ｅさんがまとめた文

①「表１から、関東地方の野菜の産出額は、日本全体の約３割になります。」
②「表２から、キャベツの各県産の取扱量は、季節によって多い時期と少ない時期があります。」

（1）Ｅさんは自分がまとめた文にグラフをつけることにしました。まとめた文①を表すグラフとして適当なものを次のア～ウからそれぞれ選び、記号で答えなさい。

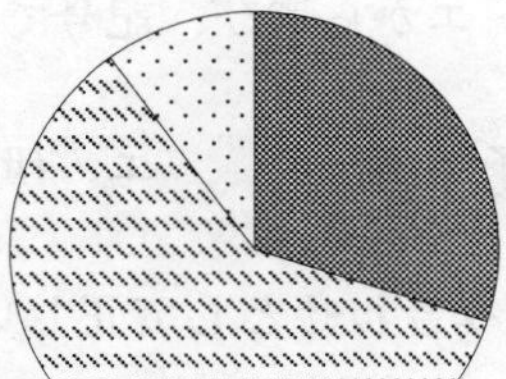
ア

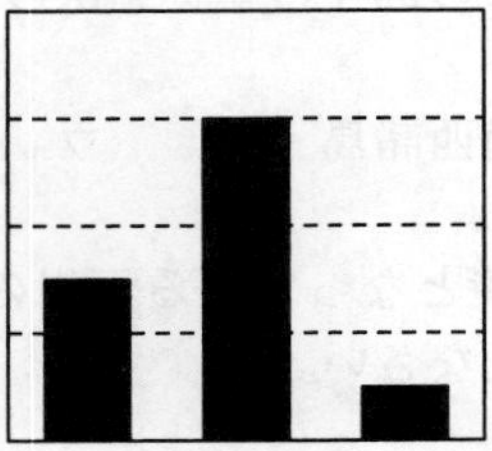
イ

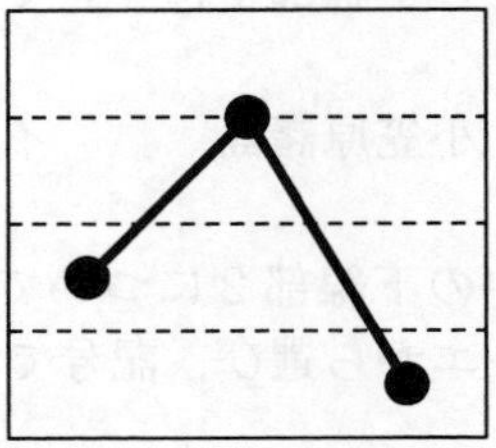
ウ

（２）Ｅさんは群馬県産のキャベツが夏の時期に集中していることに注目し、キャベツの生育について調べ、次のようにまとめました。そして、夏にこの温度になるところはどんなところか仮説を立てました。Ｅさんが立てた仮説として適当なものを次のア～エから選び、記号で答えなさい。

Ｅさんがまとめた文

キャベツがよく育つ温度は約 15 度から 20 度です。この特徴をふまえて夏は比較的涼しいところで栽培します。

ア：海から離れているところ。　　イ：大きな川が流れているところ。
ウ：広い平野があるところ。　　エ：標高が高いところ。

２ 昨年は東京オリンピックが開催されました。

問１　入場行進で２番目に入場したのは難民選手団でした。難民の人たちを支援する国際連合の機関を次のア～エから選び、記号で答えなさい。

ア　UNESCO　　イ　UNHCR　　ウ　FAO　　エ　WHO

問２　Ｆさんは入場行進でいろいろな国が民族衣装を着て行進しているのを見て、特に印象に残ったトンガの衣装をスケッチしました。その後、トンガについて調べてまとめました。Ｆさんのスケッチと調べたことを参考に、トンガの位置を地図中ア～エから選び、記号で答えなさい。

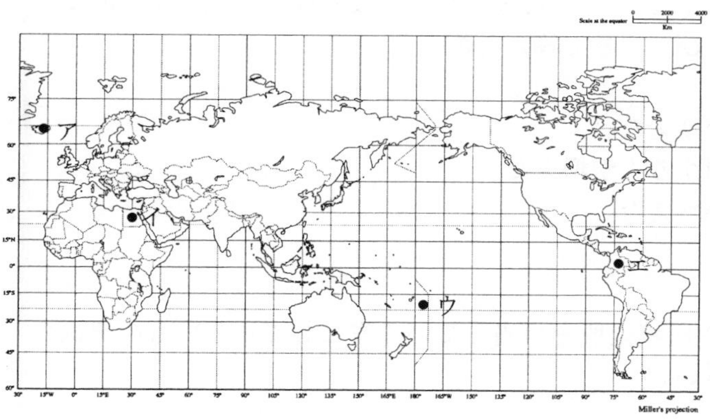

男性選手は上着を着ていない。女性選手は半袖を着ている。一年中暑い地域で、周りを海で囲まれた島国です。

3 2021年の出来事の各問いについて、以下の問いに答えなさい。

A 東日本大震災の発生から10年となった。
B 新型コロナウイルスのワクチン接種が開始された。

問1 Aに関連して、東日本大震災発生後、政府は国会で補正予算を成立させた。以下の問いに答えなさい。

(1) 国会では予算の議決以外にもさまざまな働きがある。国会の働きとして正しいものを次のア～エから選び、記号で答えなさい。

ア 衆議院の解散を決める。　イ 外国と条約を結ぶ。
ウ 内閣総理大臣を指名する。　エ 国会の召集を決める。

(2) 日本国憲法では、国民の三大義務として納税の義務が定められており、予算には国民や企業から集められた税金が使われる。三大義務として正しいものを次のア～エから選び、記号で答えなさい。

ア 仕事について働く義務　イ 兵役の義務
ウ 教育を受ける義務　エ 投票の義務

(3) 補正予算の使い道として誤っているものを次のア～エから選び、記号で答えなさい。

ア 仮設住宅をつくることができる。
イ 水道、ガス、電気などのライフラインを復旧させることができる。
ウ まち中にあふれる大量のがれきを撤去できる。
エ 住宅が全壊した場合、国から全額補償してもらうことができる。

問2 Bに関連して、以下の問いに答えなさい。

(1) 新型コロナウイルス感染症の拡大によってもたらされた社会の変化について、あてはまらないものを次のア～エから選び、記号で答えなさい。

ア テレワークなどの在宅勤務が増えた。
イ 飲食などでデリバリーを利用する人が増えた。
ウ 大学などでオンライン授業が増えた。
エ 観光業の売り上げが増えた。

(2) 新型コロナウイルス感染症対策や医療全般を担当している省として正しいものを次のア～エから選び、記号で答えなさい。

ア 文部科学省　イ 厚生労働省　ウ 国土交通省　エ 環境省

4 花子さんと太郎さんは、歴史上の人物を紹介するＡ～Ｆのカードを作りました。

A	B	C
（　あ　） 大阪城を拠点として全国統一をおこない、朝廷から関白に任命された。	吉田茂 講和会議で４８カ国と平和条約を結び、日本の独立を回復した。	源頼朝 （　い　）との争いに勝利し、征夷大将軍となって鎌倉に幕府を開いた。

D	E	F
（　う　） １６０３年、征夷大将軍に任命されて江戸に幕府を開き、幕府と藩が全国を支配するしくみをつくった。	藤原鎌足 のちに（　え　）となる人物とともに蘇我氏を倒し、天皇を中心とする国づくりをすすめた。	（　お　） 自由民権運動の指導者で、憲法にもとづく国会の開設を主張した。

問１　（　あ　）にあてはまる人物を漢字で答えなさい。

問２　Ｂについて、この時代のできごとを述べた文として適当なものを次のア～エから選び、記号で答えなさい。

ア　元の大軍が２度にわたって九州北部に来襲した。
イ　宣教師がキリスト教を伝えようと来日した。
ウ　アメリカの使者が日本の開国を求めて来航した。
エ　連合国軍が日本の民主化をめざして戦後改革をおこなった。

問３　（　い　）にあてはまることばを次のア～エから選び、記号で答えなさい。

ア　藤原氏　　イ　平氏　　ウ　北条氏　　エ　足利氏

問４　Ｃについて、鎌倉幕府の将軍を補佐するためにおかれた役職を次のア～エから選び、記号で答えなさい。

ア　摂政　　イ　関白　　ウ　守護　　エ　執権

問５　（　う　）にあてはまる人物を漢字で答えなさい。

問６　Ｄについて、この時代にさだめられた法として適当なものを次のア～エから選び、記号で答えなさい。

ア　御成敗式目　　イ　分国法　　ウ　武家諸法度　　エ　大日本帝国憲法

問７　（　え　）にあてはまる人物を次のア～エから選び、記号で答えなさい。

ア　天智天皇　　　イ　天武天皇　　　ウ　後白河上皇　　　エ　後鳥羽上皇

問８　（　お　）にあてはまる人物を次のア～エから選び、記号で答えなさい。

ア　西郷隆盛　　　イ　伊藤博文　　　ウ　板垣退助　　　エ　大久保利通

問９　花子さんと太郎さんの会話文を読んで、以下の問いに答えなさい。

花　子：　２０２４年から、一万円札・五千円札・千円札のデザインが変わるね。
太　郎：　五千円札は今回も女性がデザインに選ばれて、津田梅子さんに変更されるよね。
花　子：　そうね。そういえば、一万円札のデザインが変更されるのは４０年ぶりなんだって。今までどんな人物が選ばれたのかな。
太　郎：　現在の一万円札は、「天は人の上に人をつくらず　人の下に人をつくらずと言えり」と述べた人物だよね。
花　子：　そうそう。じゃあ、現在の一万円札のひとつ前に選ばれたのは誰なんだろう。
太　郎：　ぼくは見たことがあるよ。「一に曰く、和をもって貴《たっと》しとなし、さからうことなきを宗《むね》となせ」という法を発表した人物だったよ。
花　子：　いろいろな人が選ばれているんだね。わたしたちが作ったＡ～Ｆのカードの中にも、デザインに選ばれた人物はいるのかな。

（１）会話文中の下線部の人物について説明した文としてもっとも適当なものを次のア～エから選び、記号で答えなさい。

ア　『竹くらべ』などの作品で、都市に生きる貧しい女性の姿をえがいた。
イ　日露戦争中に「君死にたまふことなかれ」という詩を発表した。
ウ　市川房枝らとともに、女性の地位向上をめざす運動をおこなった。
エ　岩倉使節団に同行して留学し、帰国後に女子の英語教育に力をつくした。

（２）花子さんと太郎さんはお札の歴史について調べた結果、２人が作ったＡ～Ｆのカードの中に、お札のデザインに選ばれたことのある人物が２人いることがわかりました。またその２人は、現在の一万円札と、現在のひとつ前の一万円札に選ばれた人物と同じ時代に活躍したこともわかりました。お札のデザインに選ばれたことがある人物をＡ～Ｆのカードから２つ選び、記号で答えなさい。

【理　科】〈2月1日午前試験〉（社会と合わせて45分）〈満点：50点〉

1　下の図のように正方形の銅の板のア～エの場所に、おもりをろうそくでつけてぶら下げました。次の問いに答えなさい。

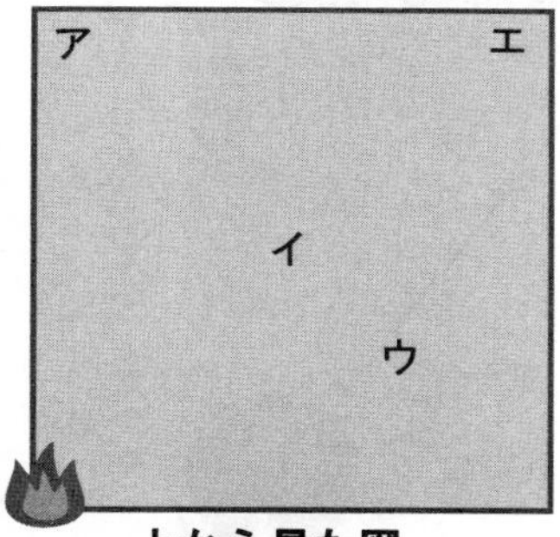

上から見た図

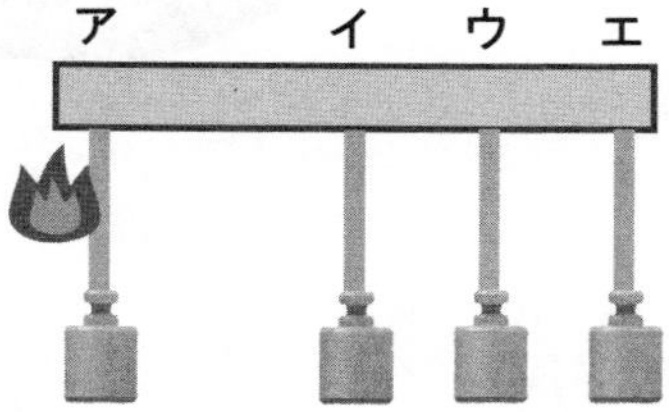

横から見た図

（１）上の図のように板の角を熱しました。おもりが１番遅く落ちる場所はどこですか。ア～エから１つ選び、記号で答えなさい。

（２）下の図のように板に切れ込みを入れて、板の角を熱しました。おもりが１番遅く落ちる場所はどこですか。ア～エから１つ選び、記号で答えなさい。

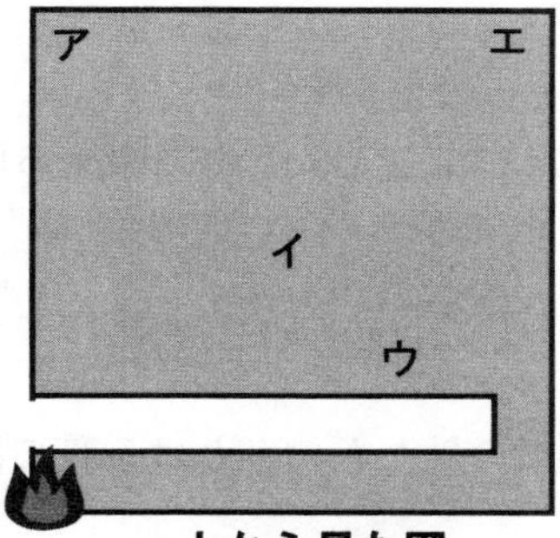

上から見た図

（３）このような金属などの熱の伝わり方を何といいますか。

2 次の図のように糸の長さが50cmで300gのおもりがついたふりこがあります。ふりこが10往復する時間を6回測りました。それぞれ『14秒、15秒、14秒、13秒、15秒、14秒』でした。次の問いに答えなさい。

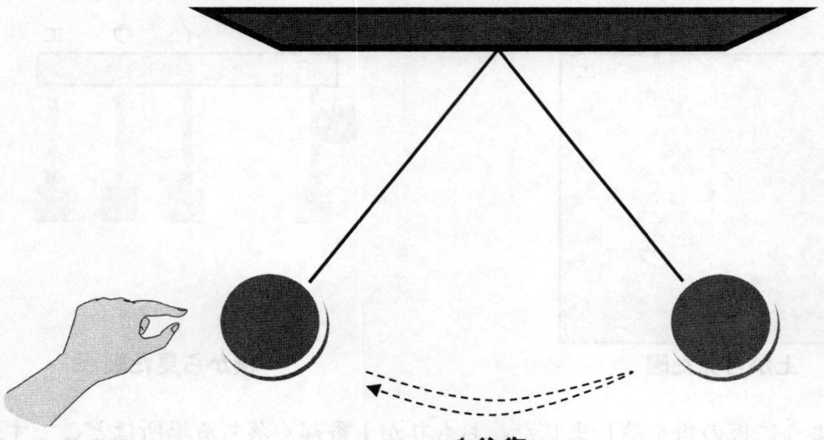

(1) 計測結果を平均すると1往復する時間は何秒となりますか。答えは四捨五入をして小数点第1位まで求めなさい。

(2) 300gのおもりをつけたまま、糸の長さだけを1.0mにしました。1往復する時間は、短くなりますか、長くなりますか、それとも変わりませんか。

(3) 糸の長さを50cmのままにして、おもりの重さを150gにしました。1往復する時間は、短くなりますか、長くなりますか、それとも変わりませんか。

3 下の表は、水の温度とものがとける量の関係(表1)と水の量とものがとける量の関係(表2)を表したものです。次の問いに答えなさい。

表1　水の温度とものがとける量の関係
(水の量：50mL)

水の温度［℃］	10	30	60
とけたホウ酸の量［g］	2	3	7
とけた食塩の量［g］	18	18	18
とけたミョウバンの量［g］	4	8	28

表2　水の量とものがとける量の関係
(水の温度：10℃)

水の量［mL］	50	100	150
とけたホウ酸の量［g］	2	4	6
とけた食塩の量［g］	18	36	54
とけたミョウバンの量［g］	4	8	12

(1) 30℃の水150mLに、食塩は何gまでとけますか。

(2) 60℃の水50mLに、ホウ酸・食塩・ミョウバンをそれぞれとけるだけとかしました。この3つの水よう液の温度を10℃まで下げると、それぞれ何gのつぶ(結しょう)が出てきますか。

（３）（２）でできた結しょうをろ紙でこしました。このように、固体と液体に分ける方法を何といいますか。

（４）10℃の水 100mL に 40 g の食塩を加えてよくかき混ぜると、およそ何 g の食塩がとけ残りますか。

4 次の図は、アブラナの花のつくりを示したものです。次の問いに答えなさい。

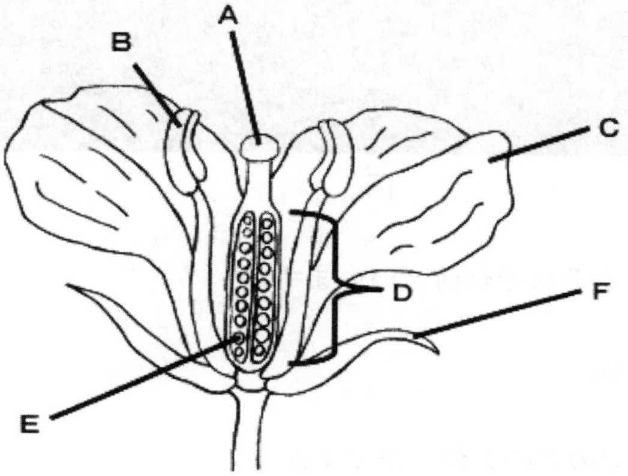

（１）次の文は、受粉の説明です。空らん①～③に当てはまることばを答えなさい。

受粉とは、おしべの（　①　）でつくられた（　②　）が、めしべの先端の（　③　）につくことである。

（２）受粉したあと実になるのは図のＡ～Ｆのどこですか、記号で答えなさい。また、その部分の名前を何といいますか。

（３）はいしゅは図のＡ～Ｆのどこですか、記号で答えなさい。また、受粉したあと何になりますか。

（４）さち子さんは、授業でけんび鏡を使うようです。次の会話文を読み、空らん①はことばで、空らん②は数字で答えなさい。

さち子さん：けんび鏡にはレンズが２つあるのよね。ひとつは接眼レンズ。今日は 10 倍の接眼レンズを使いましょう。
かずおくん：もうひとつは（　①　）レンズだよね。これは何倍にする？
さち子さん：今日は全部で 200 倍の倍率で観察したいから…。
かずおくん：ということは、（　②　）倍だね。

5 下の図１は、ある日に夜空を観察したときのものです。次の問いに答えなさい。

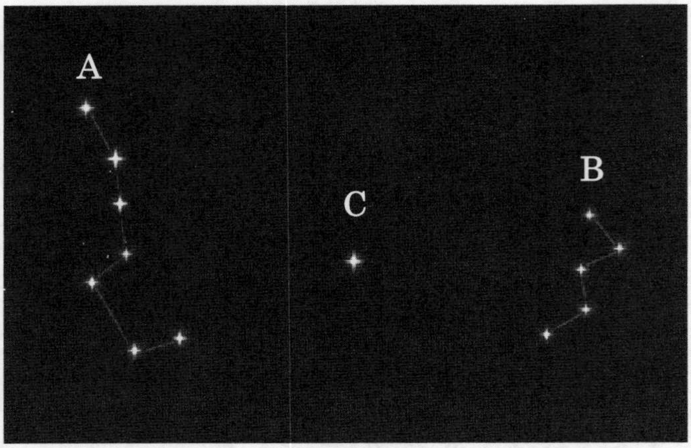

図１

（１）ＡとＢの星のまとまりをそれぞれ何といいますか。

（２）Ｃの星を何といいますか。

（３）この空は東・西・南・北のどの方角の空ですか。

Ａは１日（24 時間）かけてＣの星のまわりを図２の矢印の向きに１周（360°）しています。

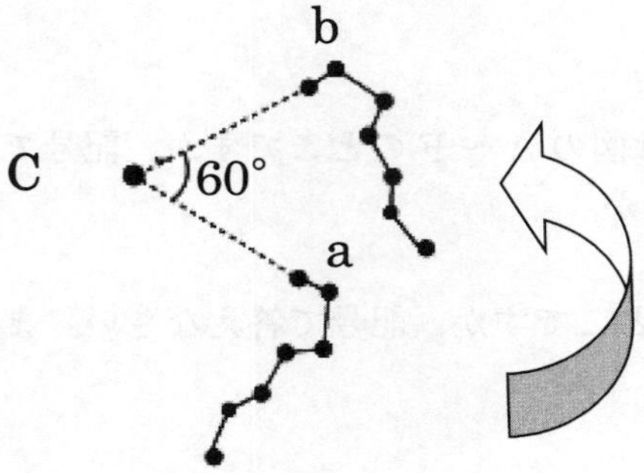

図２

（４）ａからｂの位置に移動するのに何時間かかりますか。

【英　語】〈2月1日午前試験〉（筆記25分，面接５分）〈満点：筆記75点，面接25点〉

1 例にならって、次のイラストが表す英単語を下の文字を並べかえて書きなさい。

例

m l n o e

解答欄

lemon

(1)

i y a r n

(2)

e s r a g p

(3)

l n e a p

2 次のＣとＤの関係が、ＡとＢの関係と同じになるように、Ｄに適する語をア～ウの中から１つ選び、記号で答えなさい。

	A		B	C		D		
(1)	new	−	old	high	−	【ア fun	イ easy	ウ low 】
(2)	piano	−	pianist	art	−	【ア artist	イ arter	ウ arts 】
(3)	one	−	first	two	−	【ア twice	イ second	ウ twoth 】
(4)	fish	−	sea	stars	−	【ア lake	イ sky	ウ mountain 】

3 次の各組の語の中で、１つだけ種類の異なるものを選び、記号で答えなさい。

(1)	ア penguin	イ bear	ウ school	エ lion
(2)	ア August	イ Thursday	ウ October	エ February
(3)	ア summer	イ winter	ウ fall	エ morning
(4)	ア park	イ zoo	ウ hamburger	エ museum

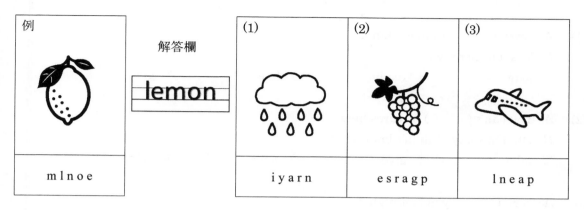

4 次の (1) から (10) までの (　　) に入れるのに最も適切なものを、ア～エの中から1つずつ選び、記号で答えなさい。

(1) *A* : Are you (　　) to go, Linda?
B : Yes, I'm coming now.
ア long　イ ready　ウ fine　エ glad

(2) *A*: You can't (　　) pictures here.
B : Oh, I'm sorry. I didn't know that.
ア take　イ give　ウ send　エ bring

(3) *A* : Who (　　) you last night?
B : Mike did.
ア visit　イ visited　ウ visiting　エ to visit

(4) *A* : (　　) do you like better, summer or winter?
B : I like winter.
ア What　イ Who　ウ Which　エ When

(5) Ken closed the window because he felt very (　　).
ア cold　イ interesting　ウ kind　エ different

(6) John likes many kinds of animals. For (　　), he keeps a dog, a bird and a cat.
ア one　イ life　ウ example　エ head

(7) *A* : What is your favorite (　　) at school, Alice?
B : I like history the best.
ア question　イ subject　ウ room　エ idea

(8) Kate went to bed late last night because she had so many things (　　).
ア do　イ doing　ウ to do　エ did

(9) There (　　) a lot of students in the classroom when I arrived.
ア is　イ are　ウ was　エ were

(10) *A* : Are Mr. and Mrs. Brown coming to Japan next Saturday?
B : Yes. I'm going to meet (　) at the airport.
ア they　イ their　ウ them　エ theirs

5 次の (1) から (4) までの会話について、(　　) に入れるのに最も適切なものを、ア～エの中から１つずつ選び、記号で答えなさい。

(1) *Man*：Shall we go to a movie this afternoon?
Woman：(　　　　　)
ア Thanks a lot.　　イ Yes, let's.
ウ You're welcome.　　エ Yes, you do.

(2) *Boy*：Ouch! I'm sorry I hit you. Are you OK?
Girl：(　　　　　), but be careful.
ア I had a good time　　イ Here you are
ウ That's right　　エ No problem

(3) *Girl 1*：You're wearing nice shoes, Katy. They look new.
Girl 2：Yeah, (　　　　　). I like them.
ア I'll take you there　　イ that's all for now
ウ I bought them on sale last week　　エ I hope you'll buy them

(4) *Mother*：It's time for school, Fred. Why are you still in bed?
Son：(　　　　　)
ア I have a bad headache.　　イ I like my classmates.
ウ My room is clean.　　エ You need to take the bus.

6 次の文の［　　］内の語句を日本語の意味を表すように並べかえて、２番目と４番目に来るものを記号で答えなさい。ただし、文頭に来る語も小文字になっています。

(1) 英語の授業は週に何回ありますか。
［ア do　イ many　ウ English classes　エ have　オ you　カ how］
＿＿＿ ＿＿＿(２番目) ＿＿＿ ＿＿＿(４番目) ＿＿＿ ＿＿＿ in a week?

(2) 私は新しい腕時計をなくして悲しい。
［ア to　イ am　ウ new watch　エ lose　オ sad　カ my］
I ＿＿＿ ＿＿＿(２番目) ＿＿＿ ＿＿＿(４番目) ＿＿＿ ＿＿＿.

(3) できるだけたくさん本を読みなさい。
［ア books　イ you　ウ as　エ as many　オ read　カ can］
＿＿＿ ＿＿＿(２番目) ＿＿＿ ＿＿＿(４番目) ＿＿＿ ＿＿＿.

(4) 私たちの学校をご案内しましょう。
［ア our school　イ show　ウ let　エ around　オ you　カ me］
＿＿＿ ＿＿＿(２番目) ＿＿＿ ＿＿＿(４番目) ＿＿＿ ＿＿＿.

7 次のお知らせを読んで、後の（1）～（3）の質問の答えとして最も適切なものを、ア～エの中から１つずつ選び、記号で答えなさい。

Green Park Community Center

Hawaiian Week

October 1st — October 7th

Lesson Information

Schedule	Mon.－Wed.	Thu.－Sat.
11:00 am —12:00 pm	Ukulele	Hawaiian Quilt Making
1:00 pm — 2:00 pm	Mon. — Sat.	
	Hula Dance	

◇ For the ukulele lesson, you can borrow a ukulele.
◇ The Hawaiian quilt making lesson costs three hundred yen for each lesson.
◇ For the hula dance lesson, you have to wear a T-shirt.

Special Event

On Sunday, the last day of the Hawaiian week, a special event is going to be held in Green Park next to the center.　You can enjoy two shows and delicious food.

◇ The food stand will be open from 11:00 am to 4:00 pm.
It will serve loco moco, spam rice balls, and some other Hawaiian foods and drinks.
◇ The ukulele show is from 12:00 pm to 12:30 pm.
◇ The hula dance show is from 12:40 pm to 1:30 pm.

If you take every hula dance lesson, you can dance in the hula dance show.
Please come to the back of the stage at 1:00 pm.　Don't forget to wear a T-shirt.

(1) How much does it cost to take all the Hawaiian quilt making lessons?

ア Free.

イ 300 yen.

ウ 900 yen.

エ 1800 yen.

(2) When will the special event be held?

ア October 1st.

イ October 3rd.

ウ October 5th.

エ October 7th.

(3) Which is true for this information?

ア Only people who have a ukulele can take a ukulele lesson.

イ A special event was held in Green Park Community Center.

ウ People can get Hawaiian foods and drinks from a food stand.

エ Anyone who wears a T-shirt can join the hula dance show.

問九　――線⑦について、筆者が本来の「こだわる」の用法と考える例文を次のア～エから選び、記号で答えなさい。

ア　体面にこだわって本質を見失う。
イ　本来の味にこだわって妥協を許さない。
ウ　出来映えの美しさにこだわって作る。
エ　素材にこだわって本物を探し求める。

問十　――線⑧について、「正《プラス》の意味」で「こだわる」を用いた例文を自分で考えて書きなさい。その際に、次の１～３の条件をすべて満たすようにしなさい。（「こだわる」の語そのものは、「こだわった」「こだわれば」などのように形が変わってもかまいません。）

条件１　二つ以上の文にすること。
条件２　全体で五十字以上にすること。
条件３　「こだわる」の語は一回だけ使うこと。

問十一　――線⑨について、この場合、師匠のどのような点が偉いのか、答えなさい。

問十二　――線⑩とは誰が何をすることか、具体的に答えなさい。

問十三　本文の内容として適当なものに○を、適当でないものに×を解答欄に記入しなさい。

ア　「勉強を頑張る」という言い方は、日本語の文法から言うと間違った用法である。
イ　誰も認めてくれないなら、努力をいつまでも続ける必要はない。
ウ　一流の料理人と同じ素材や調理法がわかれば、誰でも見事な料理が作れる。
エ　江戸時代はまだ電気がなかったので、踊りの稽古をするのは昼間に限られた。

問一　――線①「そのような状態」を具体的に示す表現を文中から十四字で抜き出しなさい。

問二　――線②の「目の前の課題」とは例えばどのようなものか、本文後半部の【　】の範囲内から二十四字の表現を抜き出し、そのはじめの五字で示しなさい。

問三　――線③の理由を示している部分を文中から三十字以内で抜き出し、そのはじめの五字で示しなさい。

問四　［A］に入る語として適当なものを次のア～エから選び、記号で答えなさい。

ア　愛情　イ　友情　ウ　強情　エ　人情

問五　〰〰線a・bの意味として適当なものをそれぞれ後のア～エから選び、記号で答えなさい。

a「市民権を得た」

ア　権利が生まれた　イ　自由が保障された　ウ　一般的になった　エ　尊敬された

b「寸暇を惜しんで」

ア　休む間もなく　イ　出しおしみをして　ウ　力を入れて　エ　残念がって

問六　――線④・⑤を具体的に示している部分を、④は十四字、⑤は四字でそれぞれ抜き出して答えなさい。

問七　――線⑥とはどのようなことか、文中から二十五字で抜き出し、そのはじめの五字で示しなさい。

問八　空欄［B］・［C］に入る漢字二字の語を文中からそれぞれ抜き出して答えなさい。

教えてくれる。そして、大きな目標を掲げ、日々、常人には（教えられたところで）よほど意志が強くないと継続できないような修業項目を三昧の境地で淡々とこなしているのである。】

京舞井上流家元三世井上八千代を襲名し、百歳で生涯を閉じるまで都踊りの踊り手として活躍した片山春子（一八三八―一九三八）の修業時代の努力もすさまじい。舞の稽古の基本も、やはり物真似と型の反復である。師匠の舞を一生懸命に観察し、同じように踊れるようになるまで何度も稽古をする。

とはいえ、師匠の稽古を受けただけでは、とても一流の舞い手にはなれない。どうしても一人で工夫をする必要がある。春子はb寸暇を惜しんで独り稽古にいそしんだ。

春子の修業時代は幕末である。電気のない時代だから、夜、師匠が手洗いに行くときには手燭《てしょく》注2を持ってお供をし、師匠が用を足している間、手水場《ちょうずば》注3で昼間の稽古のおさらいをする。すると、ついつい独り稽古に熱が入り、師匠が厠《かわや》のなかにいることも忘れ、手燭を持ったままひたすら踊りつづける。

彼女は次のようにその稽古の様子を述懐《じゅっかい》する。

　用足ししといやす間、手燭を持って外で待っているにゃが、ぼやっとしていてもしょうがないさかい、そこで昼間の稽古のおさらいをするにゃ。稽古に夢中になり出すと、中にお師匠さんがいやはるのも忘れてしまうし、持ってる手燭がつい揺れるやろ。そいでお師匠さんも「ああまたお春が稽古をはじめよった」と気がつかはるにゃ。

（片山慶次郎『井上八千代芸話』河原書店）

⑨師匠もまた偉い。厠の戸板越しに蝋燭の火が揺れていることがわかると、用が済んでもそのままじっと待っている。そして、⑩自分の職務にはっと気づいた春子が手を止め、火の揺れが収まったとき、「稽古済んだか」と言ってはじめて厠を出たという。その世界では「お春の手水舞」としてよく知られた逸話らしい。「手水舞」の春子は、まさに［Ｃ］三昧の境地に入り込んでいる。

（『努力論　決定版』斎藤兆史）

注１　拘泥する…こだわる
注２　手燭…持ち歩きができる蝋燭《ろうそく》
注３　手水場…手洗い場

最近では、「頑張る」の前に格助詞の「を」をつけて、「勉強を頑張る」、「試合を頑張る」などという言い方をする人も増えているようだ。だが、これは「頑張る」本来の意味から言っても、日本語の文法から言っても（「勉強［試合］で頑張る」ならまだわかるが）、この表現の間違った用法である。

「頑張り」とは、修業の内容ではなく、自らを鼓舞《こぶ》して修業に向かわせるための精神の働きである。

したがって、傍目《はため》に「頑張っている」ように見えるならともかく、自分で「頑張っている」ことを意識しているようではどうにもならない。ようやく修業の門前にたどり着いたあたりだと言っていいだろう。自分の努力を意識しないようになってからが、本当の努力なのだ。

人の二倍、三倍頑張らなくてはいけないなどということを軽々しく口にする人がいる。だが、よほどの怠け者かその道の素人を基準にするのでなければ、人の二倍、三倍のことをするのは容易ではない。⑥そのようなことを言う人は、往々にして人の二倍、三倍力んでいるだけで、口で言うほどの努力をしていないことが多い。

自分はこんなに頑張っているのにどうして誰も認めてくれないのだろうと嘆いているようでは、いつまで経ってもその先に進むことはできない。誰も認めてくれないこと自体が努力不足の何よりの証拠なのである。本当に努力をしている人は、天知る、地知るで、早晩かならず人目に留まる。人に認められないことがつらいなら、認められるまで［　B　］をすればいい。

【「頑張る」よりもさらに歪《ゆが》んだ形で正《プラス》の意味合いを付与された言葉に「こだわる」がある。「食材にこだわる」、「こだわりの宿」、「職人のこだわり」などという表現をよく目にするが、これは⑦「こだわる」という言葉の正しい用法ではない。

小学館『日本国語大辞典』は、『大言海《だいげんかい》』の説を引用しつつ、「こだわる」の語源を、接頭語の「コ」に「タハル（サハルの転）」がついたものであると説明している。つまり、「こだわる」は心が何かにひっかかって、本来の目標に向かうことが妨《さまた》げられている（触る、障る）ことを意味する。語源的に考えても、いい意味に転じようがない。

⑧「こだわる」に正《プラス》の意味が付与されるようになったのは、日本人特有の「職人」信仰や「一芸熟達」の美学が、昨今の個性重視の風潮と結びついたためではないかと私は考えている。だから、「こだわりの○○屋」の店主は、灰汁《あく》が強いことも多いようで、「こだわり」の調理法を「企業秘密」などと称して大事にしたりする。

一流の料理人は、料理の素材や調理法を気前よく教えてくれるようだ。素材や調理法がわかったところで、普通の人間にはとても同じ味は出せない。素材の選定から調理、盛りつけまで、高度な技の流れがあるからこそ、見事な料理ができあがる。

一流の人はおおらかで謙虚なものである。けっして細かいことに拘泥《こうでい》する[注1]ことはない。それぞれの道における上達法を聞けば、気軽に

三　次の文章を読んで、後の問いに答えなさい。

志を立て、精進の道を歩みはじめたら、次にどうするか。じつを言うと、次の段階では「どうするか」よりも「どうなるか」が重要になってくる。すなわち、本気で努力を続けているうちに努力をしていること自体を忘れる瞬間が訪れ、そのときにふっと「三昧《ざんまい》」という境地に入り込む。自分が努力していることを意識していても、あるいは努力していることを忘れようとしても、そこへの入口は見つからない。努力に没入しているときに、いつの間にかそこに達しているのである。

「三昧」なる言葉は、もともと梵《サンスクリット》語の「サマーディ」を音訳したもので、精神が何かに集中して安定している状態を指す言葉である。これは私の勝手な解釈だが、仏道や武道で言うところの「無心」も、同じ状態を別の角度から表現したものだろうと思う。

この意味から転じて、「三昧」はまた何かに熱中、没入している状態を表わす言葉として用いられる。「読書三昧」や「稽古《けいこ》三昧」など、名詞に付ける形で用いられる「三昧」は、①そのような状態を指している。そこに入り込んだ修行者は、いわば三昧の奥の院とも言える先の無心の境地を目指しつつ、②目の前の課題に黙々と取り組むことになる。

（略）

面談指導を終えて学生を研究室から送り出すときなど、ほかにろくな激励《げきれい》の言葉も思いつかないので、ついつい「それじゃ、今度の発表、頑張《がんば》ってね」とか言ってしまうのだが、③私はあまりこの「頑張る」という言葉が好きではない。語源からして、自己中心的な世界観や過剰なる自意識を暗示する言葉だからである。

「頑張る」という言葉は、語源的には「我《が》に張る」から来ている。浄瑠璃《じょうるり》の『国性爺後日合戦《こくせんやごじつかっせん》』や『関八州繋馬《かんはっしゅうつなぎうま》』にでてくる「がにはり者」は、「我を張り通す人、［Ａ］者」の意だ。

本来負《マイナス》の意味を付与された「頑張る」がどこで「努力する」という正《プラス》の意味で用いられるようになったのかはよくわからない。一九三六年のベルリン五輪の際、水泳のラジオ実況中継をしていた河西三省《かさいさんせい》アナウンサーは前畑秀子《まえはたひでこ》（一九一四―九五。ベルリン五輪の二百メートル平泳ぎ金メダリスト）の応援に夢中になり、「前畑頑張れ！」を連呼した。これがきっかけとなってこの言葉がａ市民権を得たと説明する人もいるが、標準的な言語使用を心掛けているはずのアナウンサーが、いくら興奮していたとはいえ、あれだけ「頑張れ」を連発していたのである。④そのころすでに⑤現在と同じ意味で使われていたと考えるほうが自然であろう。

二　次の問いに答えなさい。

1　次の１～５の四字熟語には間違った漢字が含まれています。その漢字を抜き出し、正しい漢字に書き直しなさい。

1　意味深重　　2　気怒哀楽　　3　取社選択

4　大器晩生　　5　疑神暗鬼

2　次の１～８が対義語の組み合わせになるように、□に適切な漢字を補いなさい。

1　終了－開□　　2　拡大－縮□

3　就寝－起□　　4　人工－自□

5　敗北－□利　　6　部分－□体

7　戦争－平□　　8　理性－□情

3　次の１～７の敬語表現を後のア～キからそれぞれ選び、記号で答えなさい。同じ記号を二度使ってはいけません。

1　言う　　2　行く　　3　食べる　　4　見る

5　くれる　　6　する　　7　もらう

ア　いただく　　イ　くださる　　ウ　なさる　　エ　いらっしゃる　　オ　ご覧になる　　カ　召し上がる　　キ　おっしゃる

二〇二二年度　東京家政学院中学校

【国　語】〈二月一日午前試験〉（四五分）〈満点：一〇〇点〉

《注意》句読点や記号はすべて一字と数えます。

一　次の――線1～10のカタカナを漢字に、11～15の漢字をひらがなに直しなさい。

1　あの人はジタ共に認める実力者だ。

2　上司のダイリで出席する。

3　雲ひとつないセイテンだ。

4　先生にジョゲンを求める。

5　二人をタイトウにあつかう。

6　セントウに立って活動する。

7　ヨキしない結果にとまどう。

8　コガイで元気に運動する。

9　なつかしいボコウの思い出。

10　研究のタイショウを決める。

11　寒波のせいで冷え込む。

12　真の意図がわからない。

13　彼女はよく皮肉を言う。

14　本を出版する。

15　石と玉とを識別する。

2022年度

東京家政学院中学校 ▶解説と解答

算数 ＜２月１日午前試験＞（45分）＜満点：100点＞

解答

1 (1) 10 (2) 12.6 (3) $2\frac{2}{9}$ (4) 21 (5) 4.5 (6) 5 (7) 104 (8) 140 (9) 18 (10) 14 (11) 13 (12) 15 (13) 118 **2** (1) 63 (2) 2.86cm^2 (3) 3.5cm **3** (1) 0.4kg (2) ５分後，7.5cm (3) 95個 **4** (1) 96 (2) CD…10cm，ED…7.5cm (3) 下のグラフ

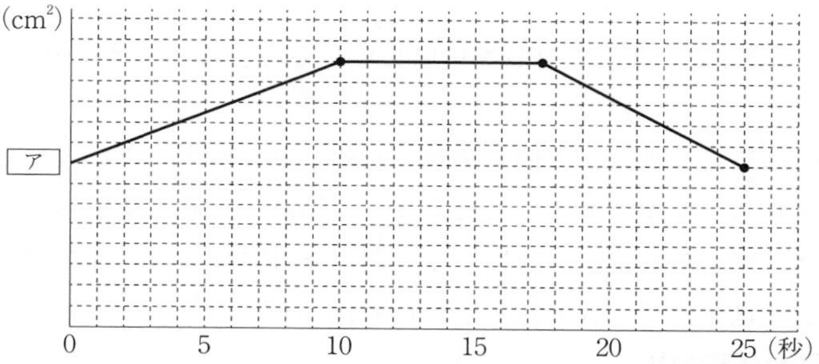

解説

1 **四則計算，逆算，比，時間の単位，濃度，平均，つるかめ算，通過算，約数・倍数，仕事算，過不足算**

(1) $36-2\times13=36-26=10$

(2) $8.4+3.5\times(6.1-4.9)=8.4+3.5\times1.2=8.4+4.2=12.6$

(3) $\left(\frac{1}{2}+\frac{3}{5}-\frac{3}{10}\right)\times2\frac{7}{9}=\left(\frac{5}{10}+\frac{6}{10}-\frac{3}{10}\right)\times2\frac{7}{9}=\frac{4}{5}\times2\frac{7}{9}=\frac{4}{5}\times\frac{25}{9}=\frac{20}{9}=2\frac{2}{9}$

(4) (52－□)×４＝124より，52－□＝124÷４＝31，□＝52－31＝21となる。

(5) 3.6：□＝４：５より，□＝3.6×５÷４＝4.5である。

(6) １時間30分＝90分なので，18分×□＝90分より，□＝90÷18＝５(倍)である。

(7) 食塩の重さ＝食塩水の重さ×濃さなので，求める食塩の重さは，800×0.13＝104(g)である。

(8) A，B，C，D，Eの５人の身長の合計は，136×５＝680(cm)で，A，B，C，Dの４人の身長の合計は，135×４＝540(cm)である。したがって，Eの身長は，680－540＝140(cm)となる。

(9) 30枚が全部50円玉だとすると，金額の合計は，50×30＝1500(円)になる。50円玉１枚を100円玉１枚に変えると，合計金額は，100－50＝50(円)増える。したがって，100円玉は，(2400－1500)÷50＝18(枚)ある。

(10) それぞれの列車の先頭の動きを考える。この２つの列車の先頭が出会ってから，すれちがい終わるまでに，それぞれの列車の先頭は合わせて，204＋216＝420(m)動いたことになる。この２つ

の列車の速さの和は，秒速，12＋18＝30(秒)なので，この２つの列車がすれちがうのに，420÷30＝14(秒)かかる。

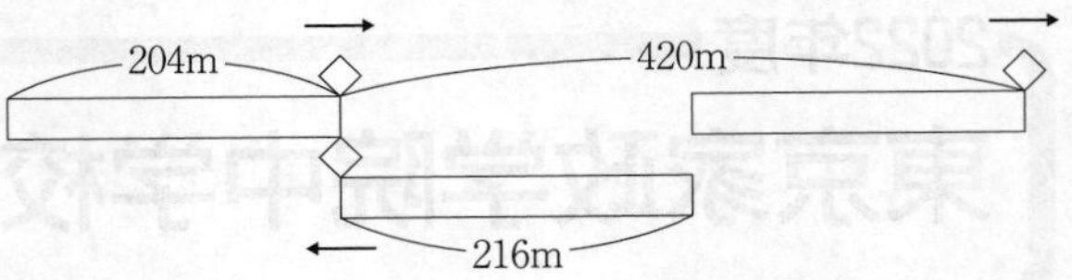

⑾　２×５＝10より，×２と×５が１組あると，10で１回割り切れるとわかる。よって，１×２×３×４×５×……×49×50の中に，×５がいくつあるか数えればよい(×２の数は，×５の数より多いので，×５の数のみ数えればよい)。まず，５の倍数は，50÷５＝10(個)あるが，このうち，25＝５×５，50＝２×５×５で，それぞれ×５が２つずつある。したがって，１×２×３×４×５×……×49×50の中に，×５は，10＋１＋１＝12(個)ある。以上のことから，１×２×３×４×５×……×49×50は10で12回割り切れて，13回割ると，はじめてあまりが出る。

⑿　この水そうの容積を１とすると，Ａ管から１分間に入る水の量は，$1\div30=\frac{1}{30}$，Ｂ管から１分間に出る水の量は，$1\div10=\frac{1}{10}$である。Ａ管とＢ管を同時に開けると，１分間に，$\frac{1}{10}-\frac{1}{30}=\frac{1}{15}$の水が減る。したがって，Ａ管とＢ管を同時に開けると，満水の水そうは，$1\div\frac{1}{15}=15$(分)で空になる。

⒀　お菓子を６個ずつ箱に入れると４個あまり，お菓子を８個ずつ箱に入れると，あと，（８－６）＋８×４＝34(個)入れることができる。これより，１箱に入れるお菓子の数を，８－６＝２(個)増やすと，入れることができるお菓子の数は，４＋34＝38(個)増える。したがって，箱の数は，38÷２＝19(箱)で，お菓子は全部で，６×19＋４＝118(個)ある。

２　角度，面積，面積や体積の比

⑴　BEを折り目として折り返しているので，三角形BCEと三角形BFEは合同である。よって，BC＝BFである。また，BCとBAはどちらも正方形の１辺で，BC＝BAなので，BF＝BAとなり，三角形BFAは二等辺三角形であることがわかる。∠EBF＝∠EBC＝18度，∠ABF＝90－18×２＝54(度)より，xの大きさは，(180－54)÷２＝63(度)である。

⑵　斜線部分の面積は，全体の台形の面積から，直角三角形とおうぎ形の面積を引けば求められる。おうぎ形の半径は，３－１＝２(cm)で，これは台形の右の辺と等しい。台形の面積は，（３＋２）×３÷２＝7.5(cm^2)，直角三角形の面積は，１×３÷２＝1.5(cm^2)，おうぎ形の面積は，２×２×3.14÷４＝3.14(cm^2)である。したがって，斜線部分の面積は，7.5－(1.5＋3.14)＝7.5－4.64＝2.86(cm^2)となる。

⑶　右の図は，台形の部分を正面から見たときの水面の位置を示したものである。上底２cm，下底４cmの台形の半分の高さの位置の水面の長さ(図のEFの長さ)は，（２＋４）÷２＝３(cm)である。このとき，水の入っている部分の台形EBCFの面積と，水の入っていない部分の台形AEFDの面積の比は，高さが等しいので，台形の(上底＋下底)の長さの比に等しく，（３＋４）：（２＋３）＝７：５である。この比は，容器に入っている水の体積と，水の入っていない部分の体積の比とも等しいので，台形の部分を底面として立体を立てたときの，水の入っている部分の高さと，水の入っていない部分の高さの比とも一致する。したがって，容器を立

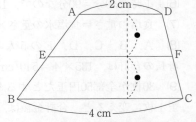

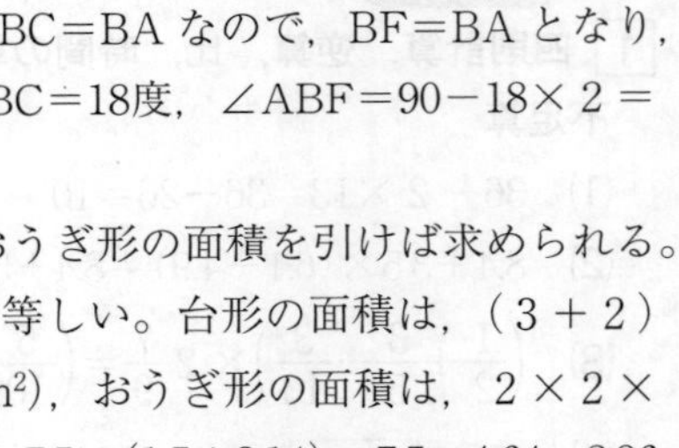

てたときの水面の高さは，６÷（７＋５）×７＝3.5(cm)になる。

3 相当算，旅人算，売買損益とつるかめ算

(1)　かごの中のお菓子の$\frac{2}{3}$の重さは，5.2－２＝3.2(kg)とわかる。よって，はじめにかごに入っていたお菓子の重さは，3.2÷$\frac{2}{3}$＝4.8(kg)である。したがって，かごの重さは，5.2－4.8＝0.4(kg)となる。

(2)　１分間にろうそくＡは，10÷20＝0.5(cm)，ろうそくＢは，15÷10＝1.5(cm)ずつ短くなる。火をつける前，ろうそくＢはろうそくＡよりも，15－10＝５(cm)長く，同時に火をつけると，１分間に，1.5－0.5＝１(cm)ずつ長さの差が縮まる。したがって，同じ長さになるのは，５÷１＝５(分後)で，そのときのろうそくＡ，Ｂの長さは，10－0.5×５＝10－2.5＝7.5(cm)である。

(3)　商品１個の定価は，800×（１＋0.4）＝1120(円)で，利益は，1120－800＝320(円)である。また，定価の25％引きにして売った売り値は，1120×（１－0.25）＝840(円)で，利益は，840－800＝40(円)である。よって，25％引きにして売った商品の個数は，つるかめ算を利用して，(320×150－21400)÷(320－40)＝26600÷280＝95(個)と求められる。

4 点の移動と面積・グラフ

(1)　アにあてはまる数は，点Ｐが点Ｃにあるときなので，三角形ABCの面積を求めて，16×12÷２＝96(cm^2)である。

(2)　問題の図の長方形の左上の頂点をＦとする。EDとACは平行なので，三角形FEDと三角形FACは相似であり，その相似比は，FE：FA＝(12－7.5)：12＝4.5：12＝３：８である。したがって，FD：FC＝３：８，FD：16＝３：８，FD＝３×16÷８＝６(cm)であるから，CD＝FC－FD＝16－６＝10(cm)となる。また，ED：AC＝３：８，ED：20＝３：８，ED＝20×３÷８＝7.5(cm)と求められる。

(3)　点Ｐは毎秒１cmの速さで進むので，点Ｃから点Ｄまで進むのに，10÷１＝10(秒)かかる。点Ｐが点Ｄに着いたときの四角形ABCPの面積は，(10＋16)×12÷２＝156(cm^2)である。次に，点Ｐが点Ｄから点Ｅまで進むのに，7.5÷１＝7.5(秒)かかり，EDとACは平行なので，四角形ABCP＝三角形ABC＋三角形ACPの面積は156cm^{2}のまま変化しない。最後に，点Ｐが点Ｅから点Ａに進むのに，7.5÷１＝7.5(秒)かかり，点Ｐが点Ａに着いたときの三角形ABCの面積は96cm^{2}である。したがって，解答のようなグラフとなる。

社　会　＜２月１日午前試験＞（理科と合わせて45分）＜満点：100点＞

解　答

1 **問1** (1) **A** カ　**B** オ　**C** ウ　**D** エ　(2) エ　(3) ウ　**問2** (1) ア　(2) エ　**2** **問1** イ　**問2** ウ　**3** **問1** (1) ウ　(2) ア　(3) エ　**問2** (1) エ　(2) イ　**4** **問1** 豊臣秀吉　**問2** エ　**問3** イ　**問4** エ　**問5** 徳川家康　**問6** ウ　**問7** ア　**問8** ウ　**問9** (1) エ　(2) Ｅ(と)Ｆ

解　説

1 関東地方についての問題

問１　(1)　**A**　“地図中の島々”は大島や新島などで，伊豆諸島に属していることからカの東京都である。　**B**　“他の都県とは河川が境となっている”のはアの茨城《いばらき》県とは利根《とね》川が，エの埼玉《さいたま》県やカの東京都とは江戸《えど》川が境となっているオの千葉県である。　**C**　“北は新潟《にいがた》県と接している”のは越後《えちご》山脈が境となっているウの群馬県である。　**D**　“海に面していない”県はイの栃《とち》木《ぎ》県，ウの群馬県，エの埼玉県であるが，地図中に県境が記されているので，数えるとエの埼玉県が７都県と最も多いことがわかる。　(2)　アの小笠原《おがさわら》諸島も東京都に属しているが，本土から約1000km離《はな》れており，地図上には表されていない。イの南西諸島は鹿児島《かごしま》県と沖縄《おきなわ》県，ウの防予諸島は山口県と愛媛《えひめ》県に属している。　(3)　江戸川は利根川の分流である。なお，多摩《たま》川は神奈川《かながわ》県と東京都の境の一部，荒《あら》川は埼玉県と東京都の境の一部を流れている。

問２　(1)　割合を表すのに適しているのはアの円グラフ以外に帯グラフもある。なお，数量を比較《ひかく》するのに適しているのはイの棒グラフ，数量の移り変わりを大まかにつかむのに適しているのはウの折れ線グラフである。　(2)　一般《いっぱん》的に，標高が100m高くなると，気温は0.6℃下がるといわれる。夏にキャベツの生産がさかんな群馬県嬬恋《つまごい》村は標高800～1200mに位置しているため，夏でも冷涼《れいりょう》である。

2　東京オリンピックについての問題

問１　UNHCRは国連難民高等弁務官事務所の略称《りゃくしょう》である。なお，アのUNESCOは国連教育科学文化機関，ウのFAOは国連食糧《しょくりょう》農業機関，エのWHOは世界保健機関の略称である。

問２　Ｆさんのスケッチの下の調べたことに“一年中暑い地域”，“周りを海で囲まれた島国”とあることからウを選ぶことができる。なお，アのアイスランドは島国だが，国土の一部は北極圏《けん》に属する寒冷な国，イのエジプト，エのコロンビアは島国ではない。

3　2021年の出来事についての問題

問１　(1)　アの衆議院の解散を決めることとイの外国との条約を結ぶことは内閣の働きである。エの国会の召集《しょうしゅう》は天皇の国事行為《こうい》であるが，内閣の助言と承認にもとづいておこなわれる。　(2)　日本国憲法で定められた国民の三大義務として，仕事について働く義務，納税の義務以外に，子どもに教育を受けさせる義務がある。　(3)　自然災害によって住宅が全壊《ぜんかい》した場合，国は生活を再建するための支援《しえん》金を給付するが，住宅の再建には自助努力が必要となる。

問２　(1)　新型コロナウイルス感染症《しょう》対策として「新しい生活様式」が提唱され，人との接触《せっしょく》や不要不急の外出を控えるようになったことや，世界的に他国との往来が制限されるようになったことから，観光業は大きな打撃《だげき》を受けている。　(2)　アの文部科学省は教育やスポーツ，文化などの振興《しんこう》，ウの国土交通省は国土の開発や交通政策，エの環境《かんきょう》省は公害問題や地球環境問題に取り組んでいる。

4　飛鳥～明治時代についての問題

問１　豊臣秀吉《とよとみひでよし》は本能寺の変で織田信長を自害に追い込《こ》んだ明智光秀《あけちみつひで》を倒《たお》したことで，織田信長の事実上の後継者《こうけいしゃ》となり，全国統一を実現した。

問２　Ｂの平和条約とは，1951年のサンフランシスコ平和条約のことである。この条約の締結《ていけつ》によって，エの戦後改革をおこなった連合国軍による占領《せんりょう》が終わり，独立を回復した。なお，アは鎌《かま》倉《くら》時代，イは戦国時代，ウは江戸時代末期のできごとである。

問３　平安時代末期に平治の乱で源氏に勝利した平清盛は平氏政権をつくりあげたが，政治の実権を独占したことから，各方面の反発を招いた。源氏を中心に諸国の武士たちが平氏を倒すために挙兵し，平氏は1185年の壇ノ浦《だんのうら》の戦いで滅亡《めつぼう》した。

問４　源　頼朝《みなもとのよりとも》の妻北条政子の父である北条時政が初代執権《しっけん》となって以降，執権の地位は北条氏が独占した。なお，アの摂 政《せっしょう》は天皇が幼いときや女性の場合に天皇に代わって政治をおこなう役職，イの関白は成人の天皇を補佐《ほさ》する役職，ウの守護は鎌倉・室町幕府が武士の統制のために国ごとに置いた役職である。

問５　徳川家康は，1600年に豊臣政権を守ろうとする石田三成らを関ヶ原《せきがはら》の戦いで破り，1603年に征夷大将軍に任じられた。

問６　ウの武家諸法度は1615年に制定された大名統制のための法令で，３代将軍徳川家光のときに参勤交代の制度がつけ加えられた。なお，アの御成敗《ごせいばい》式目は鎌倉時代に北条泰時が制定した初の武家法，イの分国法は戦国大名が自分の領国を治めるために独自に定めた法，エの大日本帝国《ていこく》憲法は明治時代に制定された近代憲法である。

問７　アの天智《てんじ》天皇の即位《そくい》前の名は中 大兄皇子《なかのおおえのおうじ》で，藤 原《ふじわらの》(中臣)鎌足《かまたり》らの協力を得て，大化の改新をおこなった。なお，イの天武《てんむ》天皇は天智天皇の弟で，壬申《じんしん》の乱で天智天皇の子を破って即位し，天皇の力の強化に努めた天皇，ウの後白河《ごしらかわ》上皇は平安時代末期の保元の乱・平治の乱に関わった上皇，エの後鳥羽《ごとば》上皇は鎌倉時代に政治の実権を取り戻そうと承久の乱を起こした上皇である。

問８　ウの板垣退助《いたがきたいすけ》は欧米《おうべい》から帰国した岩倉具視《いわくらともみ》や大久保利通《おおくぼとしみち》らに征韓論《せいかんろん》を反対されたことで，西《さい》郷隆盛《ごうたかもり》らとともに政府を去り，その後，自由民権運動を主導した。なお，アの西郷隆盛は政府を去った後，不平士族らとともに西南戦争を起こして敗れた人物，イの伊藤《いとう》博文は初代内閣総理大臣や初代韓国統監《とうかん》などに就任するなど，明治政府で主要な役職を歴任した人物，エの大久保利通は木戸《きど》孝允《たかよし》・西郷隆盛とともに「維新《いしん》の三傑《さんけつ》」とよばれたが，西南戦争後，不平士族らによって暗殺された。

問９　(1)　アは樋口一葉《ひぐちいちよう》，イは与謝野晶子《よさのあきこ》，ウは平塚《ひらつか》らいてう《ちょう》について述べた文である。　(2)　現在の一万円札の 肖 像《しょうぞう》は福沢諭吉《ふくざわゆきち》で明治時代に活躍《かつやく》しているのでＦの板垣退助，一つ前の一万円札の肖像は聖徳太子で飛鳥時代に活躍しているのでＥの藤原鎌足を選ぶ。

理　科　＜２月１日午前試験＞（社会と合わせて45分）＜満点：100点＞

解　答

1 (1)　エ　(2)　ア　(3)　伝導(熱伝導)　2 (1)　1.4秒　(2)　長くなる　(3)　変わらない　3 (1)　54ｇ　(2)　**ホウ酸**…５ｇ　**食塩**…０ｇ　**ミョウバン**…24ｇ　(3)　ろ過　(4)　４ｇ　4 (1)　①　やく　②　花粉　③　柱頭　(2)　**記号**…Ｄ　**名前**…子ぼう　(3)　**記号**…Ｅ　**名前**…種子　(4)　①　対物　②　20　5 (1)　**Ａ**　北斗七星　**Ｂ**　カシオペヤ座　(2)　北極星　(3)　北　(4)　４時間

解　説

1　熱の伝わり方についての問題

(1)　銅の板の角を熱すると，熱は銅の板の中を波もんのように広がり伝わっていく。そのため，上から見た図で，熱している角からの直線きょりが短い場所ほど，早く温まってろうがとけ，おもりが早く落ちる。よって，イの場所のおもりが１番早く落ち，時間を置かずにウの場所のおもりが落ち，３番目にアの場所のおもりが落ちて，エの場所のおもりが１番遅《おそ》く落ちる。

⑵　熱は切れ込《こ》みを飛びこえては伝わらず，板の中を伝わるので，熱している角からそれぞれの場所まで板の上をたどったとき，その道のりが短い場所ほどおもりが早く落ちる。したがって，ウの場所のおもりが１番早く落ち，２番目にイの場所，３番目にエの場所のおもりが落ちて，アの場所のおもりが１番遅く落ちる。

⑶　熱が物質の中を順々に伝わるような熱の伝わり方を伝導(熱伝導)という。

2　ふりこについての問題

⑴　計測した６回の値の合計は，14＋15＋14＋13＋15＋14＝85(秒)なので，この平均は，85÷６＝14.16…より，14.2秒となる。これは10往復する時間の平均だから，１往復する時間は，14.2÷10＝1.42より，1.4秒と求められる。

⑵　ふりこが１往復する時間(周期)は，ふりこの長さ(糸の長さ)だけによって決まり，ふりこの長さが長いほど，１往復する時間も長くなる。したがって，糸の長さを50cmから1.0mにすると，１往復する時間は長くなる。

⑶　ふりこの長さが変わらなければ，おもりの重さやふれはばを変えても，１往復する時間は変わらない。

3　もののとけ方についての問題

⑴　表２を見ると，水の温度が変わらないとき，水の量が２倍，３倍になると，とけたものの量も２倍，３倍になっている(つまり，ものがとける量は水の量に比例する)。よって，表１より，30℃の水50mLに食塩は18ｇまでとけることがわかるから，30℃の水の量を(150÷50＝)３倍の150mLにすると，食塩も３倍の，18×３＝54(ｇ)までとける。

⑵　表１より，60℃の水50mLにホウ酸は７ｇまでとけるが，この水よう液を10℃まで下げると，10℃の水50mLにホウ酸は２ｇまでしかとけないから，７－２＝５(ｇ)のつぶが出てくる。同様に考えると，食塩の場合は，水50mLに60℃のときは18ｇ，10℃のときは18ｇまでとけるので，出てくるつぶは，18－18＝０(ｇ)になる。ミョウバンの場合は，水50mLに60℃のときは28ｇ，10℃のときは４ｇまでとけるから，出てくるつぶは，28－４＝24(ｇ)である。

⑶　固体と液体が混じっているものを，ろ紙をはめたろうとに注ぎ，こして固体と液体に分ける方法をろ過という。

⑷　表１より，10℃の水50mLに食塩は18ｇまでとけるから，水の量を(100÷50＝)２倍の100mLにすると，食塩も２倍の，18×２＝36(ｇ)までとける。よって，10℃の水100mLに40ｇの食塩を加えると，そのうち36ｇまでしかとけないので，40－36＝４(ｇ)の食塩がとけ残る。

4　花のつくり，けんび鏡についての問題

⑴　おしべの先にあるふくろのようなつくりをやくといい，ここでは花粉がつくられている。そして，この花粉がめしべの先端《せんたん》の柱頭とよばれる部分につくことを受粉という。

⑵，⑶　図で，Ａはめしべの柱頭，Ｂはおしべのやく，Ｃは花べん(花びら)である。Ｄはめしべの下部にある子ぼうという部分で，受粉すると成長してふくらみ，実になるところである。Ｅは子ぼうの中にあるはいしゅで，受粉後には成長して種子となる。Ｆはがくである。

⑷　けんび鏡には接眼レンズと対物レンズの２種類のレンズがある。観察するときの倍率は，(接眼レンズの倍率)×(対物レンズの倍率)となるので，10倍の接眼レンズを使って200倍で観察したいとき，対物レンズは，200÷10＝20(倍)にすればよい。

5　北の空の星と星座についての問題

⑴　Ａはひしゃくの形をした北斗《ほくと》七星，ＢはＷ字型をしたカシオペヤ(カシオペア)座である。

⑵　北斗七星とカシオペヤ座の中間あたりにあるＣの星は北極星で，つねに真北の同じ位置にとどまって見えるため，昔から方位を知る手がかりとなる星となっている。

⑶　北斗七星，カシオペヤ座，北極星が見られることから，これは北の空のようすである。

⑷　１日(24時間)かけて１周している(360度まわっている)のだから，１時間あたりでは，360÷24＝15(度)まわっている。よって，ａからｂの位置に移動するのに60度まわっているので，60÷15＝4(時間)かかる。

英語　＜２月１日午前試験＞（筆記25分）＜満点：筆記75点＞

解答

1　⑴ rainy　⑵ grapes　⑶ plane　2　⑴ ウ　⑵ ア　⑶ イ　⑷ イ
3　⑴ ウ　⑵ イ　⑶ エ　⑷ ウ　4　⑴ イ　⑵ ア　⑶ イ　⑷ ウ
⑸ ア　⑹ ウ　⑺ イ　⑻ ウ　⑼ エ　⑽ ウ　5　⑴ イ　⑵ エ
⑶ ウ　⑷ ア　6　⑴ **２番目：**イ　**４番目：**ア　⑵ **２番目：**オ　**４番目：**エ
⑶ **２番目：**エ　**４番目：**ウ　⑷ **２番目：**カ　**４番目：**オ　7　⑴ ウ　⑵ エ
⑶ ウ

国語　＜２月１日午前試験＞（45分）＜満点：100点＞

解答

一　**1～10**　下記を参照のこと。　**11**　かんぱ　**12**　いと　**13**　ひにく　**14**　しゅっぱん　**15**　しきべつ　二　1　**1**　**誤**　重　**→正**　長　**2**　**誤**　気　**→正**　喜　**3**　**誤**　社　**→正**　捨　**4**　**誤**　生　**→正**　成　**5**　**誤**　神　**→正**　心　2　**1**　始　**2**　小　**3**　床　**4**　然　**5**　勝　**6**　全　**7**　和　**8**　感　3　**1**　キ　**2**　エ　**3**　カ　**4**　オ　**5**　イ　**6**　ウ　**7**　ア　三　**問１**　何かに熱中，没入している状態　**問２**　よほど意志　**問３**　自己中心的　**問４**　ウ　**問５**　**a**　ウ　**b**　ア　**問６**　④　一九三六年のベルリン五輪の際　⑤　努力する　**問７**　人の二倍，　**問８**　**B**　努力　**C**　稽古　**問９**　ア　**問10**　(例)　彼の実家は三代にわたって伝統工芸を継承している。そのため彼自身も，祖父や父の手法にこだわって，すばらしい作品を作っている。
問11　(例)　春子の稽古が終わるまで待っている点。　**問12**　(例)　春子が師匠の帰り道を手燭で明るくすること。　**問13**　**ア**　○　**イ**　×　**ウ**　×　**エ**　×

●漢字の書き取り

□一 1　自他　2　代理　3　晴天　4　助言　5　対等　6　先頭
7　予期　8　戸外　9　母校　10　対象

解　説

□一 漢字の書き取りと読み

1　自分と他人。　2　ある人の代わりに物事をおこなうこと。　3　空が晴れわたっていること。　4　助けになるような言葉や意見を言うこと。また，その意見や言葉のこと。　5　二つの物事のうち，どちらが優れているともいえない様子のこと。　6　一番先のこと。　7　これから起きそうなことを推測したり期待したりすること。　8　家の外のこと。　9　その人が学び，卒業した学校のこと。　10　はたらきかける相手となるもの。　11　その地域の普段の気温よりもはるかに冷たい空気が波のように押《お》し寄せること。　12　何かをしようと考えること。また，そのしたいこと。　13　相手の悪いところを遠回しに言うこと。また，その言葉のこと。　14　文章や絵などを本や雑誌にして売り出すこと。　15　もののちがいを見分けること。

□二 四字熟語・対義語・慣用句の知識

[1]　四字熟語の問題である。全て出題頻度《ひんど》の高いものであり，特に間違えやすい漢字を含《ふく》む四字熟語には注意が必要である。1　言葉に，簡単には理解できない奥の深い意味があること。　2　喜びと怒りと悲しみと楽しみのこと。また，人間のさまざまな気持ちのこと。　3　必要なものと必要でないものを見分けて，必要なものだけを選び取ること。　4　すぐれた人が成功を収めるには時間がかかるということ。　5　疑う気持ちが強いあまり，なんでもないことにまで不安になったりおそろしくなったりすること。　[2]　対義語の問題である。1「終了」は「物事が終わりになること，物事を終わりにすること」，「開始」は「物事を始めること」をいう。　2「拡大」は「広げて大きくすること，広がって大きくなること」，「縮小」は「大きさを小さくすること」をいう。　3「就寝《しゅうしん》」は「寝ること」，「起床《きしょう》」は「起きること」をいう。　4「人工」は「人の力で作ること」，「自然」は「人が作るのではなく，そのものがひとりでにあること」をいう。　5「敗北」は「戦いに負けること」，「勝利」は「戦いに勝つこと」をいう。　6「部分」は「物事をいくつかに分けたものの一部」，「全体」は「物事を全てまとめたもの」をいう。　7「戦争」は「軍隊などの武力を用いて争うこと」，「平和」は「争いがなくおだやかなこと」をいう。　8「理性」は「筋道をたてて物事を考えて判断する力」，「感情」は「心の動きや気分」をいう。　[3]　敬語表現の問題である。まぎらわしい言い回しではなく，基本的な表現を正確に知っているかが問われている。

□三 出典は斎藤兆史《さいとうよしふみ》の『努力論　決定版』による。努力することの本来のあり方とは，自分でしようとするものではなく，いつの間にか自然に入り込《こ》んで行っているものだということを，サンスクリット語(古代インドの言語)からきた「三昧《ざんまい》」ということばを用いて説明している。次に，「努力」に関連して使われる「頑張《がんば》る」や「こだわる」が，ふだんは本来とは異なった意味で使われていると指摘《してき》している。そして最後に，片山春子のエピソードを紹介して，本来の努力のあり方とは「三昧」だとあらためて述べている。

問１　「そのような」は指示語であり，直前に登場したことがらを指している。傍線部《ぼうせんぶ》にあるように，「状態」を説明することばを探せばよい。

問２　【　】中では，まず傍線部⑦にあるように，「こだわる」という言葉が誤って使われていることを指摘している。次に傍線部⑧のように，その誤りがなぜ起こったのかを説明している。最後に「一流の料理人」を例にして，本来の上達方法を説明している。この三つのうち，「三昧」に関係するのは最後の部分だけである。ここから，傍線部②の直後のように「黙々と取り組む」ような様子を探せばよい。

問３　傍線部③の内容はここで初めて登場するので，直後の部分に注目する。すると，「…だからである。」という理由を表す表現が出てくる。

問４　空欄《くうらん》は言葉の意味を説明した部分であるから，「我《が》を張る」と同じ意味の言葉を選ぶ。「強《ごう》情《じょう》」とは，自分の考えを変えようとしない，かたくなな様子をいう。

問５　**a**「市民権《しみんけん》」とはもともと，国民や市民として行動をしたり財産をもったりする自由があるという権利のことで，政治に参加する権利のことも表す。ここから，「市民権を得る」という言い回しで，「その社会の一員として参加できるようになる」，さらに「社会で受け入れられ，普通のものとしてあつかわれる」という意味で使われる。**b**「寸暇《すんか》」とは「わずかなひま」のことである。よって「寸暇を惜《お》しんで」とは，「ごくわずかのひまな時間ももったいないと思うほど」という意味になる。

問６　傍線部④⑤が入っているこの一文は，「前畑《まえはた》頑張れ！」という応援《おうえん》のエピソードを解説した部分にある。そしてこのエピソードは，「頑張る」が「努力する」という意味で使われることの例として登場する。よって，ここまでが一続きの部分だとわかるので，同じ形式段落の内容にまず着目する。傍線部④は時間を指しているから，「一九三六年のベルリン五輪の際」だとわかる。またこの文の主語は省略されているが，傍線部⑤は「頑張る」という言葉の意味について述べているとわかるから，「努力する」ということだといえる。

問７　「そのような」は指示語であり，直前に登場したことがらを指している。傍線部のことを「言う」と続いている点に注目すると，二文前にある「口にする」の直前が同じ内容だとわかる。

問８　空欄Ｂは「自分はこんなに頑張っているのにどうして誰も認めてくれないのだろうと嘆《なげ》いている」人について「誰も認めてくれないこと自体が努力不足の何よりの証拠《しょうこ》」だと述べたあとに続いている。つまりほかの人に認めてもらうためには努力が必要だということである。また空欄部Ｃは，「手水舞《ちょうずまい》」というエピソードについての解説の部分にある。ここで春子が「三昧の境地」，つまり夢中になってしていることは「稽古《けいこ》」である。

問９　「こだわる」の使い方が正しいかどうかという話題は，この傍線部で初めて登場するから，続きの部分に注目する。すると「心が何かにひっかかって，本来の目標に向かうことが妨《さまた》げられている」と説明されている。よって，何かがじゃまになってうまくいかないという内容のものを選べばよい。選択肢《せんたくし》アの「体面《たいめん》」は，ほかの人からどう見えるかということを，「本質《ほんしつ》」は，そのものの本来の性質や，そのものらしさのことをいう。つまり選択肢アは「自分が周りの人からどうみられているかを気にして，（目の前で起こっていることなどが）どういうことなのかがわからなくなる」ということである。ほかの選択肢はどれも，物事をよりよくしようとする内容の文なので，適切ではない。選択肢イの「妥協《だきょう》」は，意見が対立して物事が進まないとき，一方または両方が大事にしていたことをあきらめておだやかに解決しようとすることをいう。

問10　「こだわる」の「正《プラス》の意味」が何であるかは直接には文章に登場しないので，自分でとらえなければならない。すると，ここでの「こだわる」はおおよそ「よい結果を求めるために大事な条件を譲《ゆず》らないこと」というほどの意味になる。そこで解答では，①場面（どんなことをしようとしているか），②そこではどんなよい結果を求めているか，③そのために何に「こだわる」のか，が必要になる。

問11　「師《し》匠《しょう》」について説明しているのは，この傍線部が最初なので，続きの部分に注目する。直後の文には，師匠は「じっと待っている」とある。

問12　ここでの「自分」とは春子のことである。この場面では，春子はもともと「夜，師匠が手洗いに行くときには手《て》燭《しょく》を持ってお供《とも》を」することになっていた。本文の注意書きにあるように，手燭とは持ち歩きのできるろうそくであるから，春子は明かりを持って道を照らすために「お供をし」ていることがわかる。解答には「春子が」という言葉と，「師匠の帰り道を照らす」という内容があればよく，「帰り道」は「足元」のような語句でもよい。

問13　選択肢アは本文中盤ほどにある「『勉強を頑張る』，『試合を頑張る』などという言い方」が「間違った用法である」という部分に合う。選択肢イは問８の「認められるまで努力をすればいい」という部分に反する。選択肢ウは，【　】の中の「素材や調理法がわかったところで，普通の人間にはとても（一流の料理人と）同じ味は出せない」という部分に反する。選択肢エは片山春子が「手燭を持ってお供をし…昼間の稽古のおさらいをする」とあるので不適切である。

2022年度　東京家政学院中学校

〔電　話〕　(03)3262－2255
〔所在地〕　〒102－8341　東京都千代田区三番町22
〔交　通〕　JR中央線・東京メトロ各線・都営新宿線 ―「市ヶ谷駅」より徒歩７分

【算　数】〈２月１日午後試験〉（45分）〈満点：100点〉

《注意》円周率は3.14として計算しなさい。

1　次の□をうめなさい。

(1)　$90-80\div5\times2=$ □

(2)　$0.4\times12-4\div1\frac{3}{5}=$ □

(3)　$\frac{4}{5}\div\left(0.125\times6-\frac{11}{20}\right)=$ □

(4)　$\left(\square-252\div9\right)\div24=3$

(5)　12g：□kg=4：1800

(6)　□を 29 で割ると商は 13 であまりは 1 です。

(7)　800 円の商品を 2 割引きで買うと□円です。

(8)　5，9，13，17，…と規則にしたがって並んでいる数の列があります。この数の列の 20 番目の数は□です。

(9)　現在、花子さんは 15 才で、お母さんは 43 才です。お母さんの年れいが花子さんの年れいの 5 倍だったのは今から□年前です。

(10)　１本200円の赤いバラと１本250円のピンクのバラを合わせて10本買ったら、代金は2300円になりました。このとき、赤いバラは□本買いました。

(11)　ある中学校の１年生は、６人ずつの班に分けるときも９人ずつの班に分けるときも、どちらもちょうど分けることができます。６人ずつの班に分けると、９人ずつの班に分けるときより５班多くなります。この１年生の全体は□人です。

(12)　ふもとから山頂まで９㎞の登山道を行きは時速２㎞で登り、山頂で30分休けいをしてから帰りは時速４㎞で下るとふもとを出発してからもどるまで□時間□分かかります。

(13)　学校の体育館のしき地とグラウンドをあわせた面積は、学校のしき地全体の面積の30％にあたります。また、体育館のしき地面積は600㎡で、グラウンドの面積の40％の広さです。学校のしき地全体の面積は□㎡です。

2　次の問いに答えなさい。

(1)　右の図は、印をつけた長さがすべて等しくなるように三角形の辺上の点を結んだ図です。xを求めなさい。

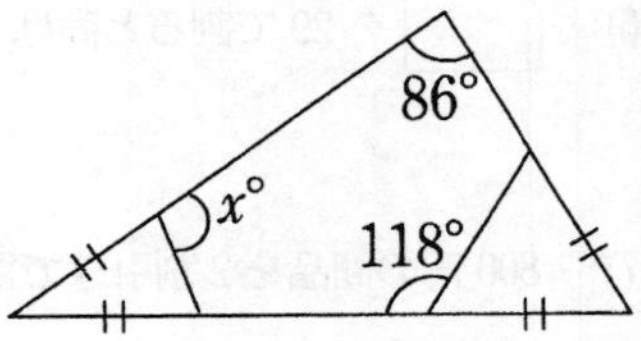

(2)　右の図は半径が４㎝で中心角が90°のおうぎ形２つと長方形を組み合わせた図です。太線で囲まれた図形の面積を求めなさい。

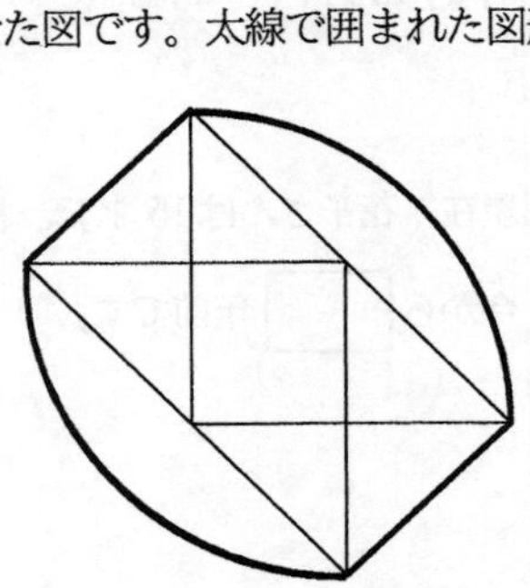

(3)　右の図は立方体をななめに切断した図です。下側の立体の体積を求めなさい。

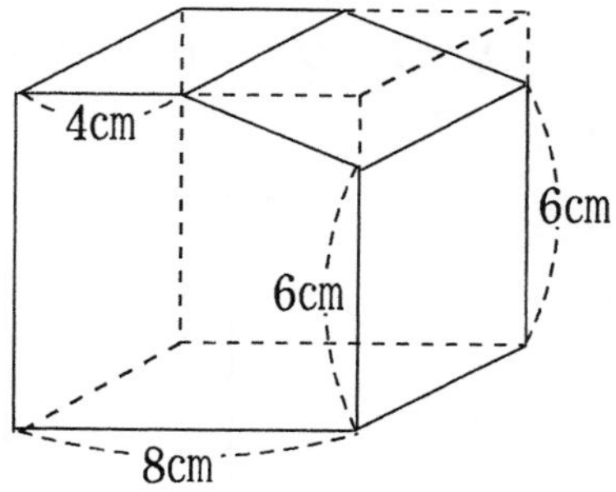

(4)　右の図の長方形の４つの頂点すべてを通る円を解答用紙に定規、コンパスを用いて作図しなさい。
ただし、作図に用いた線は消さずに残しておきなさい。

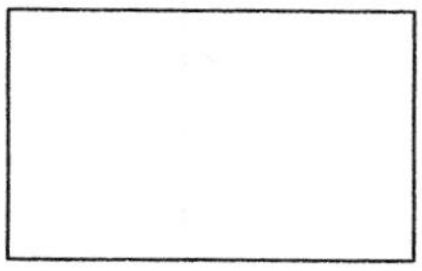

3　次の問いに答えなさい。

(1)　５人の算数のテストの合計は315点でした。また、最高点は最低点の２倍の点数で、その２人を除いた残りの３人の平均は、５人の平均より１点高かったそうです。最高点は何点でしたか。

(2)　10％の食塩水があります。食塩を加えると15％の食塩水が900ｇできました。このとき、加えた食塩の重さは何gですか。

(3)　1000や2022のように、「２種類の数字でできていて、使われている個数が３個と１個である４けたの整数」を、1000を１番目として小さい順に並べるとき、2022は何番目の数ですか。

4 長針と短針が一定の速さで動き続ける時計があります。下のグラフは９時から10時までの時刻と、長針と短針の間の角のうち、大きくない方の角の大きさの関係を表したものです。以下の問いに答えなさい。
ただし、答えが１より大きい分数や小数になるときは、帯分数の形で答えること。

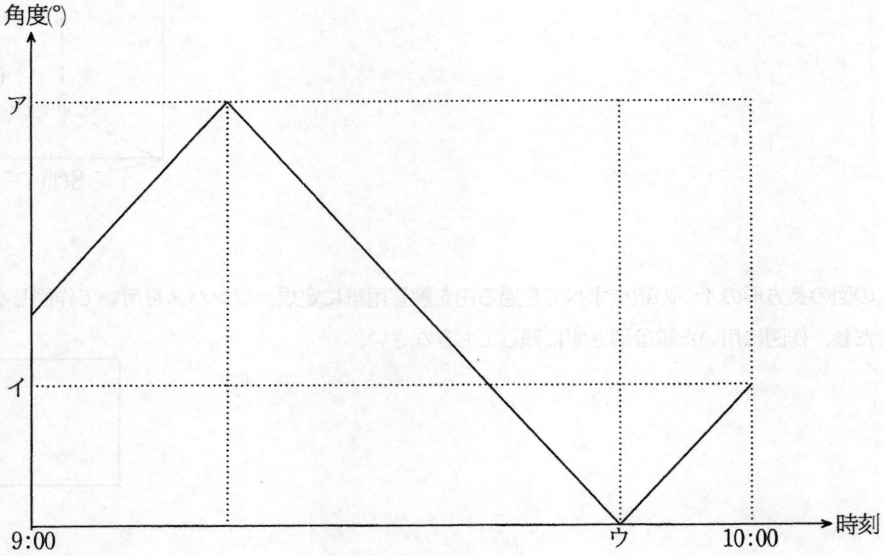

(1)　グラフのア、イにあてはまる数を求めなさい。

(2)　グラフのウにあてはまる時刻は９時何分ですか。

(3)　長針と短針の間の角度が40° になるのは９時何分ですか。すべて答えなさい。

問十　［ C ］に入る慣用句として適当なものを次のア～エから選び、記号で答えなさい。

ア　ザルに水を注ぐ
イ　石橋をたたいて渡る
ウ　類は友を呼ぶ
エ　能ある鷹は爪を隠す

問十一　――線⑦について、筆者がそのために必要だと主張しているものを六字で答えなさい。

問十二　［ D ］～［ F ］に入る語として適当なものをそれぞれ次のア～エから選び、記号で答えなさい。

ア　したがって　　イ　ところが　　ウ　つまり　　エ　すると

問十三　――線⑧とはどうすることか、具体的に表している五十七字の部分を本文から抜き出し、はじめの五字で示しなさい。

問十四　本文の内容として適当なものに○を、適当でないものに×を解答欄に記入しなさい。

ア　子供にとって、丸暗記は手がかからなくて最も効果的な勉強法である。
イ　情報が多いと混乱するので、ものごとの理解には分析という方法が欠かせない。
ウ　学校教育では、体系立った知識をそっくりそのまま教授する必要がある。
エ　論理や合理を学ぶには、技能化した知識を供給することがきわめて重要である。

b　当を得ない

ア　適切ではない　　イ　正当ではない　　ウ　事実ではない　　エ　当然ではない

c　いたずらに

ア　面白半分に　　イ　意地悪に　　ウ　悪質に　　エ　無駄に

問五　――線③を十字で説明している部分を抜き出して答えなさい。

問六　――線④の「二つの立場」とはそれぞれどのような立場ですか。解答欄の（　　）に適切な語句を補いなさい。

問七　――線⑤を五字で表している部分をここより前の本文から抜き出して答えなさい。また、二字で表している語をここより後の本文から抜き出して答えなさい。

問八　本文中の【　　】には次の1～4の各文が入ります。正しい順番に並べ替えたものとして適当なものを後のア～エから選び、記号で答えなさい。

1　むしろ、欲していない原稿がどんどん投稿されて集まってきて、混乱している編集部のようなのが子供の頭の中である。

2　要約や整理をするにも、何を基準にしたらよいのかわからないのである。

3　ところが、学習における〝編集〟は学習者の要求にもとづいて提供された素材、知識だけが教授されるのではない。

4　ひとつひとつの知識相互の関係もはっきりしていない。

ア　1→4→2→3　　イ　2→1→3→4　　ウ　3→1→4→2　　エ　4→2→3→1

問九　――線⑥は、文中の「マネキン」と「服」のどちらのたとえがあてはまるか答えなさい。

問一　空欄［Ａ］・［Ｂ］に入る語句として適当なものをそれぞれ次のア〜エから選び、記号で答えなさい。

ア　こわすのはありがたい　　イ　こわそうとかまわない　　ウ　こわさずにはいられない　　エ　こわしてもったいない

問二　――線①について、次の１・２に答えなさい。

１　「それ」とは「何をどうすること」か、十字で答えなさい。

２　「それ」が「理解しようという気持」に結びついていると筆者が考えるのはなぜか、その理由として適当なものを次のア〜エから選び、記号で答えなさい。

ア　こわすことが大きな創造的意義をもっているから。
イ　小さな部分に分解すると、わかりやすくなるから。
ウ　まとまったものは、七以上の情報を内蔵しているから。
エ　三か五くらいのことしかわからないかもしれないから。

問三　――線②の意味を示している部分を文中から十五字で抜き出し、そのはじめの五字で示しなさい。

問四　〰〰線ａ〜ｃの意味として適当なものをそれぞれ後のア〜エから選び、記号で答えなさい。

ａ　目白押しに

ア　注意深く　　イ　重大に　　ウ　集中して　　エ　優先的に

モデルのたくさん用意された頭をもっていることになる。

　モデルがいくつも出来ていると、⑥新しく入ってきた新知識は、適当にどれかのモデルを選んで、それに合わせて、これまでの既知の知識と関係づけられて理解される。モデルがないと、空中分解してしまう。

　幼い子供でも、かならず何がしかのモデルに相当するものはできているはずである。モデルがなければ、ものはわからない。記憶していられないからである。だれでも三歳くらいまでの記憶がまったく欠けているのは、その年齢まではモデルができていないから、[C]ようなもので、頭に残らない。モデルができるにつれて、経験したことが記憶されるようになる。過去のことを記憶しているというのは、モデルが存在する証拠だ。

　⑦このモデルはどうして身につけるのか。学校は断片的知識の供給に忙しくて、モデルづくりにまではとても手がまわらない。おもしろいのはオトギバナシが有力なモデル形成の役割を果していることだ。オトギバナシをくりかえしくりかえし聞いている子供は、知らず知らずのうちに、物語性のモデルをいくつか仕込むことになる。ほかのことはさっぱりわからないが、ゴシップや通俗小説ならおもしろく読むという大人が世の中に多いのは、ごく小さいときに、オトギバナシでストーリーのモデルだけはしっかり身につけたおかげである。現代のマスコミも、この幼児期のモデルのおかげで繁栄していることになる。

　もちろん、人間の知的活動には、物語のモデルだけでは充分でない。[D]、オトギバナシ程度にていねいに教えられる原型がほかにないので、有効にはたらくモデルがすくない。たとえば、算数、数学は、論理とか合理のモデルを提供してくれる重要な学科であるが、学科が知識化、技能化していて、モデル作成ということはあまり考えない。[E]、人間関係のストーリーには興味を示すのに、事象の関係を考える抽象はおもしろくない。難しいものときめてしまうことが多い。各教科は、知識を教えると同時に、その教科でなくては与えることのできないモデルを子供の心に植えつけるのだ、ということをもっとしっかり考えるべきであろう。それらのモデルは、当該学科の知識整理にとって、きわめて重要であるばかりでなく、一般的な理解作用の母型ともなるもので、教育の究極の目標も⑧そこにあるとしてよい。

　モデルがあるからといって、それですぐ知識の統合ができるわけでもない。モデルに合わせて、新入の知識は適当に取捨選択、変形、加工などを受ける。[F]、モデルによる編集がなされる。したがって、同じことを学習しても、モデルが違えば、理解もかならず違ってくるし、さらに、編集は当然、めいめいで違うから、その結果はさらに大きな異同を見せるだろう。理解はきわめて個性的にならざるを得ない。

(『ライフワークの思想』外山滋比古)

ことは、学習の段階ではとうていできない。

小出しに与えられた断片的知識を、小刻みに習得する。学習の方法はどうしても分析的にならざるを得ない。問題は、学習者の頭の中でいつまでもそのままにバラバラな知識としてとどまりがちなことであろう。理解するには分析して小さくし、すこしずつ新しいものを与えるほかはない。しかし、いったん習得した知識はバラバラなものではなくて、まとまりのあるものにしたい。④この二つの立場を調和させるにはどうしたらよいのか。それに成功したとき、「知識は力なり」（ベーコン）と言うことのできる知識になる。いまの学校教育は残念ながらそうはなっていないで、切れ切れの知識がcいたずらに集積している〝もの知り〟でしかないものを育てることが多い。

バラバラになって頭へ入ってくる知識を、まとまりのあるより大きな単位に統合するにはどうしたらよいか。こういうまとめを重ねて行って、ついには体系のようなものにするには、どういう方法をとったらよいのか。

理屈はともかく、子供は、ある程度、無自覚に部分の統合ということを行っている。Aのことを思い出すと自然にBをも思い出すというような連想の法則によるものもある。あるいはAがA′、A″、A‴など同類のものとひとまとめになって記憶されていることもある。⑤これらのまとめは個人の偶然によることが多いから、人によってかなり違った統合をしている。ここで、学習における〝編集〟理論の可能性が登場する。学習する知識のひとつひとつが〝編集〟を受けるべき素材である。言いかえると、雑誌の原稿に相当する。雑誌の編集と違うのは、雑誌なら必要なだけの原稿を注文して書いてもらうのだから、たいていの場合、集まった原稿は全部使う。

そこで、丸暗記が行われる。へたに精選、整理をしようものなら、大事なことを捨ててしまうおそれがある。わけはわからなくても、とにかく全部覚えておけば安全だという考えである。これがいちばん手がかからなくて簡単だということにもなる。しかし、おもしろいことに、全部丸暗記したつもりでいても、しばらくすると、自然に、多くのことを忘れて行く。覚えているのはほんの一部でしかない。残っているのが、無意識の編集によって選ばれた部分で、それがその子供のつくった知的〝雑誌〟である。知識は編集によってのみ、われわれの頭に定着するらしい。たとえ編集を放棄《ほうき》した丸暗記の学習においても、なお、自然のうちに、知らず知らずの編集は加わっている。

そういう偶然、自然の編集に委《ゆだ》ねておかないで、はっきりした統合を考えたらどうなるか。これからの知識論は当然ここに着眼しなくてはならない。まとまりをつくるのには、母型がなくては不都合であろう。その母体になるのが理解のモデルである。モデルとは、たとえて言えば、洋装店に立っているマネキン人形のようなもの。それにあれこれ衣装を着せる。服があっても着せるマネキンがなければ、洋服らしく見えない。人間の頭に入っているモデルは、マネキンのようにきまり切った型をしているのではない。理解力のすぐれた子供は、この

三　次の文章を読んで、後の問いに答えなさい。

子供にオモチャを与えると、しばらく、それで遊んでいるが、やがて、こわし始める。大人は、せっかくのオモチャを［Ａ］と言うが、子供にとって、遊ぶのに劣らず、こわすことが大きな創造的意義をもっている。もっとも、子供はその意義を自覚してオモチャをこわしているのではない。ただ本能的に［Ｂ］だけだ。こわせば、バラバラの部分になってしまう。その分解のプロセスが子供にとって、きわめて鋭《するど》い喜びを与えるのであろう。オモチャをこわすおもしろさの味をしめた子供は、つぎつぎにこわす。①それが無自覚ながらオモチャを理解しようという気持に結びついていることがすくなくない。「わかる」は「わける」「わかつ」ことによって、複雑な全体をときほぐして理解することを言葉の上でもあらわしている。大きな単位では、情報が多すぎて、混乱する。わかりにくい。小さな部分に分解すると、わかりやすくなる。ものごとの理解に分析という方法が欠かせないわけだ。

人間はあまり多くのことを一時に理解することができない。十九世紀のスコットランドの哲学者にウイリアム・ハミルトンという人がいた。この人が、オハジキを床の上にばらまいて、あまりたくさんでは同時に見ることはできない、せいぜい七つまでであるということをのべた。ハミルトンがこれを裏付けるような実験的研究をしたかどうか疑わしいとされていたが、その正当性を明らかにした人がいた。その結果、人間の②同時認識の限界は七つまで、個人差を上下二とすれば、七プラスマイナス二であるという説を出し、この七のことをマジカル・ナンバーと呼んだ。

まとまったものは、もちろん、七以上の情報を内蔵していて、それを一度でわかることは難しい。だから、これを分析、分解して、マジカル・ナンバー以内の情報に小分けしてわかろうとする。これが学習である。学習が、部分的、断片的な知識を主とすることはやむを得ないことである。小学校や中学校の児童生徒では、七のマジカル・ナンバーだって怪しい。三か五くらいのことしかわからないかもしれない。すこしずつ、すこしずつでないと理解できない。

学校教育では、一時に与える新しい知識の量が果して適当かどうかについて、これまであまり関心が示されなかったのではあるまいか。英語の教科書などでも、新しい単語が一ページの中にいくつもa目白押しに出てくるような教材が載《の》っている。大人の教師には平気でも、はじめて英語を習う生徒には、それを見て心が混乱して、学習の意欲を失ってしまうであろう。

近頃、ようやく、内容の精選ということが問題になり出したのは、おそまきながら結構なことである。しかし、その提示の仕方がb当を得ないと、あまり効果があがらない。すこしずつに分けて、着実に新しいことを覚えさせて行く。③こういう知識はどうしてもバラバラになって学習させることになるのは前述した通りである。それしか方法がない。体系立った知識をそっくりそのまま教授するなどという

二 次の問いにそれぞれ答えなさい。

1 次の１～５の四字熟語には間違った漢字が含まれています。その漢字を抜き出し、正しい漢字に書き直しなさい。

1 異工同音　2 温故知心　3 順風万帆
4 短刀直入　5 首美一貫

2 次の１～８が対義語の組み合わせになるように、□に適切な漢字を補いなさい。

1 義務 － 権□　2 結果 － 原□
3 容易 － □難　4 到着 － □発
5 増加 － 減□　6 破壊 － 建□
7 不要 － □要　8 浪費 － 倹□

3 次の１～７の敬語表現の意味を後のア～キからそれぞれ選び、記号で答えなさい。同じ記号を二度使ってはいけません。

1 うかがう　2 申し上げる　3 召す　4 差し上げる
5 ご覧になる　6 おいでになる　7 召し上がる

ア 聞く　イ 着る　ウ 与える　エ 来る　オ 言う　カ 見る　キ 食べる

二〇二二年度 東京家政学院中学校

【国　語】〈二月一日午後試験〉（四五分）〈満点：一〇〇点〉

《注意》句読点や記号はすべて一字と数えます。

一　次の――線1～10のカタカナを漢字に、11～15の漢字をひらがなに直しなさい。

1　サホウを身につける。

2　サイシンの注意を払う。

3　文書にチョウインする。

4　セキセツのため通行止めになる。

5　彼は私のムニの親友だ。

6　畑にヒリョウをまく。

7　客をイマに通す。

8　態度をホリュウする。

9　この例はジョガイして考える。

10　必要なシカクを取る。

11　けがの功名だ。

12　詩歌をたしなむ。

13　思わず悲鳴を上げた。

14　大豆は栄養に富む食物だ。

15　雑木林の中を歩く。

2022年度

東京家政学院中学校 ▶解答

※編集上の都合により，２月１日午後試験の解説は省略させていただきました。

算　数 ＜２月１日午後試験＞（45分）＜満点：100点＞

解　答

1 (1) 58　(2) $2\frac{3}{10}$　(3) 4　(4) 100　(5) 5.4　(6) 378　(7) 640　(8) 81　(9) 8　(10) 4　(11) 90　(12) 7時間15分　(13) 7000　2 (1) 109　(2) 25.12cm^2　(3) 480cm^3　(4) 右の図　3 (1) 82点　(2) 50g　(3) 38番目　4 (1) ア…180，イ…60　(2) 9時$49\frac{1}{11}$分　(3) 9時$41\frac{9}{11}$分，9時$56\frac{4}{11}$分

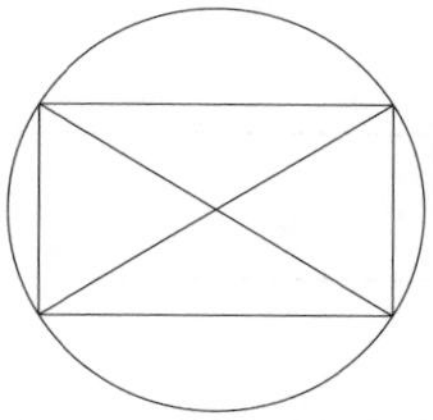

国　語 ＜２月１日午後試験＞（45分）＜満点：100点＞

解　答

一 1～10 下記を参照のこと。　11 こうみょう　12 しいか(しか)　13 ひめい　14 だいず　15 ぞうき　二 1 1 誤 工 →正 口　2 誤 心 →正 新　3 誤 万 →正 満　4 誤 短 →正 単　5 誤 美 →正 尾　2 1 利　2 因　3 困　4 出　5 少　6 設　7 必　8 約　3 1 ア　2 オ　3 イ　4 ウ　5 カ　6 エ　7 キ　三 問1 A エ　B ウ　問2 1 オモチャをこわすこと　2 イ　問3 多くのこと　問4 a ウ　b ア　c エ　問5 部分的，断片的な知識　問6 （例）（知識を）小さくして少しずつ与える（という立場）／（知識を）まとまりのあるものにしたい（という立場）※順不同　問7 部分の統合／編集　問8 ウ　問9 服　問10 ア　問11 オトギバナシ　問12 D イ　E ア　F ウ　問13 各教科は，　問14 ア ×　イ ○　ウ ×　エ ×

●漢字の書き取り

一 1 作法　2 細心　3 調印　4 積雪　5 無二　6 肥料　7 居間　8 保留　9 除外　10 資格

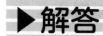

Memo

2021年度　東京家政学院中学校

〔電　話〕　(03)3262－2255
〔所在地〕　〒102－8341　東京都千代田区三番町22
〔交　通〕　JR中央線・東京メトロ各線・都営新宿線 —「市ヶ谷駅」より徒歩７分

〈編集部注：この試験は，２科目(国語といずれかの科目)または４科目(算数・社会・理科・国語)のいずれかを選択して受験します。〉

【算　数】〈２月１日午前試験〉(45分)〈満点：100点〉

《注意》円周率は3.14として計算しなさい。

1　次の □ をうめなさい。

(1)　$35-3\times11=$ □

(2)　$0.3\times12-3\div1\frac{1}{5}=$ □

(3)　$3\div\left(\frac{4}{5}-\frac{2}{3}\times0.75\right)=$ □

(4)　$($□$-45)\div5=3.6$

(5)　□ $:15=5:9$

(6)　350 g は □ kg です。

(7)　1, 4, 7, 10, 13, ・・・と規則にしたがって並んでいる数の列があります。この数の列の 10 番目の数は □ です。

(8)　原価 1750 円の商品に２割の利益を見こんで定価をつけると □ 円です。

(9)　１個 40 円のおかしと１個 30 円のおかしを合わせて 10 個買ったら、代金は 360 円になりました。このとき、40 円のおかしは □ 個買いました。

⑽　□人の子どもを長いすに座らせます。1きゃくに8人ずつ座らせると30人座れず、1きゃくに12人ずつ座らせると38人分の席があまります。

⑾　10人ではたらいてちょうど12日で終わる仕事を、はじめの8日間は4人ではたらき、その後は8人ではたらきました。仕事を始めてから終えるまで□日かかります。ただし仕事の速さはどの人も同じとします。

⑿　長さが180ｍで秒速15ｍで走る列車Ａと、長さが100ｍで秒速25ｍで走る列車Ｂがあります。この2つの列車が同じ向きに走っているとき、列車Ｂが列車Ａに追いついてから追いこすまで□秒かかります。

⒀　全部で□ページある本を、1日目は全体の$\frac{1}{6}$を読み、2日目に残りの$\frac{4}{5}$を読んだら60ページ残りました。

2　次の問いに答えなさい。

(1)　右の図は2種類の三角定規を組み合わせて作った図です。xを求めなさい。

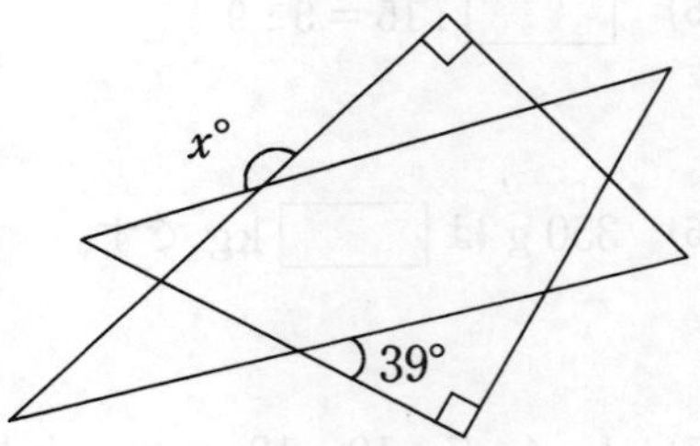

(2)　右の図は中心角が90°のおうぎ形と半円を組み合わせた図です。斜線部分のまわりの長さと面積を求めなさい。

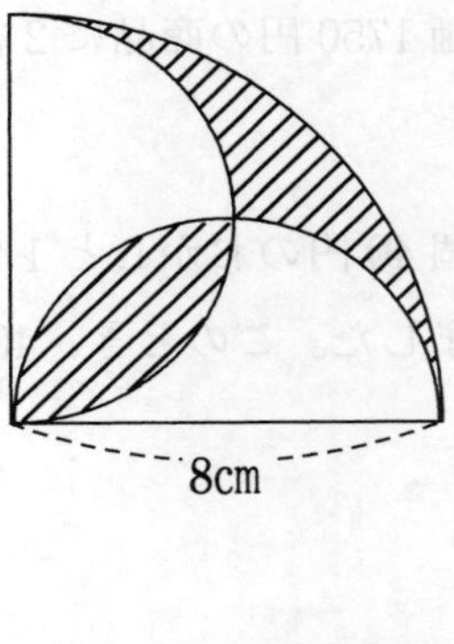

(3)　右の図は直方体を組み合わせてつくった立体です。体積を求めなさい。

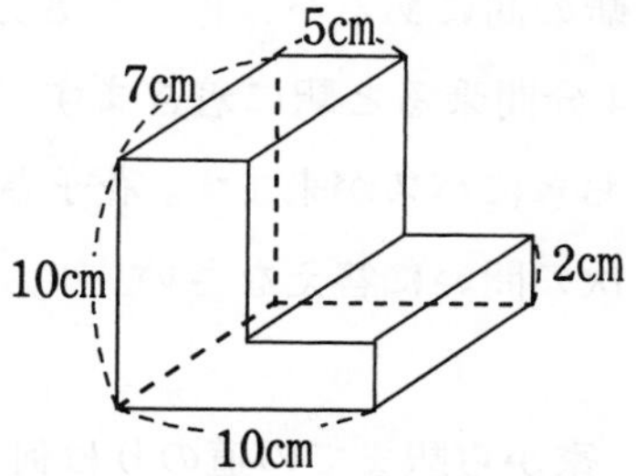

(4)　右の図の点Ａ、Ｂからの距離が３cmの点は２つあります。２つとも解答用紙に定規、コンパスを用いて作図しなさい。ただし、作図に用いた線は消さずに残しておきなさい。

3　次の問いに答えなさい。

(1)　46で割ると商と余りが同じ整数になる数のうち、３番目に大きい数を求めなさい。

(2)　20％の食塩水50ｇに４％の食塩水を加え、さらに水を加えて混ぜると4.5％の食塩水が400ｇできました。このとき加えた水は何ｇですか。

(3)　姉は妹の２倍のおこづかいを持っています。姉のおこづかいの$\frac{1}{3}$と、妹のおこづかいの４割を出し合って2200円の品物を買うと200円残りました。はじめに姉が持っていたおこづかいはいくらですか。

4 花子さんは電車通学のため、毎朝家から駅に向かいます。7時15分に家を出発し、家と駅の間にあるバス停まで８分間歩き、バス停でバスが来るのを待ち、最初に来たバスに４分間乗ると駅に着きます。バス停には６時20分に最初のバスが来て、その後は11分おきにバスが来ます。花子さんの歩く速さが分速50 m、バスの速さが時速42 kmのとき、次の問いに答えなさい。

(1) 家から駅までの道のりは何 m ですか。

(2) 花子さんが駅に着く時刻を求めなさい。

(3) 時刻と花子さんが家から駅まで移動した道のりの関係をグラフにして表しなさい。

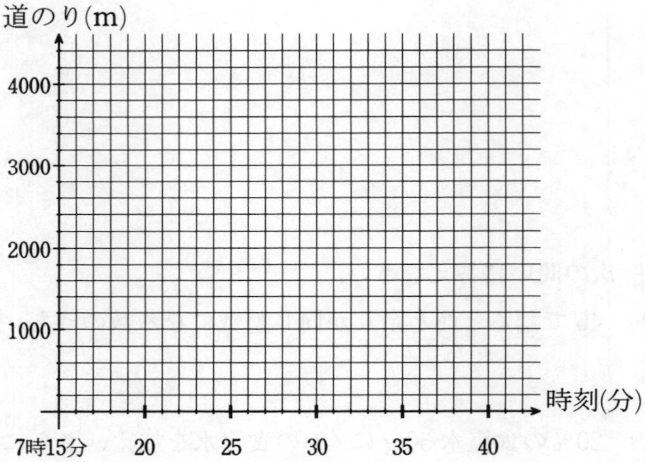

(4) ある日、花子さんは家を出る時間が遅くなって、いつも乗車しているバスに間に合わないので家から駅まで自転車で行きました。自転車で家から分速200 mで走りつづけたところ、１本後のバスに乗るよりも６分早く駅に着きました。このとき、花子さんがいつも乗車しているバスに追いこされたのは家から何mのところですか。

【社　会】〈2月1日午前試験〉（理科と合わせて45分）〈満点：50点〉

1 近畿地方について、以下の問いに答えなさい。

問１　Ａさん、Ｂさん、Ｃさん、Ｄさんは旅行した近畿地方の府県を当てるクイズを考えました。 次の文と地図を見て、以下の問いに答えなさい。

Ａさん：「私が旅行したところは日本海と瀬戸内海に面しています。県庁所在地は１９９５年の大地震で大きな被害を受けました。」
Ｂさん：「僕が旅行したところは海に面していません。北部は中部地方に接しています。」
Ｃさん：「私が旅行したところは太平洋に面しています。本州最南端に位置し、台風の通り道になっていて、梅雨の時期や秋に特に雨が多いです。」
Ｄさん：「僕が旅行したところは瀬戸内海に面しています。面積は近畿地方の中で最も小さいです。」

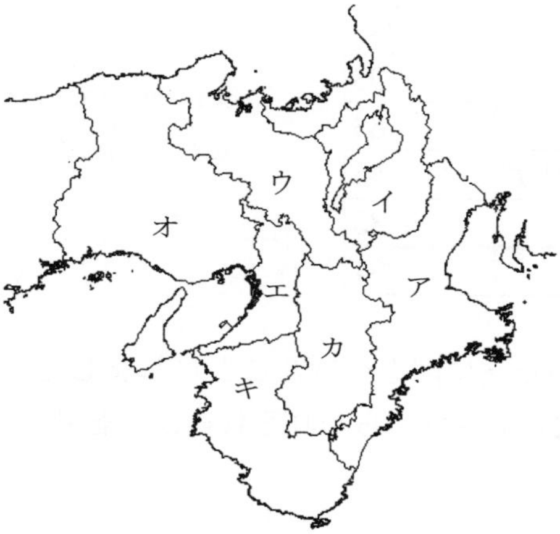

（１）４人が旅行した府県を地図中ア～キからそれぞれ選び、記号で答えなさい。

（２）文中の下線部について、この県最南端にある潮岬の雨温図として適当なものを次のア～エから選び、記号で答えなさい。

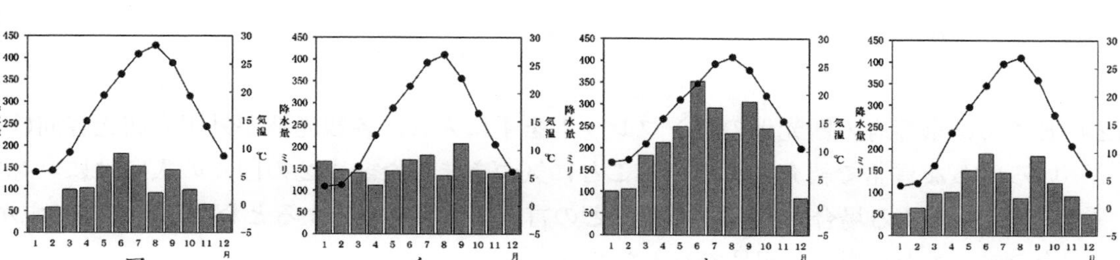

問２　Ｅさんは、京都府に多くの外国人観光客が訪れていることを知り、表１・表２から次のようにまとめました。

①「表１から、京都府に訪れる外国人観光客は２０１２年以降年々増加しています。」
②「表２から、２０１９年は中国から多くの観光客が訪れ、全体のおよそ２７％を占めています。」

表１　京都府の外国人宿泊者数の移り変わり

年	2010	2011	2012	2013	2014	2015	1016	2017	2018	2019
万人	143	89	165	236	294	409	419	468	521	894

表２　京都府の国別宿泊者ベスト５

2019年	万人
中国	245
アメリカ	98
台湾	83
オーストラリア	45
イギリス	35
全体	894

表１・表２とも１万人未満は切り捨て

観光庁「宿泊旅行統計調査」により作成

（１）Ｅさんは自分がまとめた文に図をつけることにしました。まとめた文①と②を表す図として適当なものを次のア～ウからそれぞれ選び、記号で答えなさい。

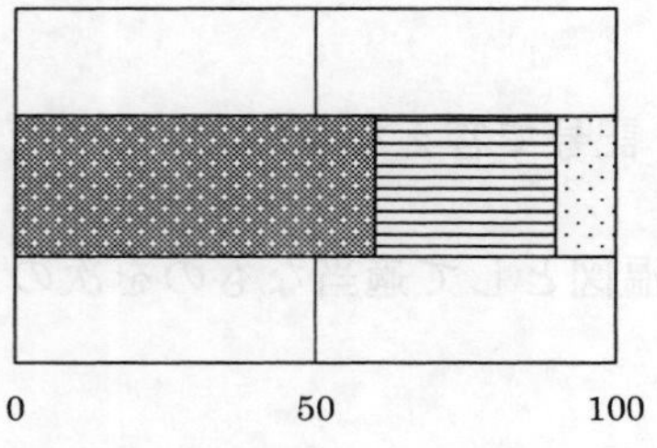

ア

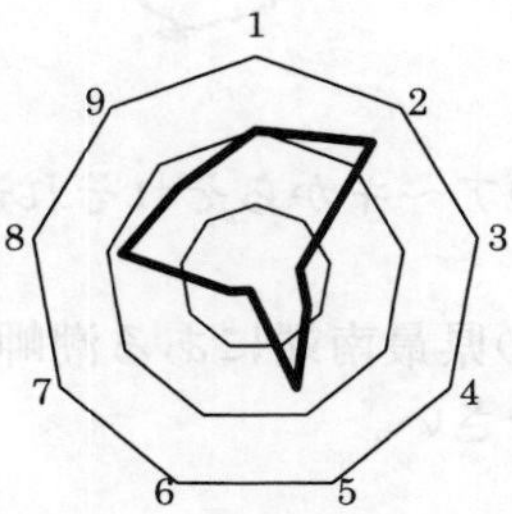

イ

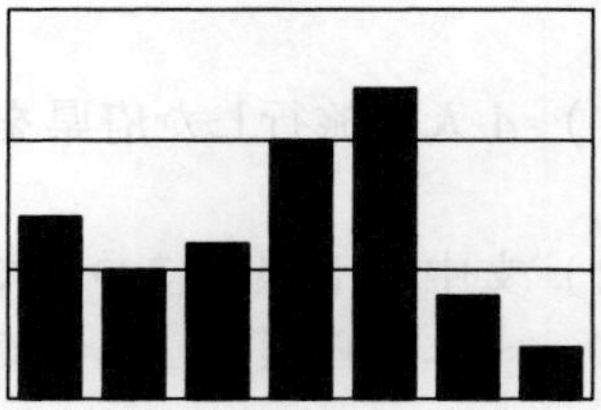
ウ

（２）Ｅさんは京都府の観光地のパンフレットを手に入れ、各観光地が外国人観光客向けにいろいろな言語で紹介されていることに気づきました。表２の国々の人向けにパンフレットをつくる場合、中国語を除き、どの言語で内容を紹介するとわかりやすいですか。次のア～エから選び、記号で答えなさい。

ア　スペイン語　　イ　フランス語　　ウ　アラビア語　　エ　英語

2 昨年は新型コロナウイルスの感染拡大で東京家政学院中学校も5月いっぱい学校が休校となりました。

問1　新型コロナウイルスの感染が初めて確認された中華人民共和国が属している地域を次のア～エから選び、記号で答えなさい。

ア　南アジア　　イ　東アジア　　ウ　西アジア　　エ　東南アジア

問2　次の表は9月時点の新型コロナウイルス感染者数の多い国を表したものです。中国と同じアジア州に属している国の数を次のア～エから選び、記号で答えなさい。

アメリカ合衆国	およそ667万人
インド	およそ521万人
ブラジル	およそ445万人
ロシア連邦	およそ108万人
南アフリカ共和国	およそ　65万人
スペイン	およそ　62万人
イラン	およそ　41万人
フランス	およそ　41万人

世界保健機関HPより作成

ア　1カ国　　イ　2カ国　　ウ　3カ国　　エ　4カ国

3 2020年の出来事について、以下の問いに答えなさい。

A　日本は、8月15日で終戦から75年を迎えた。

問1　Aに関連して、以下の問いに答えなさい。

(1) 終戦から現在までの動きについての説明文①、②の正誤の組み合わせとして正しいものを次のア～エから選び、記号で答えなさい。

①　自衛隊は日本の防衛と災害派遣などが任務で、これまで海外に派遣されたことはない。
②　核兵器を「持たず、作らず、持ちこませず」という非核三原則をかかげている。

ア　①－正　②－正　　イ　①－正　②－誤
ウ　①－誤　②－正　　エ　①－誤　②－誤

（2）終戦後、日本国憲法が公布、施行された。日本国憲法の三つの基本原理としてあてはまらないものを次のア～エから選び、記号で答えなさい。

ア　平和主義　　イ　天皇主権　　ウ　国民主権　　エ　基本的人権の尊重

（3）日本国憲法では、憲法の改正について慎重な手続きを定めている。国会から憲法改正の発議が行われたあと、国民の意思を問うために行われることを次のア～エから選び、記号で答えなさい。

ア　住民投票　　イ　国民審査　　ウ　国勢調査　　エ　国民投票

B　国連の専門機関が新型コロナウイルス感染症の流行をパンデミック（世界的大流行）と宣言した。

問2　Bに関連して、以下の問いに答えなさい。

（1）この専門機関を次のア～エから選び、記号で答えなさい。

ア　WHO　　イ　PKO　　ウ　UNICEF　　エ　UNESCO

（2）このパンデミックを終息させるため、菅首相はすべての国連加盟国で構成されている会議で各国が連帯することを呼びかけた。この会議を何というか。次のア～エから選び、記号で答えなさい。

ア　総会　　イ　信託統治理事会　　ウ　経済社会理事会　　エ　安全保障理事会

4　次のAからEの文を読んで、以下の問いに答えなさい。

A　藤原道長のむすめにつかえていた（　あ　）は『源氏物語』をあらわした。

B　冠位十二階をさだめた（　い　）は法隆寺を建て、仏教をあつく信仰した。

C　徳川家光のとき、幕府のしくみや参勤交代の制度が確立した。

D　大久保利通らを中心とした新政府は、ヨーロッパの国々に追いつこうと富国強兵に力を入れた。

E　足利義政が銀閣を建てたころ、（　う　）が墨絵を芸術として大成した。

問１　ＡからＥは、各時代のようすをあらわしている。このうち、ＡからＤにあてはまる時代名を次のア～スからそれぞれ選び、記号で答えなさい。

ア　縄文時代　　イ　弥生時代　　ウ　古墳時代　　エ　飛鳥時代
オ　奈良時代　　カ　平安時代　　キ　鎌倉時代　　ク　室町時代
ケ　安土桃山時代　　コ　江戸時代　　サ　明治時代　　シ　大正時代
ス　昭和時代

問２　（　あ　）にあてはまる人物を次のア～エから選び、記号で答えなさい。

ア　卑弥呼　　イ　紫式部　　ウ　清少納言　　エ　樋口一葉

問３　（　い　）にあてはまる人物を漢字で答えなさい。

問４　Ｃについて、この時代に活躍した人物を次のア～エから選び、記号で答えなさい。

ア　行基　　イ　世阿弥　　ウ　夏目漱石　　エ　歌川広重

問５　Ｄについて、この時代に活躍した人物としてあてはまらないものを次のア～エから選び、記号で答えなさい。

ア　福沢諭吉　　イ　野口英世　　ウ　佐藤栄作　　エ　北里柴三郎

問６　（　う　）にあてはまる人物を漢字で答えなさい。

問７　Ａ～Ｅのいずれかと同じ時代のものを次のア～エから選び、記号で答えなさい。

ア　聖武天皇は、国ごとに国分寺を建てることを命じた。
イ　運慶らは、金剛力士像などの力強い彫刻をつくった。
ウ　千利休はわび茶を完成させ、茶道へと大成した。
エ　井原西鶴は、町人の姿を浮世草子とよばれる小説にえがいた。

【理　科】〈2月1日午前試験〉（社会と合わせて45分）〈満点：50点〉

1　糸の長さや角度を変えて、ふりこのおもりをはなしてみました。次の問いに答えなさい。

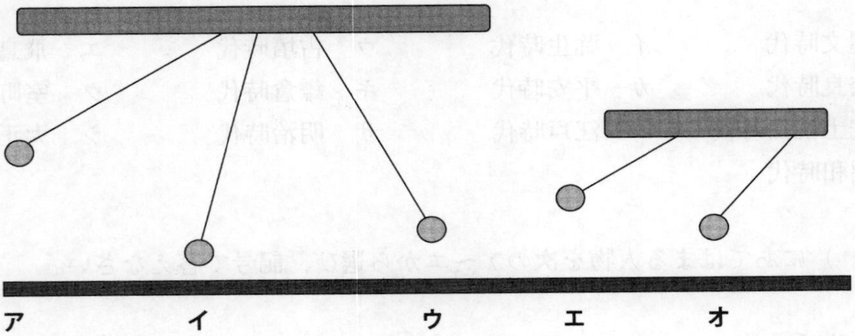

（1）おもりが一番下を通るときの速さが一番速いものはどれですか。ア～オから１つ選び、記号で答えなさい。

（2）おもりが一番下を通るときの速さが同じものはどれとどれですか。ア～オから２つ選び、記号で答えなさい。

（3）おもりが一番下を通るときに、ものにぶつけて動かしてみました。ふりこの糸や角度は変えないで、より遠くまでものを動かすには、おもりをどのようにすればよいですか。

2　下の図のように、棒に導線を巻いたコイルに電池をつなげて、電磁石《でんじしゃく》を作りました。この電磁石の磁力の強さが、他の何の要素と関係があるのかを調べるために、電池の数（全て直列つなぎ）、導線の巻き数、棒の材質をいろいろ変えて、鉄のクリップが何個つくか実験をしました。その結果の表を見て、次の問いに答えなさい。

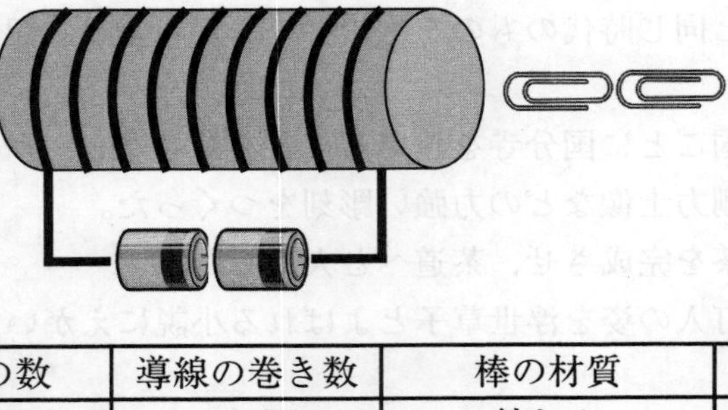

実験番号	電池の数	導線の巻き数	棒の材質	ついたクリップの数
①	2個	100回	鉄しん	5個
②	2個	200回	鉄しん	10個
③	3個	400回	鉄しん	（ア）
④	4個	200回	ニッケル	3個
⑤	4個	300回	銅	1個
⑥	4個	100回	鉄しん	10個

（１）電磁石の磁力の強さが導線の巻き数に比例することを調べるには、どれとどれの実験を比べればよいですか。①～⑥の中から２つ選び、番号で答えなさい。

（２）（ア）のついたクリップの数は、何個になると考えられますか。

（３）棒の材質は何にすれば磁力が強くなると考えられますか。

3　右の図のようなそう置を使って、二酸化炭素を集めようと思います。次の問いに答えなさい。

図

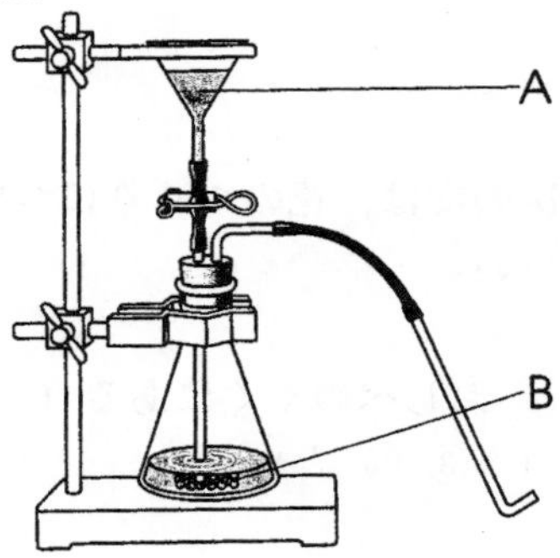

（１）A、Bの薬品《やくひん》名はそれぞれ何ですか。
次のア～カから１つずつ選び、記号で答えなさい。

ア　二酸化マンガン　　イ　石灰石
ウ　塩酸　　エ　オキシドール
オ　エタノール　　カ　食塩水

（２）（１）で発生させた二酸化炭素を集めるのにふさわしくない方法が１つあります。それはどれですか。次のア～ウから１つ選び、記号で答えなさい。

ア

イ

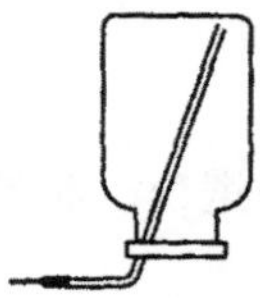

ウ

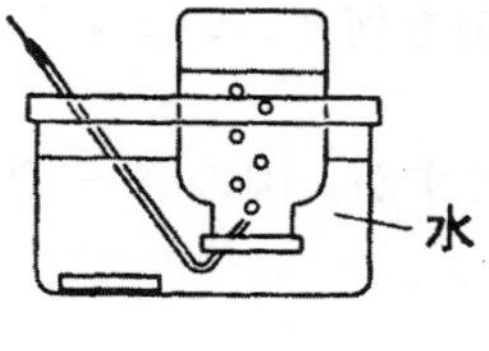

（３）集めた二酸化炭素を確認するために使用する薬品を何といいますか。

（４）二酸化炭素を（３）の薬品で確認したときの変化を説明しなさい。

（５）二酸化炭素がとけた水溶液《すいようえき》を何といいますか。

4　次の図は、アブラナとアサガオの花のつくりを示したものです。次の問いに答えなさい。

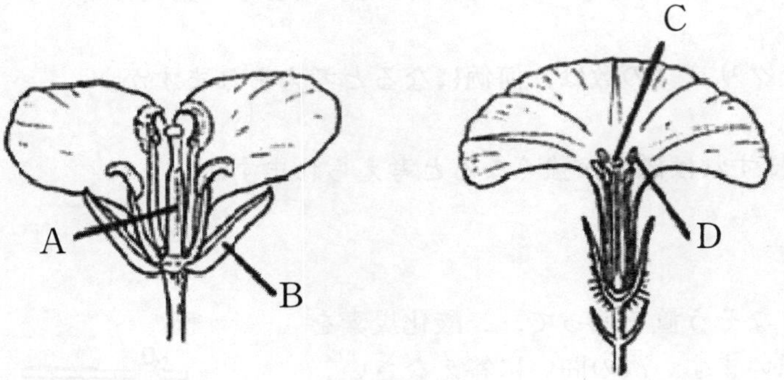

（１）次の文は、花のつくりについて説明したものです。空らんに当てはまることばを答えなさい。

おしべのやくにある（　①　）が、めしべの先端である（　②　）につくことを（　③　）という。

（２）図のＡ・Ｂのはたらきとして正しいものはどれですか。次のア～ウからそれぞれ１つずつ選び、記号で答えなさい。

ア　実になる　　　　イ　虫を引きつける　　　　ウ　花を支える

（３）図のＢの名前を何といいますか。

（４）やくはどれですか。図のＡ～Ｄから１つ選び、記号で答えなさい。

5　次の図は、ある日の夜空を観察したものです。ア～ウは星座を、A ～ C はそれぞれの星座に含まれる１等星を示しています。次の問いに答えなさい。

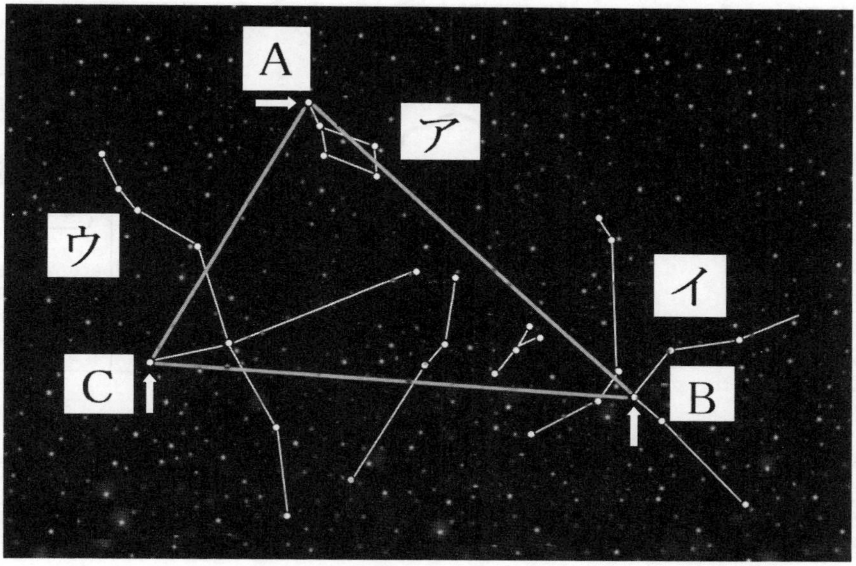

（１）図の星座アとウをそれぞれ何といいますか。

（２）図の星 A と B をそれぞれ何といいますか。

（３）このような夜空を観察できたことから、季節は、春、夏、秋、冬のどれですか。

（４）（３）と同じ季節に観察することができるさそり座の１等星（アンタレス）は何色に光っていますか。

【英　語】〈2月1日午前試験〉（筆記25分，面接5分）〈満点：筆記70点，面接30点〉

1 例にならって、次のイラストや数字が表す英単語を下の文字を並べかえて書きなさい。

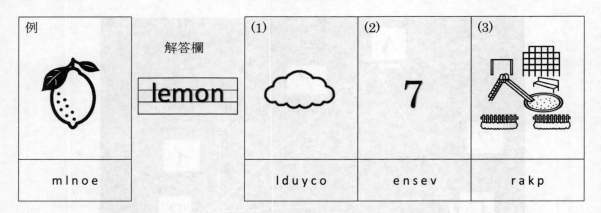

例	解答欄	(1)	(2)	(3)
	lemon		7	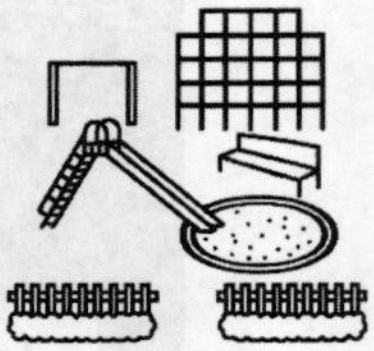
mlnoe		lduyco	ensev	rakp

2 次のCとDの関係が、AとBの関係と同じになるように、Dに適する語をア～ウの中から1つ選び、記号で答えなさい。

	A		B	C		D
(1)	good	−	bad	short	−	【ア happy　イ long　ウ new】
(2)	teach	−	teacher	play	−	【ア player　イ playing　ウ plays】
(3)	little	−	small	big	−	【ア old　イ high　ウ large】

3 次の各組の語の中で、1つだけ種類の異なるものを選び、記号で答えなさい。

(1) ア rabbit　イ cat　ウ rose　エ tiger
(2) ア May　イ June　ウ October　エ Sunday
(3) ア tennis　イ music　ウ soccer　エ baseball
(4) ア egg　イ blue　ウ red　エ green

4 次の (1) から (10) までの（　　）に入れるのに最も適切なものを、ア～エの中から1つずつ選び、記号で答えなさい。

(1) Our teacher often (　　) us interesting stories.
ア tells　イ says　ウ knows　エ drives

(2) *A* : I hear that John became the champion. Did you know that?
B : Yes. I was surprised (　　) the news.
ア in　イ on　ウ at　エ for

(3) My sister likes red fruits; for (　　) apples and strawberries.
ア head　イ example　ウ one　エ place

(4) Cindy has two sons. Both of (　　) are high school students.
ア them　イ him　ウ her　エ you

(5) I have a nice beach in my hometown. I (　　) there every summer.
ア clean　イ fly　ウ climb　エ swim

(6) Linda went to the (　　) last Saturday. She enjoyed seeing many animals there.
ア station　イ zoo　ウ museum　エ airport

(7) *A* : (　　) there a restaurant near here?
B : Yes. Walk two blocks and it's on your left.
ア Can　イ Do　ウ Are　エ Is

(8) Alice didn't have breakfast this morning, so she's very (　　) now.
ア hungry　イ tired　ウ sleepy　エ happy

(9) *A* : What is your (　　) subject, Jane?
B : I like math.
ア great　イ careful　ウ favorite　エ different

(10) *A* : I can't move this desk. (　　) you help me?
B : Sure.
ア Will　イ Must　ウ May　エ Shall

5 次の (1) から (4) までの会話について、(　　) に入れるのに最も適切なものを、ア～エの中から1つずつ選び、記号で答えなさい。

(1) *Daughter*：Dad, my umbrella is broken. Can you fix it?
Father：(　　　　　　　)
ア It's too big.　　イ Not at all.
ウ OK, I'll try.　　エ It's over there.

(2) *Teacher*：How's your cold?
Student：I had a fever last night, but (　　　　　　).
ア I'm better now　　イ OK, I will
ウ I have some questions　　エ I became sick

(3) *Girl*：Excuse me. How can I get to the zoo?
Woman：(　　　　　　), and get off at the second stop.
ア Go straight this way　　イ Take this red bus
ウ Sorry, I'm not from here　　エ There is a coffee shop

(4) *Waiter*：What would you like to order, ma'am?
Woman：I'm not sure. Can you come back a bit later?
Waiter：Of course. (　　　　　　　)
ア It's today's special.　　イ Our guest room is over there.
ウ Please take your time.　　エ I'll bring one right away.

6 次の文の [　　　] 内の語句を日本語の意味を表すように並べかえて、2番目と4番目に来るものを記号で答えなさい。ただし、文頭に来る語も小文字になっています。

(1) 人を服装で判断してはいけません。
[ア people　イ clothes　ウ judge　エ their　オ don't　カ by]
____ ____ ____ ____ ____ ____.
　　　2番目　　　4番目

(2) いつかアフリカを旅行してまわりたいと思っています。
[ア around　イ to　ウ would　エ Africa　オ travel　カ like]
I ____ ____ ____ ____ ____ ____.
　　　2番目　　　4番目

(3) 私はピアノを弾くといつもわくわくします。
[ア always　イ me　ウ playing　エ makes　オ the piano　カ excited]
____ ____ ____ ____ ____ ____.
　　　2番目　　　4番目

7 次の DM（ダイレクトメール）の内容に関して、(1) から (3) までの文を完成させるのに最も適切なものをア～エの中から１つ選び、その記号を答えなさい。

KVA Doughnut
Grand Opening Sale

We are having an opening sale!
During the sale all doughnuts are 20% off!
Get our doughnuts at a discount with this coupon!
Don't miss this special chance!

Opening Date:	Monday, March 15	
Open:	Monday–Friday	from 10:00 am to 8:00 pm
	Saturday & Sunday	from 9:00 am to 7:00 pm
Closed:	Wednesday	

SPECIAL COUPON
20% OFF

You can choose any doughnuts in our shop.

*This coupon can be used until Thursday, April 25.
*You have only one chance to use this coupon.
*You can't use this coupon on weekends.
*Don't forget to show this coupon when you pay.

present

Only the first 100 visitors get a KVA Doughnut postcard!

(1) On Wednesday, this doughnut shop ＿＿＿＿＿＿＿.

ア opens at 9:00 am

イ closes at 7:00 pm

ウ closes at 8:00 pm

エ is closed all day

(2) During the grand opening sale, everyone can get ＿＿＿＿＿＿＿.

ア all doughnuts for free with a coupon

イ all doughnuts 20% off every weekday except for Wednesday

ウ all doughnuts at a discount price without a coupon

エ a KVA Doughnut postcard

(3) The coupon can be used ＿＿＿＿＿＿＿.

ア on Saturdays

イ after April 25

ウ only once

エ many times

問九　――線⑥の具体的内容を示した三十字以内の部分を文中から抜き出し、最初の五字で示しなさい。

問十　――線⑦の意味として適当なものを次から選び、記号で答えなさい。

ア　新しい視点で考える
イ　詳しく歴史を調べる
ウ　本質を深く理解する
エ　若者に知識を与える

問十一　――線⑧の内容を表したものとして適当なものを次から選び、記号で答えなさい。

ア　「美術家の覚悟」が講演をもとに書かれたこと
イ　美術界が衰退、あるいは絶滅の状態にあること
ウ　美術の展覧会が盛んに行われるようになったこと
エ　美術家たちが必要な修養を積むということをしないこと

問十二　――線⑨とはどのような道のことかを表している部分を、解答欄に合うように文中から抜き出して答えなさい。

問十三　――線⑩の考えとして次のア～エが正しければ○、正しくなければ×を解答欄に記入しなさい。

ア　芸術家はヘーゲルなどのドイツ哲学を学ぶ必要があるものである。
イ　芸術家は東京美術学校で若い画家たちを育成するべきものである。
ウ　芸術家は展覧会の入選や売れ行きを考えて絵を描くものである。
エ　芸術家は理想を示し人々を導くことで尊敬を受けるものである。

ウ　「真理」や「よく生きる」ということに一人では取り組めない
エ　「真理」や「よく生きる」という問いはすぐには聞き入れられない

問二　――線②の意味を具体的に表している二十一字の部分を文中から抜き出し、その最初の五字で示しなさい。

問三　――線③と同じ意味の表現をここより前の文中から七字で抜き出して答えなさい。

問四　1 ～ 6 には「きれいな」・「美しい」のどちらかが入ります。適切な語が「きれいな」の場合はAを、「美しい」の場合はBを解答欄に記入しなさい。

問五　――線④について、この後に例としてあげられている西行法師の二つの歌では、花のどんなところに心のざわめきや苦しさを感じていると思いますか。簡潔に答えなさい。

問六　7 ～ 9 にあてはまる語として適当なものを次から選び、それぞれ記号で答えなさい。
ア　しかし　　イ　つまり　　ウ　あるいは　　エ　なぜなら

問七　A ・ B にあてはまる語として適当なものを次から選び、それぞれ記号で答えなさい。
ア　まさか　　イ　たとえ　　ウ　決して　　エ　まるで

問八　――線⑤のように筆者が考える理由として適当なものを次から選び、記号で答えなさい。
ア　美は単なる主観的なものだから
イ　美は私たちの生活の周辺にあるから
ウ　美は私たちに生きる力を与えるから
エ　美は心のなかだけに閉じた現象だから

さて、この「美術家の覚悟」は、一九〇三（明治三六）年に行われた講演がもとになったものです。そこで天心は、近年⑧美術界が表面的には活況を呈しているにもかかわらず、その内実は、衰退、あるいは絶滅の状態にさえあると述べています。もちろん画家がいなかったわけではありません。むしろ、いわゆる洋画家が数多く世に出るようになっていました。かつては存在しなかった展覧会なども盛んに行われるようになっていました。しかし、美術家たちは展覧会の入選、売れ行きの有無だけを考えて絵を描くようになり、精神的にまったく堕《だ》落してしまった、ということを天心はこの講演のなかで主張したのです。そのことを天心は次のように言い表しています。

引用１（略）

（『岡倉天心全集』第三巻、二七九頁）

つまり、時代の先駆《く》となって、世をあるべき方向に導く、あるいはあるべき方向を指し示す、という点に天心は芸術家の果たすべき役割を見ていたのです。ところが近年の芸術家は、⑨そのような道に邁《まい》進するという覚悟もないし、そのために必要な修養を積むということもしない。ただ展覧会での入選だけを考えている。それでは人々から尊敬を受けることなどありえない、ということを天心は語ったのです。

そのことを天心は次のようにも言い表しています。

引用２（略）

（同書、二七九頁）

ここでは、人々を「高尚に導く」という点に芸術の意義があること、芸術家はすべからく「世の先覚」でなければならないこと、これらの点においてこそ美術家は、職人や工人から区別されることが言われています。これらの言葉から、⑩天心が芸術をどのように理解していたかをよく見てとることができると思います。

（『哲学のヒント』藤田正勝）

問一 ――線①の意味として適当なものを次から選び、記号で答えなさい。

ア 「真理」や「よく生きる」ということを問う意味がわからない

イ 「真理」や「よく生きる」という問いの答えを考えつかない

美はこのような心の動きと切り離すことができないように思います。[7]、私たちの心のありように深く関わっているのです。

心と深く関わったものであるために、美は単なる主観的なものだとか、[8]美や芸術は、私たちの生活の周辺にある飾りのようなものだと言われることがあります。[9]、私は決してそうではないと思います。

美しいものは私たちのうちに快いという感情（場合によっては胸のざわめき）を生みだします。それが私たちの心をいきいきとしたものにします。私たちはそこから生きる力のようなものを得ているのではないでしょうか。[A]失意の底にあっても、あるいは煩悶《はんもん》のなかにあっても、美しいものに触れることによって、私たちはそこから立ち上がる力を得ることができるように思います。そのような意味で⑤美は、私たちの生を根底において支えているものだと言うことができるでしょう。

この「美しい」という言葉、あるいは「美」と関わって、もう一つ重要な点を指摘したいと思います。先ほど「美しい」とは、物が快く感じられるさまと言いましたが、「美」は[B]私の心のなかだけに閉じた現象ではありません。たとえば、食べるものがなく貧困に苦しむ人や、わが子を病で失った母親の悲しみに私たちは共感します。そしてそのようなときに、自らのことをおいてでも手をさしのべようとする人に私たちは深い感銘を受けます。他者を気づかい、思いやり、配慮する人の心ばえの「美しさ」に大きな共感を覚えます。このように「美」は、人と人とのつながりにも関わっています。⑥そのような「美」や、それに共感する心が私たちの社会を支えていると言ってよいのではないでしょうか。そういう意味でも、「美」は私たちの生活のなかで大きな役割を果たしていると思います。

以上、「美」ということをめぐって一般的なことを言いましたが、次に、過去の哲学者や芸術家が「美とは何か」、あるいは「芸術とは何か」という問題をめぐって語っていることを手がかりにしながら、考察を加えていきたいと思います。

まず岡倉天心（一八六二―一九一三）を取りあげたいと思います。天心は一八七七（明治一〇）年に開設された東京大学の第一期生で、フェノロサのもとで学んだ人です。フェノロサは、一八七八（明治一一）年に来日し、八年間にわたって東京大学で哲学や政治学などを教えました。ヘーゲルなどのドイツの哲学について日本ではじめて講義したのも彼です。井上哲次郎や三宅雪嶺《せつれい》、大西祝《はじめ》など、多くの哲学者が彼のもとから育ちました。フェノロサの東京大学での講義は、日本の哲学の歴史の原点であったと言ってもよいと思います。しかしフェノロサは次第に日本の古美術に関心をよせていき、のちに東京美術学校に移りました。彼の古美術の研究や調査の手助けをしたのが岡倉天心でした。

そして天心自身もやがて日本美術に⑦開眼していくことになります。東京大学を卒業後、文部省に入り、そこで東京美術学校の設立に力を尽くしました。開校の一年後に自らその校長となり、若い画家たちの育成にあたりました。

天心が芸術をどのように理解していたかを示すよい文章がありますので、それを紹介します。「美術家の覚悟」と題された文章です。

吉野山こずゑの花を見し日より②心は身にもそはずなりにき

吉野山の桜の花を見た日から、心が体から離れ、一体ではなくなってしまったという意味です。吉野山の桜のあまりの美しさに打たれて、その美しさが忘れられず、どうしようもなくなってしまった状態を詠《よ》んだものですが、この歌に私たちは深い共感を覚えます。うまく歌ったり、うまい絵を描いたりするためには、訓練と才能が必要でしょうが、美的な体験自体は、③誰にでも開かれていると思います。

しかし、あらためて「美とは何か」とか「芸術とは何か」ということを考えますと、これはこれでなかなか難しい問いです。そこでまず、身近な手がかりとして、私たちが日常よく使う「美しい」という言葉を取りあげて考えてみましょう。

「美しい」とは、多くの辞書で、物の形や色、音などの調和がとれていて快く感じられるさま、というような説明がなされ、「きれい」という言葉に言いかえられています。しかし、「美しい」と「きれい」のあいだには微妙な、ある意味では大きな違いがあると思います。今道友信《いまみちとものぶ》も『美について』（一九七三年）のなかで、両方の違いに言及《げんきゅう》しています。具体的な例を挙げて考えてみたいと思いますが、私たちは「きれいな川」とも、「美しい川」とも表現します。しかし両者のニュアンスは異なります。「 1 川」というのは、澄んで、汚れていない水が流れている川という印象を与えるのに対し、「 2 川」のほうは、水は濁っているかもしれないが、たとえば水面が夕日に映えて輝き、その何とも言えない美しさが私の心に強く訴《うった》えてくる、という状況が思い浮かんできます。

その違いに関係していると思いますが、たとえば「 3 空気」とは言っても、「 4 空気」とは言いません。逆に「 5 夫婦愛」とは言いますが、「 6 夫婦愛」とは言いません。「きれい」が、どちらかと言うと、物に力点があるのに対し、「美しい」のほうは、私たちの心情に力点があるように見えます。「きれいな川」の場合のように、「きれい」は物の清潔さを指す場合が多いと思います。それに対して「美しい」のほうは、物そのものよりも、心地よさや心のはなやぎ、喜びなどに関係しているように思います。

あるいは「美しい」は、心地よさだけではなく、④心のざわめきや苦しさにも関わっていると言えるかもしれません。西行に次のような歌があります。

花見ればそのいはれとはなけれども心のうちぞ苦しかりける
春風の花を散らすと見る夢はさめても胸のさわぐなりけり

3 次の1～7の慣用句の□にあてはまる生き物の名を後からそれぞれ選び、記号で答えなさい。

1 □につままれる
2 □の手も借りたい
3 □も歩けば棒に当たる
4 □の甲より年の功
5 月と□
6 鳶《とび》が□を生む
7 海老《えび》で□を釣る

ア 鯛《たい》　イ 狐《きつね》　ウ 鷹《たか》　エ ねずみ　オ 鳥　カ 亀　キ 犬　ク 猿　ケ 猫　コ すっぽん

三 次の文章を読んで、後の問いに答えなさい。問題文中の二か所の引用部分の本文は省略しています。

「美」の問題は、これまで見てきた問題以上に身近なテーマです。ほとんどの人が音楽や絵画、詩や短歌といったものに関心を抱いているのではないでしょうか。いわゆる芸術だけでなく、花や景色の美しさに心動かされるという経験も私たちにとって身近なものです。「真理とは何か」という問題も、また「よく生きるとはどういうことか」という問題も、私たちにとって非常に重要なテーマですが、確かな答えを出すことは簡単ではありません。①その問いの前で立ちすくむことがしばしばありますが、それに対して、美的な感動というのは、誰でも経験することです。美しく咲き誇《ほこ》る桜の花を前にすれば、誰しもその美しさに見とれて、我を忘れてしまいます。そしてそういう経験を人々は自分の心のなかで感じるだけでなく、表現し、人に伝えようとしてきました。そこに芸術が成立したと言ってよいのではないでしょうか。

いま美的な経験の例として、咲き誇る桜の花を見たときの感動を挙げましたが、西行《さいぎょう》法師に次のような歌があります。

13　人生の大半を研究についやす。

14　本を出版する。

15　子どもの生誕を祝う。

二　次の問いにそれぞれ答えなさい。

1　（　）の意味になるように次の1～5の四字熟語の□に漢字を書きなさい。

1　一心不□（一つのことに心を集中すること）

2　言語□断（もってのほかのひどいこと）

3　十人十□（人によって考えや好みが異なること）

4　□代未聞（これまでに例のないこと）

5　八方□人（だれにでもよい顔を見せること）

2　次の1～8の対義語を、後の□の中の漢字を組み合わせて書きなさい。

1　一般　　2　短縮　　3　消費　　4　片道　　5　賛成　　6　派手　　7　支出　　8　精神

味	生	延	肉	対	往	体	反	殊	長	復	特	入	地	産	収

二〇二一年度 東京家政学院中学校

【国　語】〈二月一日午前試験〉（四五分）〈満点：一〇〇点〉

《注意》句読点や記号はすべて一字と数えます。

一　次の――線1～10のカタカナを漢字に、11～15の漢字をひらがなに直しなさい。

1　人としてのサホウを身につける。
2　すぐに必要な商品をハッチュウする。
3　リッシュウとはいえまだ暑い日が続く。
4　そのことは今一番のワダイになっている。
5　ヨキしない結果にとまどう。
6　自由とハクアイの精神を尊重する。
7　二種類の薬品をコンゴウしてみる。
8　事務所のイテン通知を出す。
9　災害後のフッキュウ工事を急ぐ。
10　先進国シュノウ会議が開かれる。
11　このことをよい教訓とする。
12　世界の単一民族国家を調べる。

2021年度

東京家政学院中学校 ▶解説と解答

算　数　＜２月１日午前試験＞（45分）＜満点：100点＞

解　答

[1] (1)　2　(2)　$1\frac{1}{10}$　(3)　10　(4)　63　(5)　$8\frac{1}{3}$　(6)　0.35　(7)　28　(8)　2100　(9)　6　(10)　166　(11)　19　(12)　28　(13)　360　[2] (1)　156　(2)　**長さ**…37.68cm，**面積**…18.24cm²　(3)　420cm³　(4)　右の図１　[3] (1)　2021　(2)　150ｇ　(3)　4500円　[4] (1)　3200m　(2)　７時30分　(3)　右の図２　(4)　1800m

図１

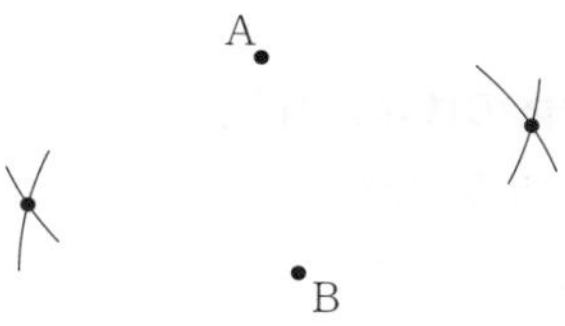

図２

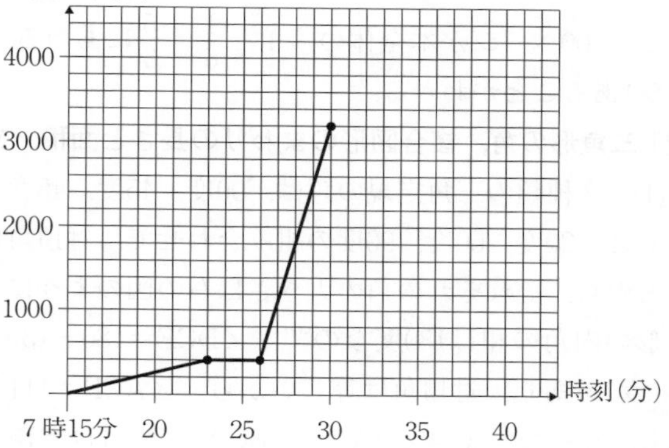

解　説

[1] **四則計算，逆算，比，単位，数列，売買損益，つるかめ算，過不足算，仕事算，通過算，相当算**

(1)　$35-3\times11=35-33=2$

(2)　$0.3\times12-3\div1\frac{1}{5}=\frac{3}{10}\times12-3\div\frac{6}{5}=\frac{18}{5}-3\times\frac{5}{6}=\frac{18}{5}-\frac{5}{2}=\frac{36}{10}-\frac{25}{10}=\frac{11}{10}=1\frac{1}{10}$

(3)　$3\div\left(\frac{4}{5}-\frac{2}{3}\times0.75\right)=3\div\left(\frac{4}{5}-\frac{2}{3}\times\frac{3}{4}\right)=3\div\left(\frac{4}{5}-\frac{1}{2}\right)=3\div\left(\frac{8}{10}-\frac{5}{10}\right)=3\div\frac{3}{10}=3\times\frac{10}{3}=10$

(4)　$(\square-45)\div5=3.6$より，$\square-45=3.6\times5=18$，$\square=18+45=63$となる。

(5)　A：B＝C：Dのとき，A×D＝B×Cとなるので，$\square:15=5:9$，$\square\times9=15\times5=75$，$\square=75\div9=\frac{25}{3}=8\frac{1}{3}$である。

(6)　1000ｇ＝１kgなので，350ｇ＝350÷1000＝0.35kgとなる。

(7)　この数の列は，最初の数１に３ずつたしている。10番目の数は３を，10－１＝９(回)たしているので，１＋３×９＝１＋27＝28である。

(8)　定価は原価に利益をたすので，1750＋1750×0.2＝1750＋350＝2100(円)となる。

(9)　買った10個がすべて30円のおかしだと，30×10＝300(円)で，実際より，360－300＝60(円)安くなる。１個を40円のおかしに変えると，代金は，40－30＝10(円)ずつ増えるので，40円のおかしの個数は，60÷10＝６(個)となる。

(10)　１きゃくに座らせる人数を，12－８＝４(人)増やすと，座らせることのできる席の数は，30＋38＝68(席)増える。よって，長いすの数は，68÷４＝17(きゃく)で，子どもの人数は，８×17＋30

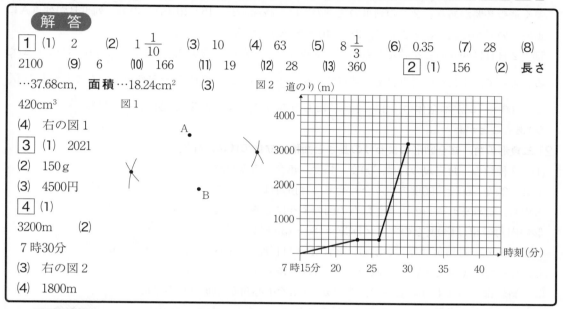

＝136＋30＝166(人)となる。

(11)　１人が１日にできる仕事量を１とすると，全体の仕事量は，$1\times10\times12=120$である。はじめの８日間は４人ではたらいたので，残りの仕事量は，$120-1\times4\times8=120-32=88$となり，この残った仕事を８人ではたらいたので，$88\div(1\times8)=11$(日)かかる。したがって，仕事を始めてから終えるまでに，$8+11=19$(日)かかる。

(12)　列車Ｂが列車Ａに追いついてから追いこすまでに，列車Ｂは列車Ａより，$180+100=280$(m)多く進む必要がある。２つの列車の速さの差は，秒速，$25-15=10$(m)なので，列車Ｂが列車Ａに追いついてから追いこすまでに，$280\div10=28$(秒)かかる。

(13)　２日目に残りの$\frac{4}{5}$を読んだら60ページ残ったことから，残りの，$1-\frac{4}{5}=\frac{1}{5}$が60ページにあたる。よって，１日目に読み終えた時点で，$60\div\frac{1}{5}=60\times5=300$(ページ)残っていたことがわかる。この300ページが本全体の，$1-\frac{1}{6}=\frac{5}{6}$にあたるので，本は全部で，$300\div\frac{5}{6}=300\times\frac{6}{5}=360$(ページ)あることがわかる。

２　三角形の角，複合図形のまわりの長さと面積，立体の体積，作図

(1)　２種類の三角定規の角は，90度，45度，45度の組み合わせと，30度，60度，90度の組み合わせで，対頂角は等しいことから，それぞれの角の大きさは右の図のようになる。三角形の内角の和は180度なので，∠DCE＝180－(30＋39)＝111(度)であり，対頂角は等しいから，∠ACB＝111(度)となる。したがって，x＝∠BAC＋∠BCA＝45＋111＝156(度)と求められる。

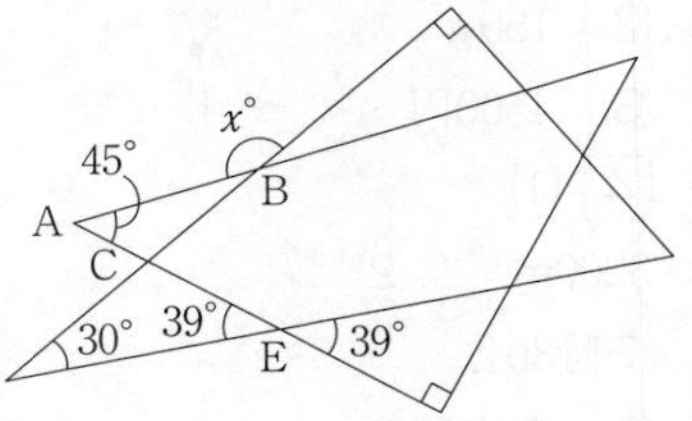

(2)　斜線部分のまわりの長さは，半径が８cmで中心角が90度のおうぎ形の弧《こ》の長さと，半径が４cmの半円の弧の長さ２つ分をたした長さなので，$8\times2\times3.14\times\frac{90}{360}+4\times2\times3.14\times\frac{1}{2}\times2=12.56+25.12=37.68$(cm)である。また，斜線部分を右の図のように移動させると，斜線部分の面積は，半径が８cmで中心角が90度のおうぎ形の面積から，等しい２辺の長さが８cmの直角二等辺三角形の面積を引いたものとなる。したがって，$8\times8\times3.14\times\frac{90}{360}-8\times8\div2=50.24-32=18.24$($cm^2$)と求められる。

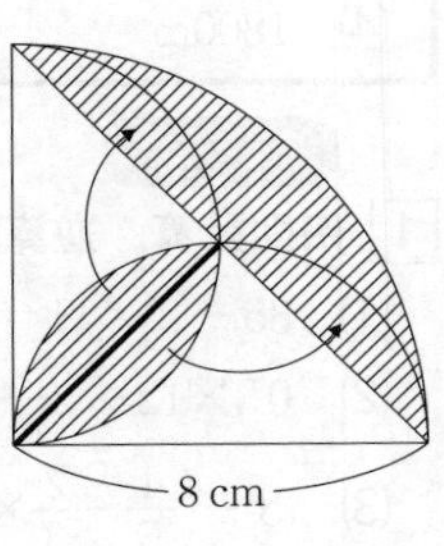

(3)　たてが７cm，横が10cm，高さが２cmの直方体の上に，たてが７cm，横が５cm，高さが，$10-2=8$(cm)の直方体がのった立体である。よって，求める体積は，$7\times10\times2+7\times5\times8=140+280=420$($cm^3$)となる。

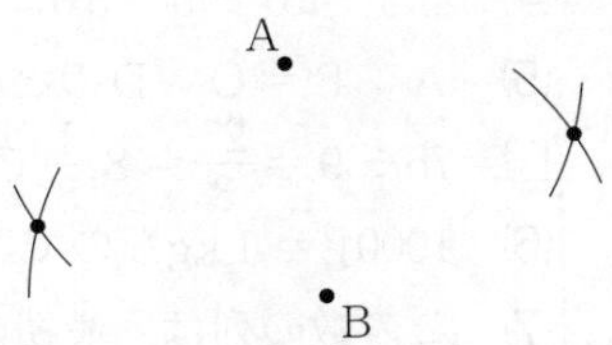

(4)　右の図のように点Ａ，Ｂを中心とする半径３cmの円の一部をそれぞれかき，それらが交わった点が，点Ａ，Ｂからの距離《きょり》が３cmの点となる。

３　割り算の関係，食塩水の濃度，相当算

(1)　割られる数，割る数，商，余りの関係は，割る数×商＋余り＝割られる数となり，余りは割る数より小さくなる。割る数が46なので，１番目に大きい数は，商と余りが46より１小さい45のとき，２番目に大きい数は，商と余りが44のとき，３番目に大きい数は，商と余りが43のときである。よって，$46\times43+43=1978+43=2021$となる。

(2)　20％の食塩水50gにふくまれている食塩は，50×0.2＝10(g)であり，4.5％の食塩水400gにふくまれている食塩は，400×0.045＝18(g)である。よって，加えた4％の食塩水にふくまれていた食塩は，18－10＝8(g)なので，加えた4％の食塩水の重さは，8÷0.04＝200(g)となる。したがって，加えた水の重さは，400－(200＋50)＝150(g)である。

(3)　妹のおこづかいを①とすると，姉のおこづかいは②となる。姉のおこづかいの$\frac{1}{3}$は，②×$\frac{1}{3}$＝$\textcircled{\frac{2}{3}}$で，妹のおこづかいの4割は①×0.4＝$\textcircled{0.4}$であり，これらの和は，$\textcircled{\frac{2}{3}}$＋$\textcircled{0.4}$＝$\textcircled{\frac{2}{3}}$＋$\textcircled{\frac{2}{5}}$＝$\textcircled{\frac{10}{15}}$＋$\textcircled{\frac{6}{15}}$＝$\textcircled{\frac{16}{15}}$となる。この$\textcircled{\frac{16}{15}}$が，2200＋200＝2400(円)にあたるので，妹のおこづかいの①は，2400÷$\frac{16}{15}$＝2400×$\frac{15}{16}$＝2250(円)であり，はじめに姉が持っていたおこづかいは，2250×2＝4500(円)となる。

4　速さとグラフ

(1)　家からバス停までは，分速50mで8分間歩くので，50×8＝400(m)である。また，バスの速さは，分速，42×1000÷60＝700(m)より，バス停から駅までは4分かかるので，700×4＝2800(m)である。よって，家から駅までの道のりは，400＋2800＝3200(m)となる。

(2)　花子さんがバス停に着くのは，7時15分＋8分＝7時23分である。バスは，6時20分の後は11分おきに来るので，6時31分，42分，53分，7時4分，15分，26分，…に来る。したがって，花子さんは7時26分のバスに乗り，その4分後の7時30分に駅に着く。

(3)　(1)，(2)より，時刻と花子さんが家から駅まで移動した道のりの関係は，右の図のようになる。

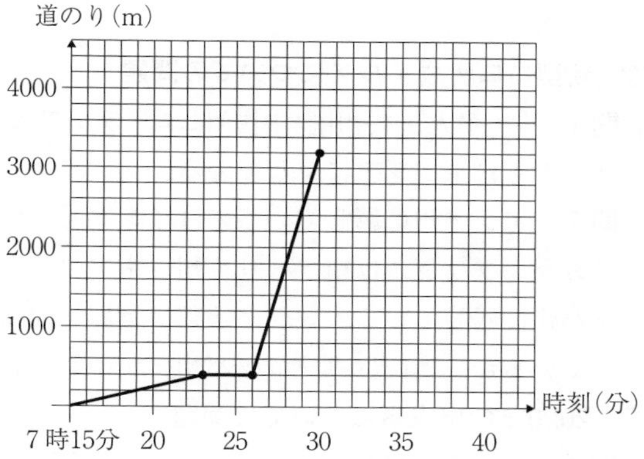

(4)　1本後のバスは，7時37分にバス停を出て，7時41分に駅に着く。よって，ある日，花子さんが駅に着いたのは，7時41分－6分＝7時35分である。花子さんは分速200mの自転車で走っているので，いつも乗っているバスが駅に着く7時30分には，200×(35－30)＝1000(m)より，駅の手前1000mのところにいる。バスと自転車の速さの差は，分速，700－200＝500(m)で，1000÷500＝2(分)より，7時30分の2分前に，花子さんはいつも乗車しているバスに追いこされたので，それは駅の，700×2＝1400(m)手前であり，家から，3200－1400＝1800(m)のところである。

社　会　＜2月1日午前試験＞（理科と合わせて45分）＜満点：50点＞

解　答

1 **問1**　(1)　**A**　オ　**B**　イ　**C**　キ　**D**　エ　(2)　ウ　**問2**　(1)　①　ウ　②　ア　(2)　エ　**2** **問1**　イ　**問2**　イ　**3** **問1**　(1)　ウ　(2)　イ　(3)　エ　**問2**　(1)　ア　(2)　ア　**4** **問1**　**A**　カ　**B**　エ　**C**　コ　**D**　サ　**問2**　イ　**問3**　聖徳太子〔厩戸王〕　**問4**　エ　**問5**　ウ　**問6**　雪舟　**問7**　エ

解　説

1 近畿《きんき》地方についての問題

問１ (1) **A** “日本海と瀬戸内海《せとないかい》に面している”のは兵庫県のオで，“1995年の大地震《じしん》”は阪神淡路《はんしんあわじ》大震災を指す。また，県庁所在地は神戸市である。 **B** “海に面していない”のは滋賀《しが》県のイと奈良《なら》県のカであるが，“北部が中部地方に接している”のはイである。 **C** “本州最南端《たん》”という語句から和歌山県のキを選ぶ。 **D** “近畿地方の中で最も小さい”という語句から大阪《おおさか》府のエを選ぶ。 (2) 雨温図は棒グラフが降水量，折れ線グラフが気温を表している。潮岬のある太平洋側の気候の特徴《とくちょう》は降水量が多いことであり，文中に“梅雨の時期や秋に特に雨が多い”と書かれていることから，特にこの時期の降水量が多いウを選ぶ。

問２ (1) ① 数量の移り変わりを大まかにつかむのに適しているのは，折れ線グラフやウの棒グラフである。 ② 割合を表すのに適しているのは，円グラフやアの帯グラフである。なお，イのグラフはレーダーチャートといい，全体的なバランスを見る場合に適している。 (2) 国別宿泊《しゅくはく》者ベスト５のうち，中国と台湾《たいわん》の宿泊者は中国語，アメリカとオーストラリア，イギリスの宿泊者は英語が母国語である。

2 新型コロナウイルスについての問題

問１ 中華《ちゅうか》人民共和国(中国)はユーラシア大陸の東部に位置しており，日本や韓国《かんこく》，モンゴルなどとともに東アジアに属している。

問２ アジア州に属しているのはインドとイランの２カ国である。なお，アメリカ合衆国は北アメリカ州，ブラジルは南アメリカ州，南アフリカ共和国はアフリカ州，スペインとフランスはヨーロッパ州に属している。ロシア連邦《れんぽう》は世界一面積が大きい国で，ヨーロッパ州からアジア州にまたがっているが，人口はヨーロッパ州に集中していることからヨーロッパ州に分類される。

3 2020年の出来事についての問題

問１ (1) ① 自衛隊は国際緊急援助《きんきゅうえんじょ》活動や災害派遣《はけん》，国連平和維持《いじ》活動(PKO)などの任務で海外に派遣されている。国際緊急援助活動は1991年の湾岸《わんがん》戦争後のペルシャ湾での機雷掃海《きらいそうかい》(水中の爆発《ばくはつ》物を処分する作業)，国連平和維持活動は1992年のカンボジア派遣が最初の派遣にあたる。 ② 非核《ひかく》三原則は1967年に佐藤栄作《さとうえいさく》首相が初めて表明し，日本の国是《こくぜ》として1971年に衆議院で決議された。 (2) 天皇主権は明治時代に制定された大日本帝国《ていこく》憲法の内容である。現在，天皇は日本国憲法第１条で「日本国の象徴《しょうちょう》であり日本国民統合の象徴である」と規定されている。 (3) 国民投票で有効投票の過半数が賛成であれば，憲法改正案は承認される。ただし，これまでに国会で憲法改正の発議が行われたことはなく，憲法改正の国民投票が行われたこともない。

問２ (1) アのWHOは世界保健機関の略称《りゃくしょう》である。WHOは「すべての人々が可能な最高の健康水準に到達《とうたつ》すること」を目的とし，感染症《かんせんしょう》対策や健康の増進に取り組んでいる。なお，イのPKOは国連平和維持活動，ウのUNICEFは国連児童基金，エのUNESCOは国連教育科学文化機関の略称である。 (2) ウの経済社会理事会は54の理事国，エの安全保障理事会は５常任理事国(アメリカ・ロシア・イギリス・フランス・中国)と10の非常任理事国で構成されており，イの信託《しんたく》統治理事会はその業務を終了《しゅうりょう》し，活動を休止している。

4 飛鳥～明治時代についての問題

問１ **A** 藤原道長《ふじわらのみちなが》は摂関《せっかん》政治の最盛期を築いた人物で1016年に摂政に任命されており，カの平安時代中期にあたる。　**B**　冠位《かんい》十二階は家柄《いえがら》によらず才能のある者を役人に登用する制度で603年に制定されており，エの飛鳥時代にあたる。　**C**　徳川家光は江戸《えど》幕府の３代将軍で1635年に参勤交代を武家諸法度に追加しており，コの江戸時代にあたる。　**D**　大久保利通《おおくぼとしみち》は明治新政府の基礎《きそ》を築いた人物で1871～73年に岩倉使節団の一員として欧米《おうべい》視察に派遣されており，サの明治時代にあたる。なお，Ｅの足利義政は室町幕府の８代将軍で1467年に始まった応仁の乱の原因の一つとなった将軍のあとつぎ問題を起こした人物で，クの室町時代にあたる。

問２　紫式部《むらさきしきぶ》は，藤原道長の娘《むすめ》で一条天皇の后である彰子《しょうし》に仕えた。なお，アの卑弥呼《ひみこ》は弥生《やよい》時代の邪馬台国《やまたいこく》の女王，ウの清少納言は紫式部とほぼ同時期に同じく一条天皇の后であった定子に仕え，随筆《ずいひつ》『枕草子《まくらのそうし》』を著した女性，エの樋口一葉《ひぐちいちよう》は明治時代に『たけくらべ』などの小説を著した女性である。

問３　聖徳太子は，おばである推古天皇の摂政として，蘇我馬子の協力のもとに天皇中心の政治体制づくりを目指した。他に，役人の心得である十七条の憲法の制定や遣隋使《けんずいし》の派遣なども行っている。

問４　エの歌川広重は江戸時代の化政文化を代表する浮世絵師《うきよえし》で，『東海道五十三次』などの風景画を得意とした。なお，アの行基は奈良時代に東大寺の大仏造立に協力した僧《そう》，イの世阿弥《ぜあみ》は室町時代に３代将軍足利義満の保護のもとで父である観阿弥《かんあみ》とともに能楽を大成した人物，ウの夏目漱《なつめそう》石《せき》は知識人の視点から『吾輩《わがはい》は猫《ねこ》である』や『三四郎《さんしろう》』などを著した小説家である。

問５　ウの佐藤栄作《さとうえいさく》は昭和時代の戦後に総理大臣を務めた人物で，1965年に日韓基本条約を結んで韓国との国交を回復し，1972年には沖縄返還《おきなわへんかん》を実現した。また，非核三原則を提唱し，ノーベル平和賞を受賞している。なお，アの福沢諭吉《ふくざわゆきち》は『学問ノススメ』で欧米の啓蒙《けいもう》思想を紹介《しょうかい》し，慶應《けいおう》義塾《ぎじゅく》を開いた教育者，イの野口英世《のぐちひでよ》は黄熱病《おうねつびょう》を研究した細菌《さいきん》学者，エの北里柴三郎《きたさとしばさぶろう》は破傷風の血《けっ》清療法《せいりょうほう》を発見した細菌学者で，いずれも明治時代に活躍《かつやく》している。

問６　雪舟《せっしゅう》は禅僧《ぜんそう》で，明《みん》にわたって中国の画法を学び，日本の水墨画《すいぼくが》を大成した。

問７　エの井原西鶴《いはらさいかく》は江戸時代前期の元禄《げんろく》文化のころに活躍した。なお，アの聖武天皇は奈良《なら》時代，イの運慶《うんけい》は鎌倉《かまくら》時代，ウの千利休は安土桃山《あづちももやま》時代に活躍した人物である。

理　科　＜2月1日午前試験＞（社会と合わせて45分）＜満点：50点＞

解　答

1 (1) ア　(2) ウ，オ　(3) (例) 重くする。　2 (1) ①，②　(2) 30個　(3) 鉄しん　3 (1) **A** ウ　**B** イ　(2) イ　(3) 石灰水　(4) (例) 白くにごる。　(5) 炭酸水　4 (1) ① 花粉　② 柱頭　③ 受粉　(2) **A** ア　**B** ウ　(3) がく　(4) D　5 (1) **ア** こと座　**ウ** はくちょう座　(2) **A** ベガ　**B** アルタイル　(3) 夏　(4) 赤色

解　説

1 ふりこについての問題

(1) ふりこは，おもりをふり始める位置が高いほど，一番下を通るときの速さが速くなる。アは，

糸が長く，ふり始めの角度が最も大きいので，一番下を通るときの速さが一番速い。

(2)　ア～オのふりこはすべて，一番下にきたときの位置が同じ高さになるようにつるしている。ウとオは，ふり始める高さが同じなので，一番下を通るときの速さも同じになる。

(3)　ふりこのおもりをものにぶつけて，より遠くまで動かすとき，ものが動くきょりは，おもりの速さと，おもりの重さによって決まる。この問題では，糸の長さとふり始める角度は変えないので，ものを遠くまで動かすには，おもりを重くしなければならない。

2　電磁石についての問題

(1)　①と②は，電池の数と棒の材質は同じで，導線の巻き数だけが異なっている。よって，①と②を比べると，磁力の強さと巻き数の関係を調べることができる。磁力の強さは，ついたクリップの数でわかる。

(2)　①と⑥を比べると，磁力の強さは電池の数に比例することがわかる。③を①と比べると，電池の数が，３÷２＝1.5(倍)で，導線の巻き数が，400÷100＝４(倍)になっている。したがって，ついたクリップの数は，５×1.5×４＝30(個)になると考えられる。

(3)　④と⑥を比べると，④は導線の巻き数が⑥の２倍であるのに，ついたクリップの数が⑥より少ない。このことから，ニッケルは鉄しんほど磁力を強くするはたらきがないとわかる。同じく，⑤と⑥を比べると，銅は鉄しんほど磁力を強くするはたらきがないとわかる。よって，鉄しんを用いれば磁力が強くなると考えられる。

3　二酸化炭素についての問題

(1)　石灰石に塩酸を注ぐと，二酸化炭素が発生する。石灰石のほかに，貝がらやチョークなども使うことができる。

(2)　二酸化炭素は空気より重い気体なので，イの上方置換《ちかん》法では集められない。アの下方置換法か，ウの水上置換法で集めるが，ウの場合，二酸化炭素は水に少しとけるため，発生した気体をすべて集めることはできない。

(3)(4)　石灰水に二酸化炭素を通すと，炭酸カルシウムという物質ができる。炭酸カルシウムは水にとけないので，水溶液《すいようえき》が白くにごって見える。

(5)　二酸化炭素が水にとけると，炭酸水という酸性の水溶液になる。

4　花のつくりについての問題

(1)　おしべの先にある，花粉が入っているふくろを，やくという。めしべの先端は柱頭といい，ここに花粉がつくことを，受粉という。

(2)　Ａは，めしべのもとのふくらんだ部分で，子房といい，受粉後に実に成長していく。Ｂは，がくで，花の一番外側にあって花びらを支えている。

(3)　アブラナのがくは４枚あって，４枚の花びらを支えている。がくには，花がつぼみのときに，つぼみを包んで守るはたらきもある。

(4)　Ｃは，めしべの柱頭で，Ｄは，おしべのやくを示している。アサガオのおしべは５本である。

5　夏の大三角についての問題

(1)　アはこと座，イはわし座，ウははくちょう座である。

(2)　ア～ウの星座にはそれぞれ１等星がある。Ａはベガ，Ｂはアルタイル，Ｃはデネブといい，どれも白色である。

(3)　A，B，Cを結んだ三角形を夏の大三角といい，夏の夜空に高く見える。

(4)　さそり座は，夏に南の低い空に見える星座で，赤い色の１等星アンタレスをもつ。

英　語　＜２月１日午前試験＞（筆記30分）＜満点：筆記70点＞

解　答

1 (1)　下部①　(2)　下部②　(3)　下部③　2 (1)　イ　(2)　ア　(3)　ウ
3 (1)　ウ　(2)　エ　(3)　イ　(4)　ア　4 (1)　ア　(2)　ウ　(3)　イ　(4)　ア
(5)　エ　(6)　イ　(7)　エ　(8)　ア　(9)　ウ　(10)　ア　5 (1)　ウ　(2)　ア
(3)　イ　(4)　ウ　6 (1)　**２番目：**ウ　**４番目：**カ　(2)　**２番目：**カ　**４番目：**オ
(3)　**２番目：**オ　**４番目：**エ　7 (1)　エ　(2)　イ　(3)　ウ　①　cloudy　②
seven　③　park

国　語　＜２月１日午前試験＞（45分）＜満点：100点＞

解　答

一　1～10　下記を参照のこと。　11　きょうくん　12　たんいつ　13　たいはん　14
しゅっぱん　15　せいたん　二 1　1　乱　2　道　3　色　4　前　5　美
2　1　特殊　2　延長　3　生産　4　往復　5　反対　6　地味　7　収入
8　肉体　3　1　イ　2　ケ　3　キ　4　カ　5　コ　6　ウ　7　ア
三　**問１**　イ　**問２**　心が体から　**問３**　誰でも経験する　**問４**　1　A　2　B
3　A　4　B　5　B　6　A　**問５**　(例)　散ってしまうところ　**問６**　7　イ
8　ウ　9　ア　**問７**　A　イ　B　ウ　**問８**　ウ　**問９**　他者を気づ　**問10**
ウ　**問11**　ウ　**問12**　時代の先駆となって，世をあるべき方向に導く(という道)※時代の先駆となって，世をあるべき方向に導く，あるいはあるべき方向を指し示す(という道)　**問**
13　ア　×　イ　×　ウ　×　エ　○

●漢字の書き取り

一　1　作法　2　発注　3　立秋　4　話題　5　予期　6　博愛
7　混合　8　移転　9　復旧　10　首脳

解　説

一　漢字の書き取りと読み

1　発言や立ち居ふるまいのやり方，決まり。　2　注文すること。　3　夏から秋に変わり始める日のこと。　4　話のテーマ。　5　前もって推測，期待すること。　6　広く平等に愛すること。　7　混ぜ合わせること。　8　場所を移すこと。　9　壊《こわ》れたものを元に戻すこと。　10　国や団体の中心となって活動する人。　11　教えさとすこと。その言葉。　12　一つ。一種類。　13　大部分。　14　書籍・雑誌などを印刷して販売すること。　15　人が生まれること。

二　四字熟語・対義語・慣用句の知識

[1]　四字熟語の問題。全て出題頻度《ひんど》の高いものである。特に間違《まちが》えやすい漢字を含《ふく》む四字熟語には注意が必要である。　**1**「一心不乱」と近い意味を持つことばには，「無我夢中」などがある。　**2**「話にならない」，「論外」などが近い意味を持つ。　**3**「十人十色《といろ》」と近い意味を持つことばには，「千差万別《ばんべつ》」などがある。　**4**「前代未聞《みもん》」と似た意味のことばには，「未曾《みぞ》有《う》」などがある。　**5**「八方美人」と近い意味を持つことばには，「日和《ひより》見」などがある。[2] 対義語の問題である。　**1**「一般」は「特に変わったところがないこと，ありふれたさま」，「特殊」は「ほかのものと異なること，例外的なこと」　**2**「短縮」は「短くすること」，「延長」は「のばすこと，のびること」　**3**「消費」は「使うこと，使ってなくすこと」，「生産」は「生み出すこと，作り出すこと」　**4**「片道」は「行きと帰りのどちらかのこと」，「往復」は「行って帰ってくること」　**5**「賛成」は「相手の意に同意すること」，「反対」は「相手の意に反すること」　**6**「派手」は「華《はな》やかで人目をひくこと」，「地味」は「華やかさがなく，目立たないこと」　**7**「支出」は「金銭や物品を支払《しはら》うこと」，「収入」は「金銭や物品を他から自分に収め入れること」　**8**「精神」は「心のこと」，「肉体」は「体のこと」。「精神」の対義語としては「物質」もある。[3] 慣用表現の問題である。　**1**　事の意外さにあっけにとられる。　**2**　非常に忙《いそが》しく，人手が不足している。　**3**　何かをしようとすれば災難に遭《あ》うことも多い。　**4**　年長者の経験から身につけた知恵《ちえ》や技術は尊重するべきである。　**5**　比較《ひかく》にならないほど違いが大きい。　**6**　平凡《へいぼん》な親が優れた子を産むことのたとえ。　**7**　少しの元手や労力で大きな利益を得ることのたとえ。

三　出典は藤田正勝《ふじたまさかつ》の『哲学《てつがく》のヒント』による。私たちの生を支えている「美しさ」がどのようなものかについて述べられている。序盤《じょばん》は「心の動きと不可分の美しさが，私たちの生を支えている」という話，後半は「美しさは心の中だけの閉じたものではなく，人と人のつながりにも関わっているものである」という話で構成されている。

問1　「立ちすくむ」とは「恐ろしさや驚きなどで，動けなくなる」という意味である。直前に「答えを出すことは簡単ではありません」とあることから，「答えを出せないほど難しい問題の前で，動けなくなってしまっている」という流れであることが分かる。

問2　傍線《ぼうせん》部2の内容は，直後の文で述べられている。「吉野山の桜の花を見た日から，心が体から離《はな》れ，一体ではなくなってしまったという意味です。」とあることから判断する。

問3　傍線部3の直前にある「美的な体験自体は」ということばに注目する。そして二段落目に「美的な感動というのは」という類似の表現があることに気づけば，「誰でも経験する」という内容が見つかるはずである。傍線部3の「美的な体験自体は，誰にでも開かれている」というのは，ここでは「誰でも美的な体験を経験することができる」という意味である。

問4　「きれい」と「美しい」の違いをおさえておく。「きれい」は「物の清潔さ」，「美しい」は「心地よさや心のはなやぎ，喜び」に関係していると述べられている。空欄《くうらん》1，空欄3，空欄6は物質的な清潔さについての表現なので，「きれいな」がふさわしい。一方で空欄2，空欄4，空欄5については，心に訴《うった》えかけるものについて述べられているので，「美しい」を入れる。

問5　例の内容をふまえて説明する問題である。「西行の歌」は「美しさは，心のざわめきや苦しさにも関わっている」ということを説明するために挙げられた例である。したがって，「ざわめきや苦しさ」といったマイナス要素について西行の歌から考えていけばよい。歌の中の「胸のさわぐ」に注目すれば，この「胸のさわぎ」は「春風の花を散らすと見る夢」が原因となっているとわかる。ここを使って解答すればよい。

問６　接続語の問題である。空欄の前後関係をおさえて解答していけばよい。空欄７の前は「美と心の動きは切り離せない」という内容，そしてそのあとには，「心のありように深く関わっている」という内容が続くことから，同内容と考え，「つまり」を入れればよい。空欄８は，前後の内容を並べて述べているので，選択の接続語「あるいは」を入れればよい。空欄９は直後に「そうではない」と前を否定する表現があるので，逆接の「しかし」を入れればよい。

問７　呼応の副詞の問題である。空欄Ａの直後に「〜ても」とあり，これに対応するのは，「たとえ」である。また空欄Ｂの直後には「〜ではありません」とあるため，これに対応する「決して」を入れればよい。

問８　傍線部５を含む一文の最初に「そのような」という指示語があるので指示内容を確認する。直前の「美しいものに触《ふ》れることによって，私たちはそこから立ち上がる力を得ることができる」という部分が理由に当たるので，選択肢ウである。

問９　傍線部６の内容を具体的に述べた部分を抜《ぬ》き出す問題である。傍線部６は指示語が含まれるので，直前の内容を見ると，「他者を気づかい，思いやり，配慮《はいりょ》する人の心ばえの『美しさ』」とあり，それが指示内容だとわかるため，ここを抜き出せばよい。

問10　「開眼していく」の意味を考える問題である。「真理を悟《さと》ること」，「コツを会得すること」などの意味がある。ここでは，ウの「本質を深く理解する」が最もふさわしい。

問11　傍線部８の内容を考える問題である。傍線部を含む一文を考えると，「そこで天心は，近年美術界が表面的には活況《かっきょう》を呈《てい》しているにもかかわらず，その内実は，衰退《すいたい》，あるいは絶滅《ぜつめつ》の状態にさえあると述べています。」とあるが，ここで注目するのは「表面的には活況を呈している」という点である。「〜にもかかわらず，」という内容から，直後の「衰退，あるいは絶滅の状態」の反対の意味だと考えれば，「生き生きとしたもの」という程度の意味でとらえておけばよいことがわかる。ただし，「表面的」なものなので，本当の意味では望ましい状況とはいえないと理解したい。ここまでをふまえて，傍線の内容をまとめると，「美術界が見た目には盛り上がっているように感じられる」といった内容だと理解できる。その内容に当たる部分は，傍線部８の直後に述べられている。

問12　傍線部９の内容を考える問題である。傍線部分は指示語が含まれるため，指示内容を抜き出せばよい。「ところが」に注目すれば，「そのような道に邁進《まいしん》するという覚悟《かくご》もない」の反対に当たる内容が，前文に当たることが分かる。前文では「時代の先駆《せんく》となって，世をあるべき方向に導く，あるいはあるべき方向を指し示す，という点に天心は芸術家の果たすべき役割を見ていた」と述べられていることからこの部分を抜き出せばよい。

問13　全体の内容をふまえて正誤を判断する問題である。芸術家はドイツ哲学を学ぶ必要があるとは述べられていないので，アは誤り。芸術家は世をあるべき方向に導くことが目的であり，画家を育成するべきだと述べられているわけではないので，イも誤り。問11で見たように，売れ行きを考えて絵を描くことに対して天心は否定的に考えているため，ウも誤り。「理想を示し人々を導く」という内容が本文と一致するエが正解。

Memo

Memo

Memo

当社発行物の無断使用は固くお断りいたします。御使用の前はまずご相談ください。

当社発行物には500点余の首都圏中・高過去問をはじめ、６点の学校案内、そのほかいくつかの情報誌などがございます。その多くが年度版で、限られたスタッフが来るべき受験シーズン前に余裕を持って受験生へ届けられるよう、日夜作業にあたり出版を重ねております。

その中で、最近、多くの印刷物やネット上において当社発行物からの無断使用が見受けられ、一部で係争化しているところもございます。事例といたしましては、当社の新刊発行を待ち、それを流用して毎年ネット上に新改訂として掲載していたＡ社、当社過去問から三百箇所をはぎ合わせ「自社制作につき無断転載禁止」とし、集客材としてホームページに掲載していたＢ社、当社版誌面を無断スキャンし、記述式解答は一部殆ど丸取りして動画を制作していた家庭教師グループＣ社、当社発行物の表紙を差し替え、内容を複製し配布していた塾のＤ社などほか数社がございます。

当社発行物の全部もしくは一部を無断使用することは固くお断りいたします。

当社コンテンツの中にはリーズナブルな設定でご提供している事例もたくさんございますので、ご利用されたい方はまずは、お気軽にご相談くださいますようお願いします。同時に、当社発行物を無断で使用している媒体などにつきましての情報もお寄せいただければ幸いです（呈薄謝）。

株式会社 声の教育社

2025年度用
中学スーパー過去問

■編集人 声の教育社・編集部
■発行所 株式会社 声の教育社
〒162-0814 東京都新宿区新小川町8-15
☎03-5261-5061㈹ FAX03-5261-5062
https://www.koenokyoikusha.co.jp

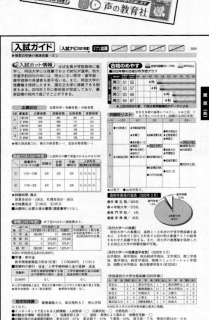

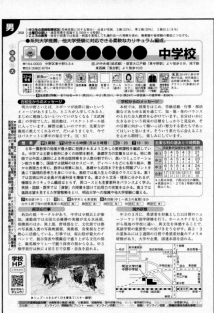

よくある解答用紙のご質問

01

実物のサイズにできない

拡大率にしたがってコピーすると，「解答欄」が実物大になります。配点などを含むため，用紙は実物よりも大きくなることがあります。

02

A3用紙に収まらない

拡大率164％以上の解答用紙は実物のサイズ（「出題傾向＆対策」をご覧ください）が大きいために，A３に収まらない場合があります。

03

拡大率が書かれていない

複数ページにわたる解答用紙は，いずれかのページに拡大率を記載しています。どこにも表記がない場合は，正確な拡大率が不明です。

04

１ページに２つある

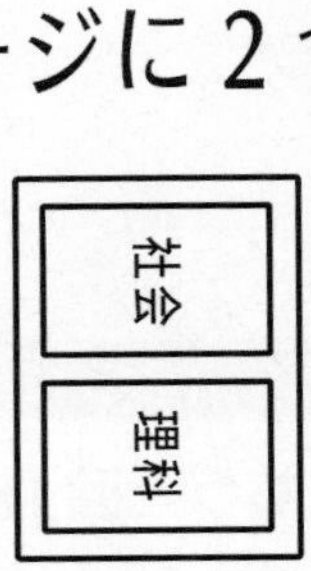

１ページに２つ解答用紙が掲載されている場合は，正確な拡大率が不明です。ほかの試験回の同じ教科をご参考になさってください。

東京家政学院中学校

【別冊】入試問題解答用紙編

解答用紙は本体からていねいに抜きとり、別冊としてご使用ください。

※　実際の解答欄の大きさで練習するには、指定の倍率で拡大コピーしてください。なお、ページの上下に小社作成の見出しや配点を記載しているため、コピー後の用紙サイズが実物の解答用紙と異なる場合があります。

●入試結果表

— は非公表
または不明

年度	回	項目	国語	算数	社会	理科	英語	合計	合格者
2024	2月1日午前（得意2・4科選択型）	配点(満点)	100	100	100	100	100（注1）	200（注2）	最高点 —
		合格者平均点	—	—	—	—	—	—	
		受験者平均点	—	—	—	—	—	—	最低点 —
		キミの得点							

（注1）　英語は筆記 75 点，英語面接 25 点です。
（注2）　上位2科目の合計点で判定されます。２科目選択者は、国語は必須。算数・社会・理科・英語のうち、１科目を選択。４科目選択者は、国語・算数・社会・理科。

回	項目	国語	算数			合計		合格者	
2月1日午後	配点(満点)	100	100			200		最高点 —	
	合格者平均点	—	—			—			
	受験者平均点	—	—			—		最低点 —	
	キミの得点								

年度	回	項目	国語	算数	社会	理科	英語	合計	合格者
2023	2月1日午前（得意2・4科選択型）	配点(満点)	100	100	100	100	100（注1）	200（注2）	最高点 —
		合格者平均点	—	—	—	—	—	—	
		受験者平均点	—	—	—	—	—	—	最低点 —
		キミの得点							

（注1）　英語は筆記 75 点，英語面接 25 点です。
（注2）　上位2科目の合計点で判定されます。２科目選択者は、国語は必須。算数・社会・理科・英語のうち、１科目を選択。４科目選択者は、国語・算数・社会・理科。

回	項目	国語	算数			合計		合格者	
2月1日午後	配点(満点)	100	100			200		最高点 —	
	合格者平均点	—	—			—			
	受験者平均点	—	—			—		最低点 —	
	キミの得点								

年度	回	項目	国語	算数	社会	理科	英語	合計	合格者
2022	2月1日午前（得意2・4科選択型）	配点(満点)	100	100	100	100	100（注1）	200（注2）	最高点 —
		合格者平均点	—	—	—	—	—	—	
		受験者平均点	—	—	—	—	—	—	最低点 —
		キミの得点							

（注1）　英語は筆記 75 点，英語面接 25 点です。
（注2）　上位2科目の合計点で判定されます。２科目選択者は、国語は必須。算数・社会・理科・英語のうち、１科目を選択。４科目選択者は、国語・算数・社会・理科。

回	項目	国語	算数			合計		合格者	
2月1日午後	配点(満点)	100	100			200		最高点 —	
	合格者平均点	—	—			—			
	受験者平均点	—	—			—		最低点 —	
	キミの得点								

〔参考〕満点(合格者最低点)　2021 年：２月１日午前(得意２・４科選択型)　200(—)　※200 点換算

※ 表中のデータは学校公表のものです。

声の教育社

2024年度　東京家政学院中学校　２月１日午前

算数解答用紙

番号		氏名		評点	／100

1

(1)	(2)	(3)	(4)	(5)
(6)	(7)	(8)	(9)	(10)
(11)	(12)	(13)		

2

(1)	(2)	(3)	(4)
	cm^2	cm	cm^3

3

(1)		(2)	(3)
えり　m	まこ　m		

4

(1)	(2)		(3)
点	位置　点	面積　cm^2	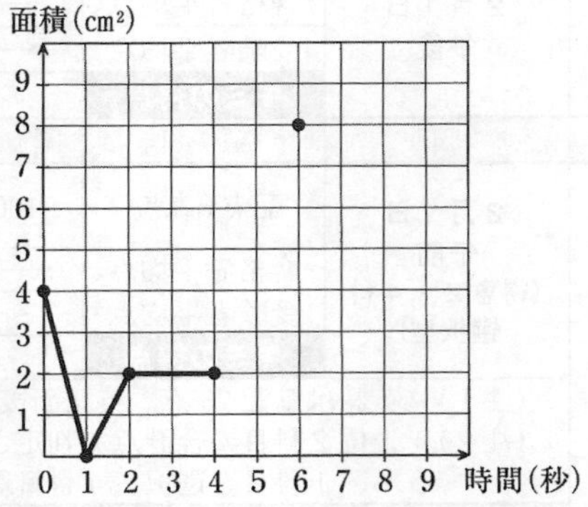

(注) この解答用紙は実物を縮小してあります。Ｂ４用紙に129％拡大コピーすると、ほぼ実物大で使用できます。(タイトルと配点表は含みません)

〔算　数〕100点(学校配点)

1　(1)～(8)　各５点×８　(9)～(13)　各４点×５　2～4　各４点×10＜3の(1)，4の(2)は完答＞

2024年度　東京家政学院中学校　２月１日午前

社会解答用紙

番号		氏名		評点	／100

1

問１	（１）	A		B		C		D	
	（２）		（３）		（４）		（５）	

2

問１		問２	

3

問１		問２	

問３	（１）		（２）	

問４	（１）		（２）			天皇	問５	

問６		問７	（１）		（２）	

4

問１	（１）		（２）		問２	
問３	（１）		（２）			

（注）この解答用紙は実物を縮小してあります。Ｂ４用紙に130％拡大コピーすると、ほぼ実物大で使用できます。（タイトルと配点表は含みません）

〔社　会〕100点（推定配点）

1～4各４点×25

2024年度　東京家政学院中学校　２月１日午前

理科解答用紙

番号		氏名		評点	／100

1

(1)		(2)		(3)	

2

(1)	イ⇒　⇒　⇒　⇒	(2)	秒	(3)	

3

(1)	A：　B：	(2)		(3)	
(4)		(5)			

4

(1)		(2)		(3)		(4)	
(5)	①		②		③		

5

(1)		(2)			
(3)	方角	季節		(4)	日後
(5)					

(注) この解答用紙は実物を縮小してあります。Ｂ４用紙に128％拡大コピーすると、ほぼ実物大で使用できます。(タイトルと配点表は含みません)

〔理　科〕100点(学校配点)

1～4各４点×18＜3の(1)は完答＞　5　(1)～(4)　各４点×５　(5)　８点

2024年度　東京家政学院中学校　２月１日午前

英語解答用紙

番号		氏名	

評点	／75

1

(1)		(2)		(3)	

2

(1)		(2)		(3)		(4)	

3

(1)		(2)		(3)		(4)	

4

(1)		(2)		(3)		(4)	
(5)		(6)		(7)		(8)	
(9)		(10)					

5

(1)		(2)		(3)		(4)	

6

	２番目	４番目
(1)		
(2)		
(3)		
(4)		

7

(1)		(2)		(3)	

（注）この解答用紙は実物を縮小してあります。Ｂ４用紙に131％拡大コピーすると、ほぼ実物大で使用できます。（タイトルと配点表は含みません）

〔英　語〕75点（推定配点）

1～4　各２点×21　5～7　各３点×11＜6は完答＞

二〇二四年度　東京家政学院中学校　二月一日午前

国語解答用紙

番号 ＿＿＿　氏名 ＿＿＿　評点 ／100

一

1 モクテキ	2 ヘイゼン	3 シュザイ	4 セイジツ	5 ユタか
6 コンラン	7 シンリョク	8 ガッキ	9 ギリ	10 ジシャク
11 机上	12 源	13 由来	14 可燃	15 深刻

二

1　1　2　3　4　5

2　1　2　3　4　5

3　1　2　3　4　5

4　1　2　3

5　1　2

三

問一　～　まま生きている状態

問二　1　2　3　4

問三

問四

問五

問六

問七

問八　Y　Z

問九

問十　ア　イ　ウ　エ

問十一

（注）この解答用紙は実物を縮小してあります。174%拡大コピーするとほぼ実物大で使用できます。（タイトルと配点表は含みません）

〔国　語〕100点（推定配点）

一　各1点×15　二　1，2　各2点×10　3　各1点×5　4，5　各2点×5　三　問1　3点　問2　各2点×4　問3，問4　各3点×2　問5　5点　問6，問7　各3点×2　問8　各2点×2　問9　5点　問10　各2点×4　問11　5点

2024年度　東京家政学院中学校　２月１日午後

算数解答用紙　No. 1

番号		氏名		評点	／100

1

(1)	(2)	(3)	(4)	(5) ア	(5) イ

(6) ア	(6) イ	(6) ウ	(6) エ	(6) オ

(7)	(8)	(9)	(10) ア	(10) イ

2

(1)	(2)	(3)
	cm	cm^2

(4)

3

(1)	(2)

(3) 体積	(3) 表面積
cm^3	cm^2

(注)　この解答用紙は実物を縮小してあります。Ｂ４用紙に129%拡大コピーすると、ほぼ実物大で使用できます。(タイトルと配点表は含みません)

2024年度　東京家政学院中学校　２月１日午後

算数解答用紙　No. 2

4

(1)	(2)
ページ	記号 ¦ 例

(3)	
① 個	② 個

5

(1)		(2)
点P 毎分 cm	点Q 毎分 cm	

(3)

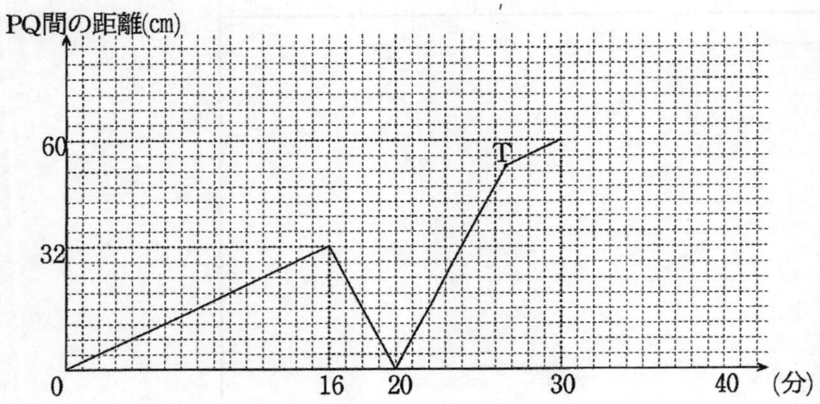

(4)	
分後	cm

(注) この解答用紙は実物を縮小してあります。B４用紙に129%拡大コピーすると、ほぼ実物大で使用できます。(タイトルと配点表は含みません)

〔算　数〕100点(学校配点)

1, 2　各４点×14　3　(1)　３点　(2)　４点＜完答＞　(3)　各３点×２　4　(1)　３点　(2)　４点＜完答＞　(3)　各３点×２　5　各３点×６

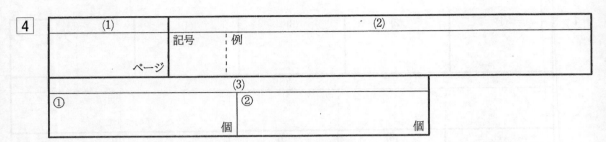

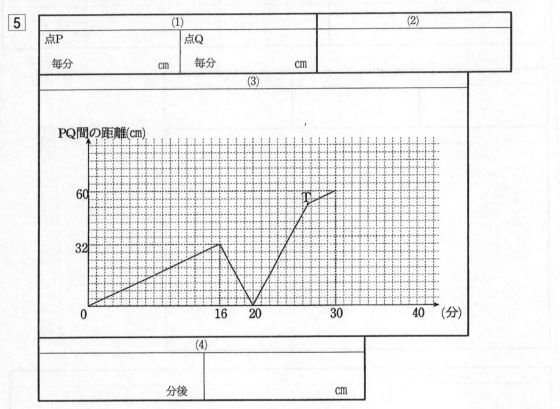

二〇二四年度　東京家政学院中学校　二月一日午後

国語解答用紙

番号		氏名		評点	/100

一

1 チョクセツ	2 キュウキュウ	3 コウダイ	4 ヒジョウ	5 トホ
6 エイガ	7 サムケ	8 ナンイ	9 ソ　める	10 ノウリツ
11 策略	12 発揮	13 工面	14 浴衣	15 点呼

二

1　1　2　3　4　5

2　1　2　3　4　5

3　1　2　3　4　5

4　1　2　3

5　1　2

三

問一　点　　問二

問三　→　→　→

問四　人類が　を見つけたこと

問五　　問六

問七

問八　　問九　1　2　　問十

(注) この解答用紙は実物を縮小してあります。174%拡大コピーすると、ほぼ実物大で使用できます。(タイトルと配点表は含みません)

〔国　語〕100点(推定配点)

一　各1点×15　二　1，2　各2点×10　3　各1点×5　4，5　各2点×5　三　問1　5点　問2　各3点×2　問3　各1点×4　問4　5点　問5，問6　各4点×2　問7　6点　問8～問10　各4点×4

2023年度　東京家政学院中学校　２月１日午前

算数解答用紙

番号		氏名		評点	／100

1

(1)	(2)	(3)	(4)	(5)

(6)	(7)	(8)	(9)
ア　イ			

⑽	⑾	⑿	⒀

2

(1)	(2)	
	まわりの長さ　cm	面積　㎠

(3)
㎤

(4)

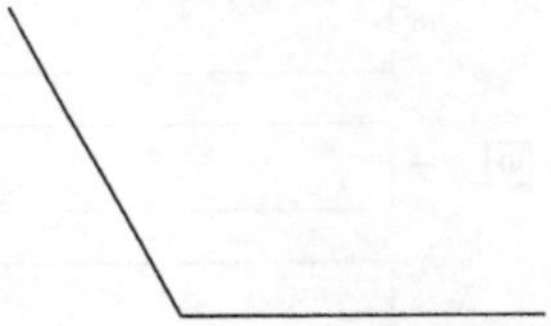

3

(1)	(2)	(3)
円	個	㎡

4

(1)	(2)	(3)	(4)
毎分　m	km	毎分　m	分　秒後

（注）この解答用紙は実物を縮小してあります。Ｂ４用紙に126％拡大コピーすると、ほぼ実物大で使用できます。（タイトルと配点表は含みません）

〔算　数〕100点（学校配点）

1～4　各４点×25

2023年度　東京家政学院中学校　２月１日午前

社会解答用紙

番号		氏名		評点	／100

1

問１	（1）	A		B		C		D	
	（2）		（3）		（4）		（5）		

2

問１		問２	

3

問１		問２		問３	

問４		問５		問６	

問７		問８		問９	（1）		（2）	

4

問１	（1）		（2）		（3）	
問２	（1）		（2）			

（注）この解答用紙は実物を縮小してあります。Ｂ４用紙に126％拡大コピーすると、ほぼ実物大で使用できます。（タイトルと配点表は含みません）

〔社　会〕100点（推定配点）

1～4　各４点×25

2023年度　東京家政学院中学校　２月１日午前

理科解答用紙

番号		氏名	

評点	／100

1

(1)		(2)		(3)	→ → →

2

(1)		(2)		(3)	

3

(1)	A		B		C			
(2)		(3)		(4)				

4

(1)		(2)	
(3)	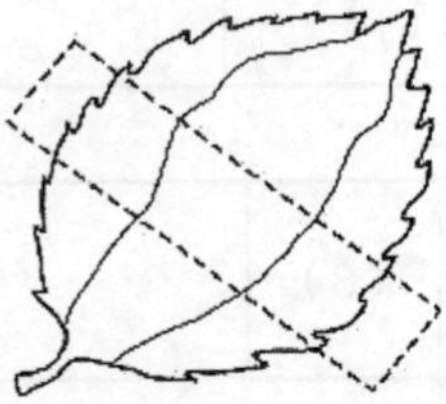	(4)	
		(5)	
		(6)	①
			②

5

(1)						
(2)	①	時	②		③	
(3)		(4)				

（注）この解答用紙は実物を縮小してあります。Ｂ４用紙に124%拡大コピーすると、ほぼ実物大で使用できます。（タイトルと配点表は含みません）

〔理　科〕100点（学校配点）

1～5　各４点×25

2023年度　東京家政学院中学校　２月１日午前

英語解答用紙

番号		氏名	

評点	／75

1

(1)		(2)		(3)	

2

(1)		(2)		(3)		(4)	

3

(1)		(2)		(3)		(4)	

4

(1)		(2)		(3)		(4)	
(5)		(6)		(7)		(8)	
(9)		(10)					

5

(1)		(2)		(3)		(4)	

6

	２番目	４番目
(1)		
(2)		
(3)		
(4)		

7

(1)		(2)		(3)	

（注）この解答用紙は実物を縮小してあります。Ｂ４用紙に133％拡大コピーすると、ほぼ実物大で使用できます。（タイトルと配点表は含みません）

〔英　語〕75点（推定配点）

1～4　各２点×21　5～7　各３点×11＜6は完答＞

二〇二三年度　東京家政学院中学校　二月一日午前

国語解答用紙

番号　　氏名　　評点 /100

一

1	コウジョウ	2	チュウモン	3	テイチャク
4	ショウタイ	5	インガ	6	ヒヒョウ
7	キンム	8	スンポウ	9	シリゾく
10	ノび	11	昨今	12	眼力
13	沿線	14	遺言	15	専ら

二　1　1　2　3　4　5

2　1　2　3　4　5　6　7　8

3　1　2　3　4　5　6　7

三　問一　問二　問三　1　2　問四　問五　問六　〜　から　問七　1　2　問八　問九　〜　問十　問十一　問十二　問十三　問十四　ア　イ　ウ　エ　オ

（注）この解答用紙は実物を縮小してあります。197％拡大コピーすると、ほぼ実物大で使用できます。（タイトルと配点表は含みません）

〔国　語〕100点（学校配点）

一　各1点×15　二　1　各2点×5　2　各1点×8　3　各1点×7　三　問1，問2　各3点×2　問3の1　2点　問3の2　3点　問4　各2点×3　問5　3点　問6　4点　問7　各2点×2　問8　3点　問9，問10　各4点×2　問11，12　各3点×2　問13　5点　問14　各2点×5

2023年度　東京家政学院中学校　２月１日午後

算数解答用紙

番号		氏名	

評点	／100

1

(1)	(2)	(3)	(4)	(5)	(6)	(7)

(8)	(9)	(10)	(11)	(12)	(13)

2

(1)	(2)	(3)	
		体積	表面積
	cm²	cm³	cm²

3

(1)	(2)	(3)
円		

4

(1)	
① cm	② cm

(2)
cm³

(3)

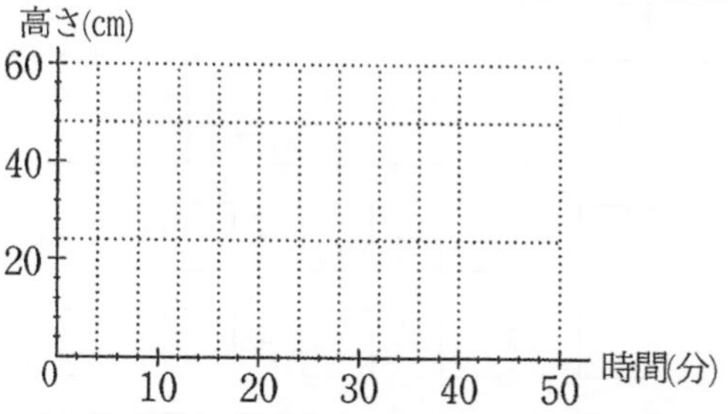

(4)

（注）この解答用紙は実物を縮小してあります。Ｂ４用紙に126％拡大コピーすると、ほぼ実物大で使用できます。（タイトルと配点表は含みません）

〔算　数〕100点（学校配点）

1～4　各４点×25

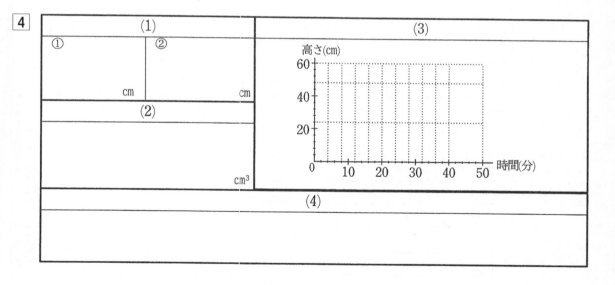

二〇二三年度　東京家政学院中学校　二月一日午後

国語解答用紙

番号　　　氏名　　　評点　／100

一

1 シツボウ　2 ユウボウ　3 ヒニク　4 カモツ　5 ガンソ

6 ジキュウ　7 シュノウ　8 カンチョウ　9 キく　10 ツトめる

11 列挙　12 折半　13 雑穀　14 権化　15 朗らか

二

1　1　2　3　4　5

2　1 漢字 意味　2 漢字 意味　3 漢字 意味　4 漢字 意味

3　1　2　3　4　5　6　7

三

問一　問二 I II III

問三　問四 ③ ④

問五

問六 A B　問七　問八

問九　→　→　→

問十　→　→　→　→

問十一 (一)　(二)

問十二　問十三 ア イ ウ エ

問十四 例

理由

(注) この解答用紙は実物を縮小してあります。197%拡大コピーすると、ほぼ実物大で使用できます。(タイトルと配点表は含みません)

〔国　語〕100点(学校配点)

一　各1点×15　二　1　各2点×5　2　各1点×8　3　各1点×7　三　問1　3点　問2　各2点×3
問3　2点　問4　各2点×2　問5　5点　問6　各2点×2　問7　3点　問8　4点　問9　3点<完答>
問10　各1点×5　問11　(1)　2点　(2)　3点　問12　2点　問13　各2点×4　問14　各3点×2

2022年度　東京家政学院中学校　２月１日午前

算数解答用紙

番号		氏名		評点	／100

1

(1)	(2)	(3)	(4)	(5)	(6)	(7)

(8)	(9)	(10)	(11)	(12)	(13)

2

(1)	(2)	(3)
	cm²	cm

3

(1)	(2)		(3)
kg	分後	cm	個

4

(1)	(2)	
	CD　cm	ED　cm

(4)

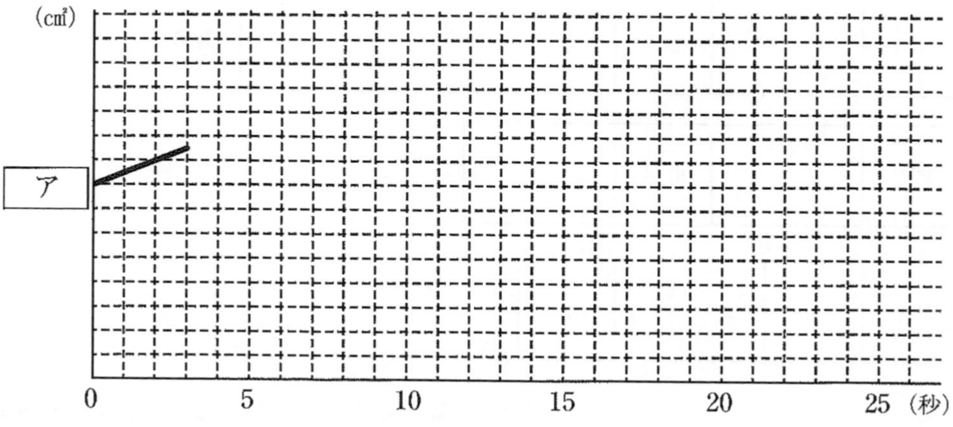

（注）この解答用紙は実物を縮小してあります。Ｂ４用紙に122％拡大コピーすると、ほぼ実物大で使用できます。（タイトルと配点表は含みません）

〔算　数〕100点(学校配点)

1　(1)〜(4)　各５点×４　(5)〜(13)　各４点×９　2〜4　各４点×11

2022年度　東京家政学院中学校　２月１日午前

社会解答用紙

番号		氏名		評点	／100

1

問１	（1）	A		B		C		D	
	（2）		（3）						
問２	（1）		（2）						

2

問１		問２	

3

問１	（1）		（2）		（3）	
問２	（1）		（2）			

4

問１		問２		問３	
問４		問５		問６	
問７		問８			
問９	（1）		（2）	と	

（注）この解答用紙は実物を縮小してあります。Ｂ４用紙に125％拡大コピーすると、ほぼ実物大で使用できます。（タイトルと配点表は含みません）

〔社　会〕100点（推定配点）

1～4　各４点×25＜4　問９(2)は完答＞

2022年度　東京家政学院中学校　２月１日午前

理科解答用紙

番号		氏名		評点	／100

1

（1）		（2）		（3）	

2

（1）	秒	（2）		（3）	

3

（1）	g		
（2）	ホウ酸 g	食塩 g	ミョウバン g
（3）		（4）	g

4

（1）	①		②		③	
（2）	記号		名前			
（3）	記号		名前			
（4）	①		②			

5

（1）	A		B			
（2）		（3）		（4）	時間	

（注）この解答用紙は実物を縮小してあります。Ａ４用紙に117％拡大コピーすると、ほぼ実物大で使用できます。（タイトルと配点表は含みません）

〔理　科〕100点(学校配点)

1～3　各４点×12　4　(1)　各４点×３　(2)，(3)　各２点×４　(4)　各４点×２　5　(1)～(3)　各４点×４　(4)　８点

2022年度　東京家政学院中学校　２月１日午前

英語解答用紙

番号		氏名	

評点	／75

1

(1)		(2)		(3)	

2

(1)		(2)		(3)		(4)	

3

(1)		(2)		(3)		(4)	

4

(1)		(2)		(3)		(4)	
(5)		(6)		(7)		(8)	
(9)		(10)					

5

(1)		(2)		(3)		(4)	

6

	２番目	４番目
(1)		
(2)		
(3)		
(4)		

7

(1)		(2)		(3)	

（注）この解答用紙は実物を縮小してあります。Ｂ４用紙に128％拡大コピーすると、ほぼ実物大で使用できます。（タイトルと配点表は含みません）

〔英　語〕75点（学校配点）

1～4　各２点×21　5～7　各３点×11＜6は完答＞

二〇二三年度　東京家政学院中学校　二月一日午前

国語解答用紙

番号		氏名		評点	／100

一

1	2	3	4	5
ジタ	ダイリ	セイテン	ジョゲン	タイトウ
6	7	8	9	10
セントウ	ヨキ	コガイ	ボコウ	タイショウ
11	12	13	14	15
寒波	意図	皮肉	出版	識別

二

1

	誤	→	正
1		→	
2		→	
3		→	
4		→	
5		→	

2　1　2　3　4　5　6　7　8

3　1　2　3　4　5　6　7

三

問一

問二　問三　問四

問五　a　b

問六　④　⑤

問七　問八　B　C　問九

問十

問十一

問十二

問十三　ア　イ　ウ　エ

(注) この解答用紙は実物を縮小してあります。189%拡大コピーすると、ほぼ実物大で使用できます。(タイトルと配点表は含みません)

〔国　語〕100点(学校配点)

一　各1点×15　二　1　各1点×10　2　各1点×8　3　各1点×7　三　問1　4点　問2，問3　各3点×2　問4，問5　各2点×3　問6，問7　各4点×3　問8　各3点×2　問9　4点　問10　6点　問11，12　各4点×2　問13　各2点×4

2022年度　東京家政学院中学校　２月１日午後

算数解答用紙

番号		氏名	

評点	／100

1

(1)	(2)	(3)	(4)	(5)	(6)

(7)	(8)	(9)	(10)

(11)	(12)	(13)

2

(1)	(2)	(3)	(4)
	cm^2	cm^3	

3

(1)	(2)	(3)
点	g	番目

4

(1)		(2)
ア	イ	
		9時　　分

(3)

（注）この解答用紙は実物を縮小してあります。Ｂ４用紙に126％拡大コピーすると、ほぼ実物大で使用できます。（タイトルと配点表は含みません）

〔算　数〕100点（学校配点）

1 (1)～(4)　各５点×４　1 (5)～(13)　各４点×９ <(12)は完答>　2～4　各４点×11

二〇二二年度　東京家政学院中学校　二月一日午後

国語解答用紙

番号		氏名		評点	/100

一

1	サホウ	2	サイシン	3	チョウイン	4	セキセツ	5	ムニ
6	ヒリョウ	7	イマ	8	ホリュウ	9	ジョガイ	10	シカク
11	功名	12	詩歌	13	悲鳴	14	大豆	15	雑木

二

1　1 誤→正　2 誤→正　3 誤→正　4 誤→正　5 誤→正

2　1　2　3　4　5　6　7　8

3　1　2　3　4　5　6　7

三

問一　A　B

問二　1　2

問三　問四　a　b　c

問五

問六　知識を（　　　）という立場

知識を（　　　）という立場

問七　問八

問九　問十　問十一

問十二　D　E　F　問十三

問十四　ア　イ　ウ　エ

（注）この解答用紙は実物を縮小してあります。192%拡大コピーすると、ほぼ実物大で使用できます。（タイトルと配点表は含みません）

〔国　語〕100点（学校配点）

一　各1点×15　二　1　各1点×10　2　各1点×8　3　各1点×7　三　問1　各2点×2　問2　1　2点　2　3点　問3，問4　各2点×4　問5，問6　各3点×3　問7　各2点×2　問8　4点　問9　3点　問10　2点　問11　3点　問12　各2点×3　問13　4点　問14　各2点×4

2021年度　東京家政学院中学校　２月１日午前

算数解答用紙

番号		氏名		評点	／100

1

(1)	(2)	(3)	(4)	(5)	(6)	(7)

(8)	(9)	(10)	(11)	(12)	(13)

2

(1)	(2) 長さ	(2) 面積	(3)
	cm	cm^2	cm^3

(4)

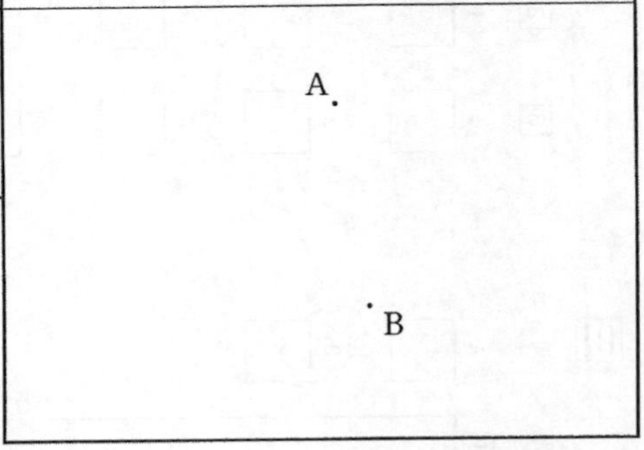

3

(1)	(2)	(3)
	g	円

4

(1)	(2)
m	時　分

(4)
m

(3)

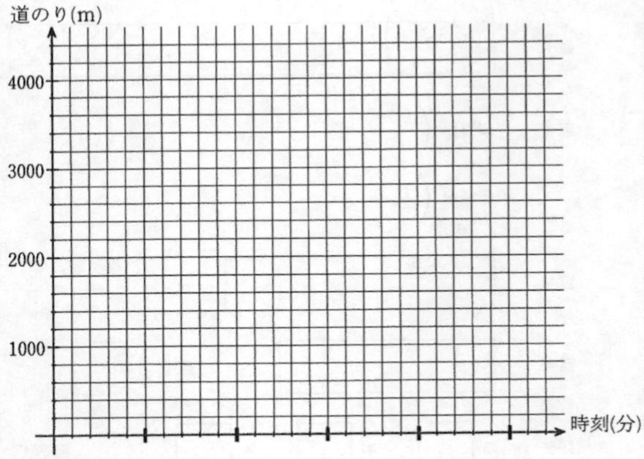

(注) この解答用紙は実物を縮小してあります。Ｂ４用紙に122％拡大コピーすると、ほぼ実物大で使用できます。（タイトルと配点表は含みません）

〔算　数〕100点(推定配点)

1～4　各４点×25

2021年度　東京家政学院中学校　２月１日午前

社会解答用紙

番号		氏名		評点	／50

1

問１	（1）	A		B		C		D	
	（2）								

問２	（1）	①		②		（2）	

2

問１		問２	

3

問１	（1）		（2）		（3）	

問２	（1）		（2）	

4

問１	A		B		C		D	

問２		問３		問４	

問５		問６		問７	

（注）この解答用紙は実物を縮小してあります。Ｂ４用紙に125％拡大コピーすると、ほぼ実物大で使用できます。（タイトルと配点表は含みません）

〔社　会〕50点（推定配点）

1～4　各２点×25

2021年度　東京家政学院中学校　２月１日午前

理科解答用紙

番号		氏名		評点	／50

1

（1）		（2）	と	（3）	

2

（1）	と	（2）	個	（3）	

3

（1）	A	B	（2）	

（3）		（4）		（5）	

4

（1）	①	②	③

（2）	A	B	（3）		（4）	

5

（1）	ア	ウ

（2）	A	B

（3）		（4）	

（注）この解答用紙は実物を縮小してあります。Ａ４用紙に117％拡大コピーすると、ほぼ実物大で使用できます。（タイトルと配点表は含みません）

〔理　科〕50点(推定配点)

1～5　各２点×25

2021年度　東京家政学院中学校　２月１日午前

英語解答用紙

番号		氏名	

評点	／70

1

(1)		(2)		(3)	

2

(1)		(2)		(3)	

3

(1)		(2)		(3)		(4)	

4

(1)		(2)		(3)		(4)	
(5)		(6)		(7)		(8)	
(9)		(10)					

5

(1)		(2)		(3)		(4)	

6

	2番目	4番目
(1)		
(2)		
(3)		

7

(1)		(2)		(3)	

（注）この解答用紙は実物を縮小してあります。A４用紙に113％拡大コピーすると、ほぼ実物大で使用できます。（タイトルと配点表は含みません）

〔英　語〕70点（推定配点）

1～4　各２点×20　5～7　各３点×10

二〇二一年度　東京家政学院中学校　二月一日午前

国語解答用紙

番号　氏名　評点 ／100

一

番号	問題
1	サホウ
2	ハッチュウ
3	リッシュウ
4	ワダイ
5	ヨキ
6	ハクアイ
7	コンゴウ
8	イテン
9	フッキュウ
10	シュノウ
11	教訓
12	単一
13	大半
14	出版
15	生誕

二

1　1　2　3　4　5

2　1　2　3　4　5　6　7　8

3　1　2　3　4　5　6　7

三

問一

問二

問三

問四　1　2　3　4　5　6

問五

問六　7　8　9

問七　A　B

問八

問九

問十

問十一

問十二　という道

問十三　ア　イ　ウ　エ

（注）この解答用紙は実物を縮小してあります。185％拡大コピーすると、ほぼ実物大で使用できます。（タイトルと配点表は含みません）

〔国　語〕100点（推定配点）

一　各1点×15　二　1　各1点×5　2　各1点×8　3　各1点×7　三　問1～問3　各3点×3　問4　各2点×6　問5　5点　問6，問7　各2点×5　問8～問11　各3点×4　問12　5点　問13　各3点×4

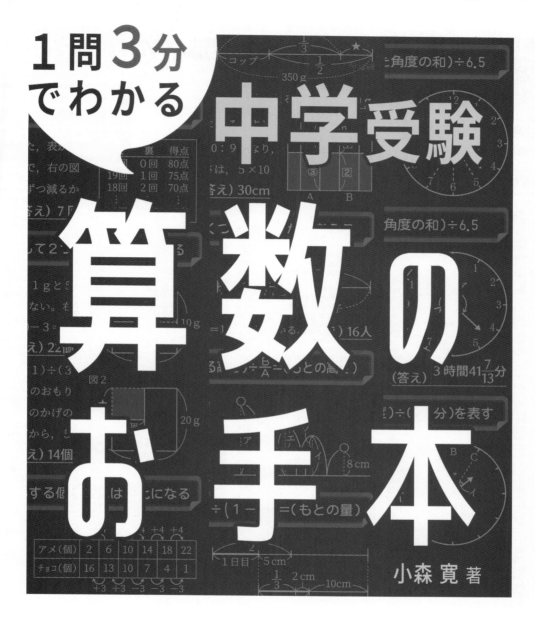

中学後見返し